日本経済の故障箇所

Failure Points of the Japanese Economy

脇田成＝著

日本評論社

はじめに

本書の目的は日本経済が陥っている長期停滞状況を説明し、どのような脱出策があるかを検討することである。かねてより筆者は過剰な企業貯蓄が長期停滞の真因であり、解決策として賃上げを提唱してきた。コロナ禍までの10年間の推移を見ると、財政支出による企業貯蓄の吸収は減少傾向にあるものの、採算の悪い海外投資への所得流出という問題が生じてきた。また日本経済は危機時の急激な円高に悩まされてきたが、日銀が継続的に供給した潤沢な「運転」資金により今回は克服された。しかし超金融緩和は「入院時」とも言うべき流動性危機時には効果はあるが、いつまでも入院はしていられない。コロナ禍後の経済回復時に金融緩和は裏目に出て、かえって超円安を招いてしまった。以上の諸点を企業バランスシートなど各種統計の再検討により、統合的に本書で説明する。

筆者は永らく賃上げを重視してきたが、この2年の議論の推移はやりきれない思いでいっぱいだ。「官製春闘など前例がない」という反対論や「生産性が上がらないから賃上げできない」という言い訳がようやく下火になったと思ったら、今度は「春闘で賃上げするまで、輸入インフレ悪化を家計は我慢せよ」というロジックが広まったからである。超円安放置は日銀・政府の采配ミスだと筆者は考えるが、それを挽回するため政府は賃上げ体制を作り上げた。しかし物価高と実質賃金低下は国民の怒りを買い、政局は混乱して、人口減少対策やデジタル化など喫緊の課題に対応する余裕を失った。

本書で重視する企業貯蓄は内部留保と呼ばれて、既存の大組織のエスタブリッシュメントや経済学者、エコノミストからタブー視されてきた。しかし1998年以降、四半世紀が経つこの期に及んで、無難な説明で壊れた部分をうやむやにするならば、状況はますます悪化してしまう。太平洋戦争開戦時の米国駐日大使ジョゼフ・グルーは日本人のことを「自分で自分を騙すことに巧みな国民だ」と評したが、ここ数年の「公然の秘密」を巡る諸問題を考えると、肯ける意見だと言わざるをえない。

本書は経済学の難解な理論モデルの展開や複雑な推計処理を行っているわけではない。基礎的なデータを見て多岐にわたる現象をひとつひとつ確認し、長期停滞は全体的にどうなっているのかを、まず確認する必要があると考えるからだ。煙に巻くような舶来の議論に飛びつく前に、多くの人々に政策の是非を判断してほしいと筆者は考えている。故障箇所に関する基本的なデータが共有できれば、技術者の診断が概ね一致するように、マクロ経済においても自ずと解決策は合意できるはずだ。経済の安定がなければ政治の安定も平和もないことを、現在の世界の各国の混乱から学ぶべきだ。

全体の流れを早くつかんで、少しでも衰退をくい止めてほしい、という一心から、筆者は本書を執筆した。そのため本書には過剰な表現や、短絡的な誤解、筆者には見えない事情が多々あると思われる。ご叱正をいただければ幸いである。

出版にあたって日本評論社の小西ふき子さんにお世話になりました。感謝します。

２０２４年５月

筆者

■目次

第2章 生産性以下の賃金が長期停滞を招いた

第3章

貯蓄過剰は自然治癒するのか

第5章 円高阻止から円「防衛」へ：微害微益の終了 ―― 165

［第1章］

失われた30年の真因と今後のトレンド

然るに我が国の場合はこれだけの大戦争を起こしながら、我こそ戦争を起したという意識が、これまでの所どこにも見当らないのである。何となく何物かに押されつつ、ずるずると国を挙げて戦争の渦中に突入したというこの驚くべき事態は何を意味するか。

丸山眞男『現代政治の思想と行動』（未來社、初出１９５６年）

1.1 逆回転するマクロ経済

株価は上がって消費は下がった

日本経済は長期停滞している、もはや衰退途上国だという声は高まってきた。ＯＥＣＤやＩＭＦなど世界機関が発表する経済面の国別ランキングはテクニカルな問題があるにせよ、日本はさまざまな側面で順位を落としている（詳細は第2章）。なかでも問題は**実質家計消費の停滞**である。成長しない実質ＧＤＰに比べても、消費増税ごとに成長率は下方屈折している（図1-1）。労働供給は女性や高齢者の非正規労働を中心に増加したが、将来不安から消費マインドは萎縮し、増えた賃金は貯蓄に回ってしまった。一方、**株価はアベノミクス期には4倍**になった。この高株価は実体のないバブルではなく、企業利潤と比例している（図1-2）。これはマクロ経済循環の何かに欠落がある、と思わざるを得ない。2つのグラフが示すことは、企業は儲かっているのに、家計には消費を増やす余地がない。それならば企業の富を家計に移すことが必要だろう。政府も何もやっていないわけではない。この移転がいわゆる「官製春闘」であったり、「成長と分配の好循環」であったりする（第6章）。しかし家計が貯蓄をすれば日銀総裁がインフレ許容度は高まった（2022年6月6日講演）、と言って

図1-1　実質GDPと実質消費

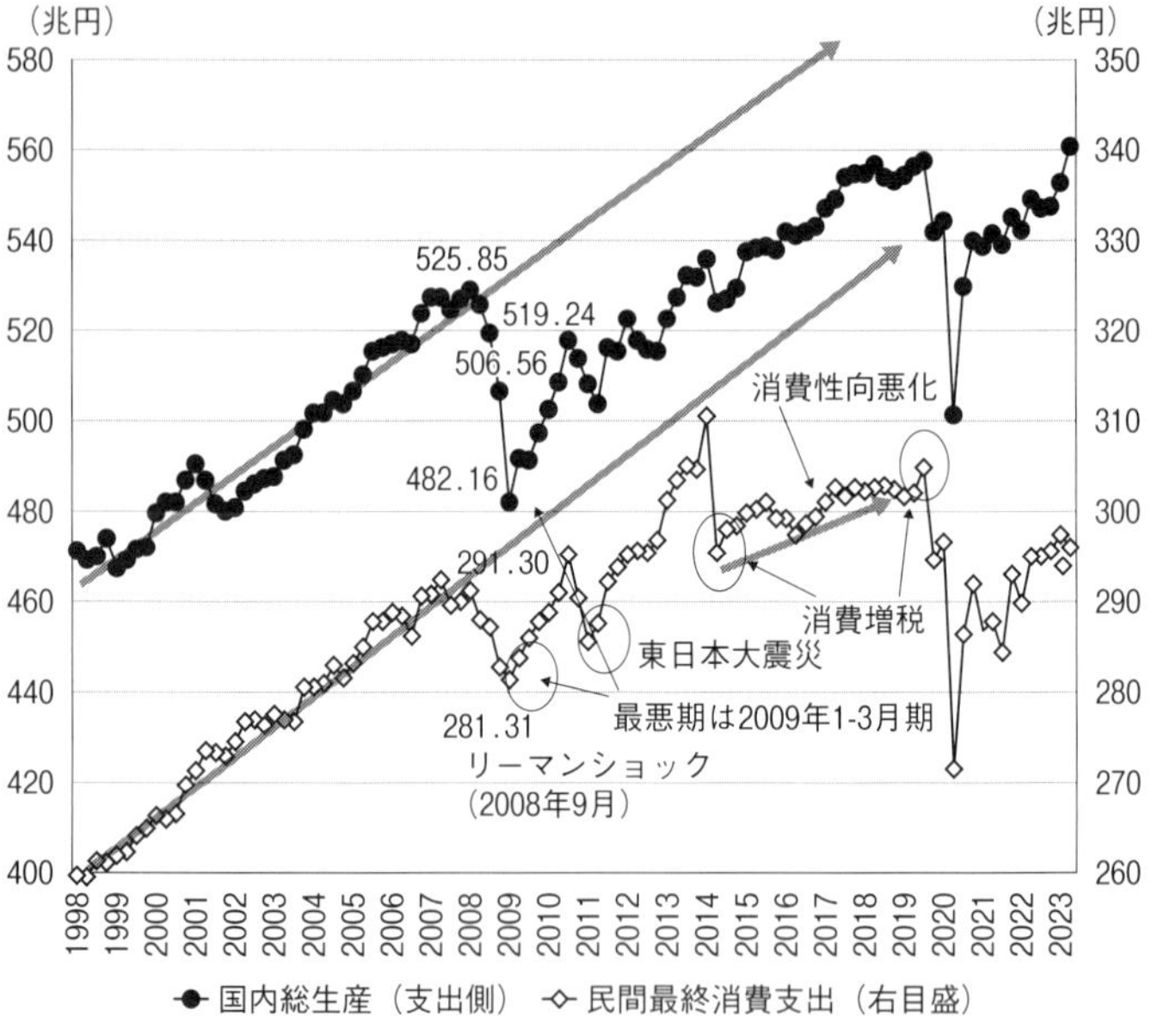

注：GDPの左目盛は20兆円刻み。消費は右目盛で10兆円刻み。季節調整済のレベルデータ。
データ出所：国民経済計算

みたり、輸入インフレで苦しんでいるのに首相がデフレ脱却と言ったりするものだから、内閣支持率は急落してしまった。

資金は政府と海外に流れた

実際、この移転の必要性はマクロ経済上の資金の流れから説明できる。図1-3の上方の太線はお金の貸し手、つまり国民経済計算における民間資金余剰（企業・金融機関・家計の貯蓄から投資を引いたもの）を表し、下方の太線は借り手である海外と政府部門を足したものを表す。

図1-3の矢印はそれぞれ、

図1-2　企業利潤と適正株価

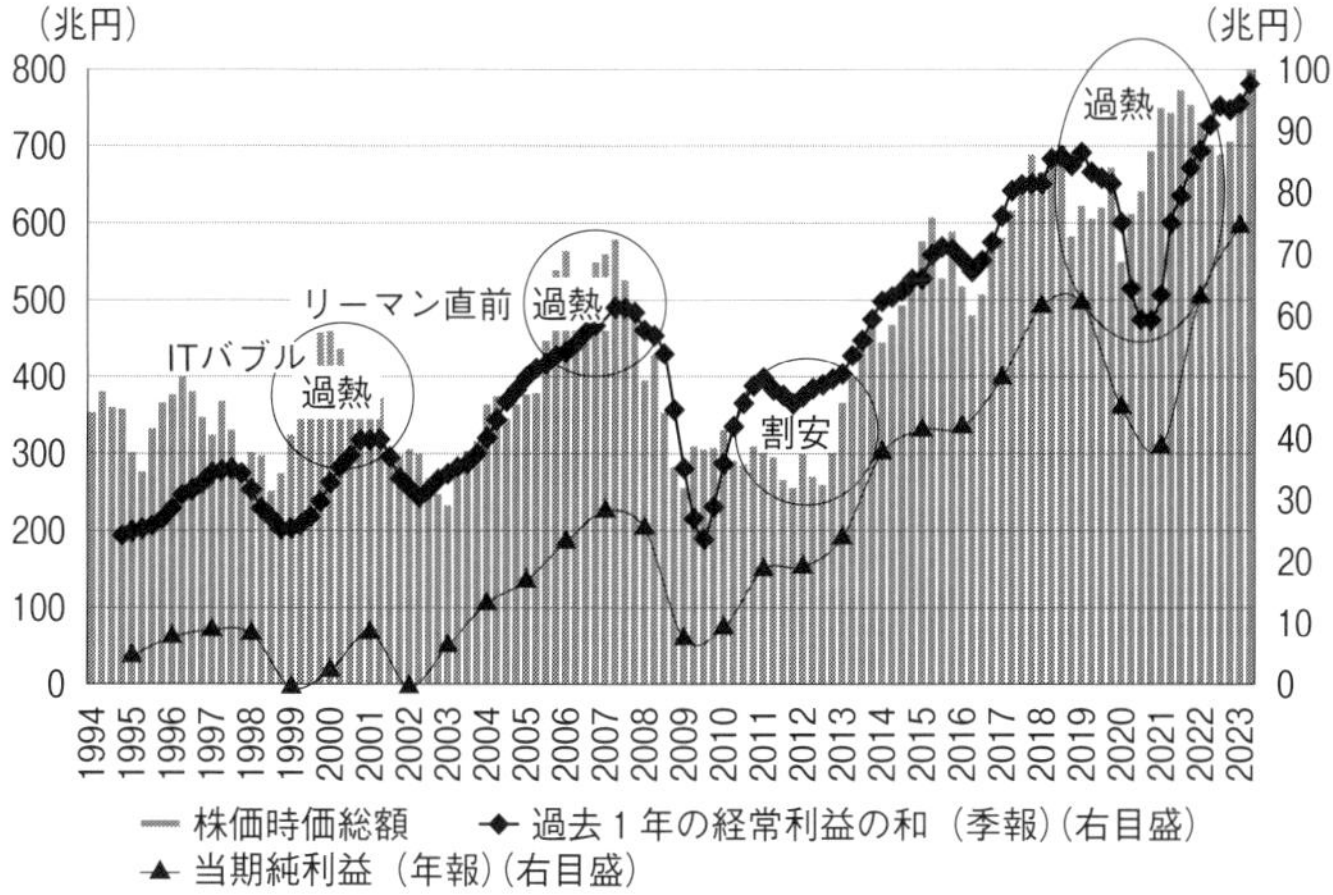

注：企業利益と株価の関係はコロナ禍直近までほぼ適正だが……。これら事後値四半期データは株価予測には役立たないことに注意。直近データは仮置き。

データ出所：日本取引所グループ、国民経済計算、法人企業統計 年報・季報

[1] 98年金融危機
[2] 08年リーマンショック（[2']として2011年には東日本大震災）
[3] 20年コロナショック

の3度の資金取引の**ノコギリ刃状の急拡大**を示し、カタカナのレレレのような形をしている。ショックの合間の資金取引は縮小傾向にあるものの、政府部門の借入が大きいうちに次のショックが生じて政府の借入がまた増えてしまっている。

民間資金余剰の中でも企業の状況を表す面グラフが重要だ。正負の転換点は金融機関が次々と倒れ、金融危機が生じた1998年である。前年には不良債権の先送りが限界となって、山一證券や北海道拓殖銀行など金融機関が相次いで破綻し、**金融危機**が勃発した。当

図1-3　貸出化する企業部門：制度部門別の純貸出（＋）／純借入（－）

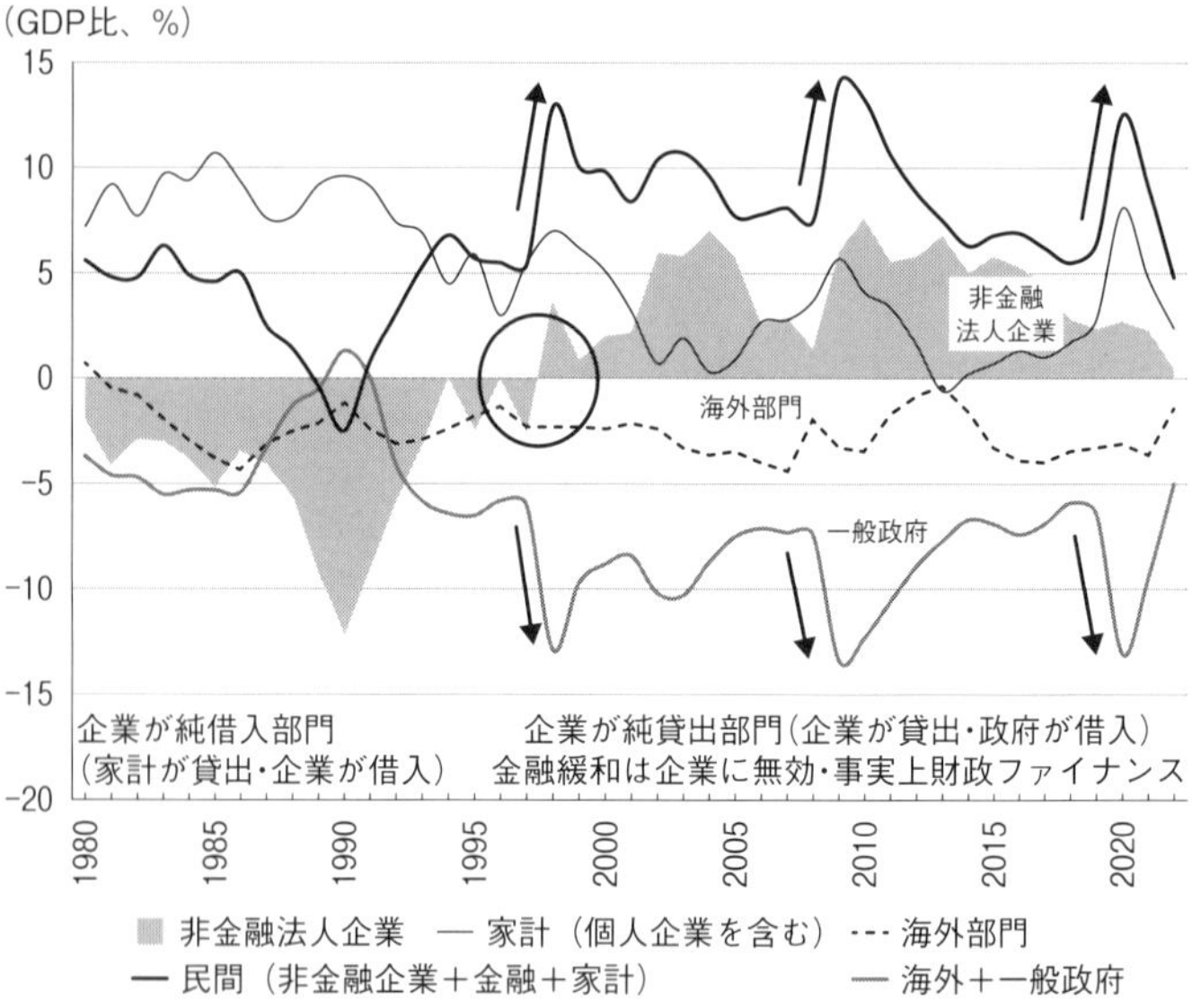

注：貯蓄投資バランスに資本移転の受払を加えたものが「純貸出（＋）／純借入（－）」
データ出所：国民経済計算

時、企業は当てにならない銀行を見切り、賃金や設備投資を節約して手元資金を増やし、借入主体から貯蓄主体に変わって危機に備えた。さながら要塞を固めるように、銀行に借金を返し、人件費を節約し、**内部留保**（利益剰余金）を大幅に積み増したのである。図1-3は貯蓄から投資を引いた純貸出の推移を表しているが、図1-4は企業の純貸出の生成過程を示しており、好況期に貯蓄を積み増し、不況期に投資を削減したことを示している。

内部留保は会計用語上、利益剰余金といい、これは他人資本である銀行借入と異なり、期限内に返済する必要はない（第3章）。あるとき払いの自己資本だ。そのため個別企業の経営は安

図1-4　企業純貸出増加要因：企業貯蓄増加と投資減少

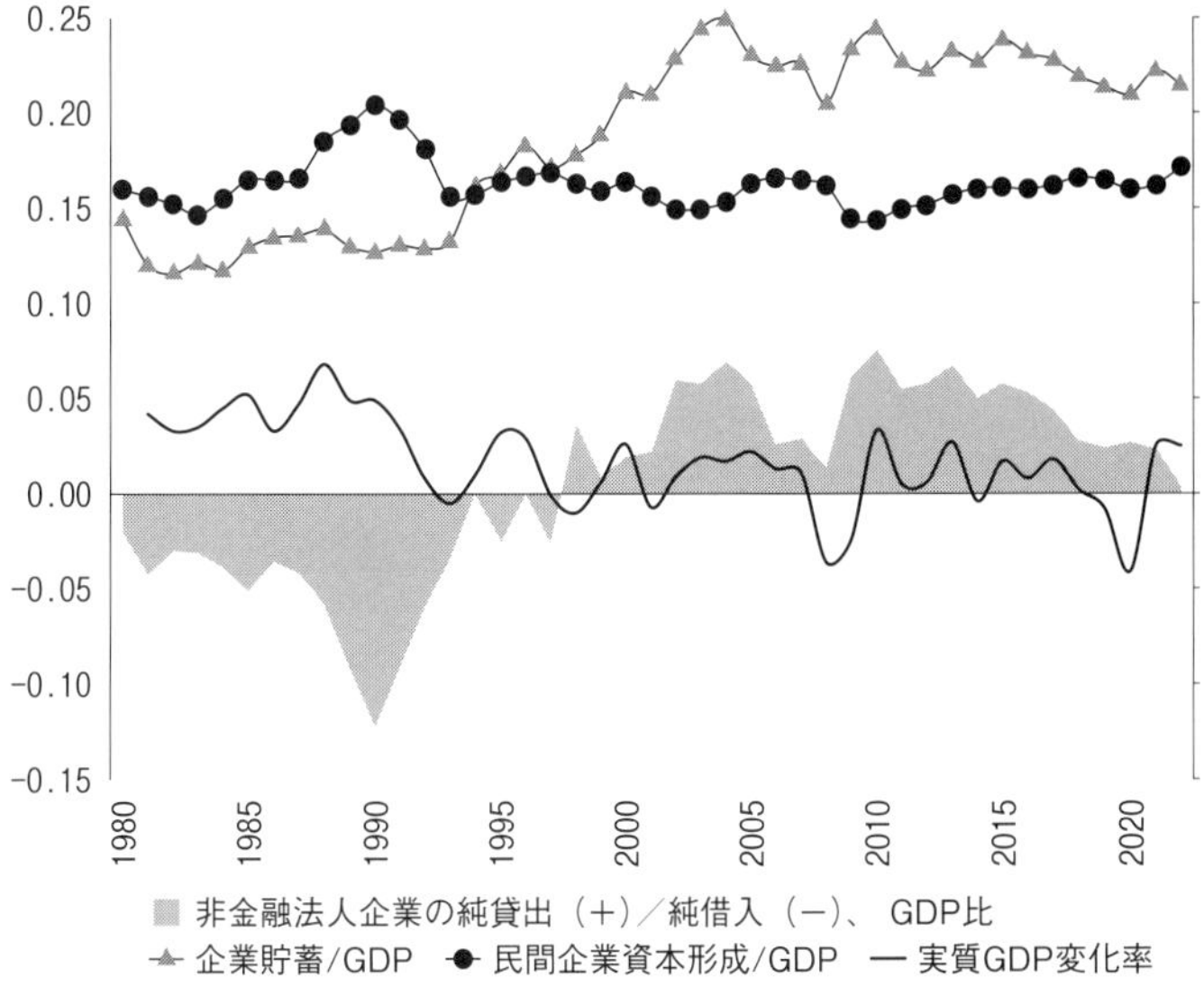

注：［1］好況期の企業貯蓄（利益剰余金、S）増加による景気拡大にブレーキ
　　［2］ショック時の設備投資（I）減少
　　の2つの効果が合わさったもので、企業貯蓄が直接的に不況をもたらすのではない。
データ出所：国民経済計算

定し倒産は激減した。この利益剰余金を通した**企業の貯蓄主体化が日本経済の長期停滞の主因**である。金融政策重視派は資金の総量や価格（利子率）を問題としているが、筆者の考え方はそうではなく、**資金の流れ方が問題**だと言っているのである（詳細は第4章、第5章）。コロナ禍後の現在は金融危機・リーマンショック後に続く3度目に生じた**政府支出急拡大に急ブレーキをかけている時期**である。

企業の利益は内部留保に

図1-5は財務省集計の法人企業統計を使って、企業の支出先の

図1-5　増加する内部留保と横ばいの資本と労働

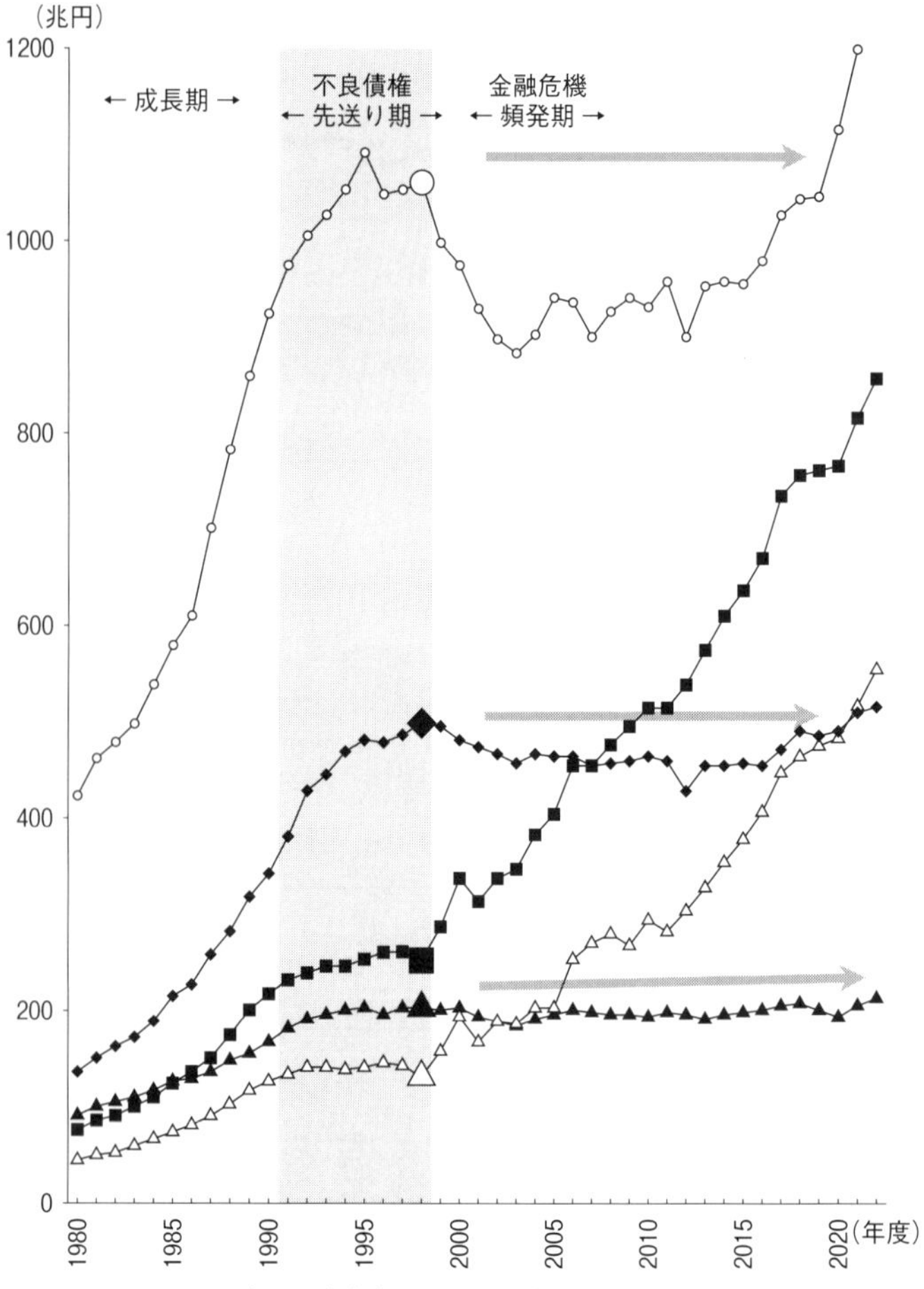

—◆— 有形固定資産　—■— 純資産
—▲— 人件費（従業員給与＋役員給与＋福利厚生費）
—○— 負債（資産合計－純資産）　—△— 利益剰余金

データ出所：法人企業統計 全産業（金融保険業除く）全規模

変容を明瞭に示している。労働を表す人件費総額・物的資本を表す有形固定資産は横ばい、債務も増加していないにもかかわらず、企業の純資産とその主内容である利益剰余金は一方的に上昇した。10兆円程度で左右されるマクロ景況感（脇田［2024］参照）を超える毎年の上昇幅である。

経済学では「労働」と「資本」の投入により、企業が生産活動を行うと抽象化する。両者の過去の推移だけを見れば、確かに政府・日銀のいう低潜在成長率が計算上、導出される。しかしファクターXは経済の世界にもある。このグラフは、企業は成長余力をすべて内部留保という財務基盤強化に費やしており、その結果日本経済はいわば**フル稼働未満**であることを示している。

個別の努力では変えられない合成の誤謬

この内部留保の増加幅がいくつかの段階を経て、国民経済計算上では企業貯蓄となる（第3章）。図1-6は国民経済計算上の企業貯蓄が上昇傾向にあり、大きく減少した家計貯蓄に代わったことを示しており、**標準的な経済学的分析の前提が成立しない**ことを示している。

個別企業の財務基盤は万全になったとしても、企業貯蓄増大のマクロ経済的含意は深刻だ。人件費停滞が家計消費を通して経済全体の需要を低下させ、そして需要不足が新規設備投資の採算を悪化させてしまう。つまり個別の企業延命のための合理的な行動が、日本経済全体では好ましくない結果をもたらしている。これが日本経済を悩ます「**合成の誤謬**」と呼ばれる問題だ。伝統的なケインズ経済

図1-6　家計貯蓄と企業貯蓄のGDP比

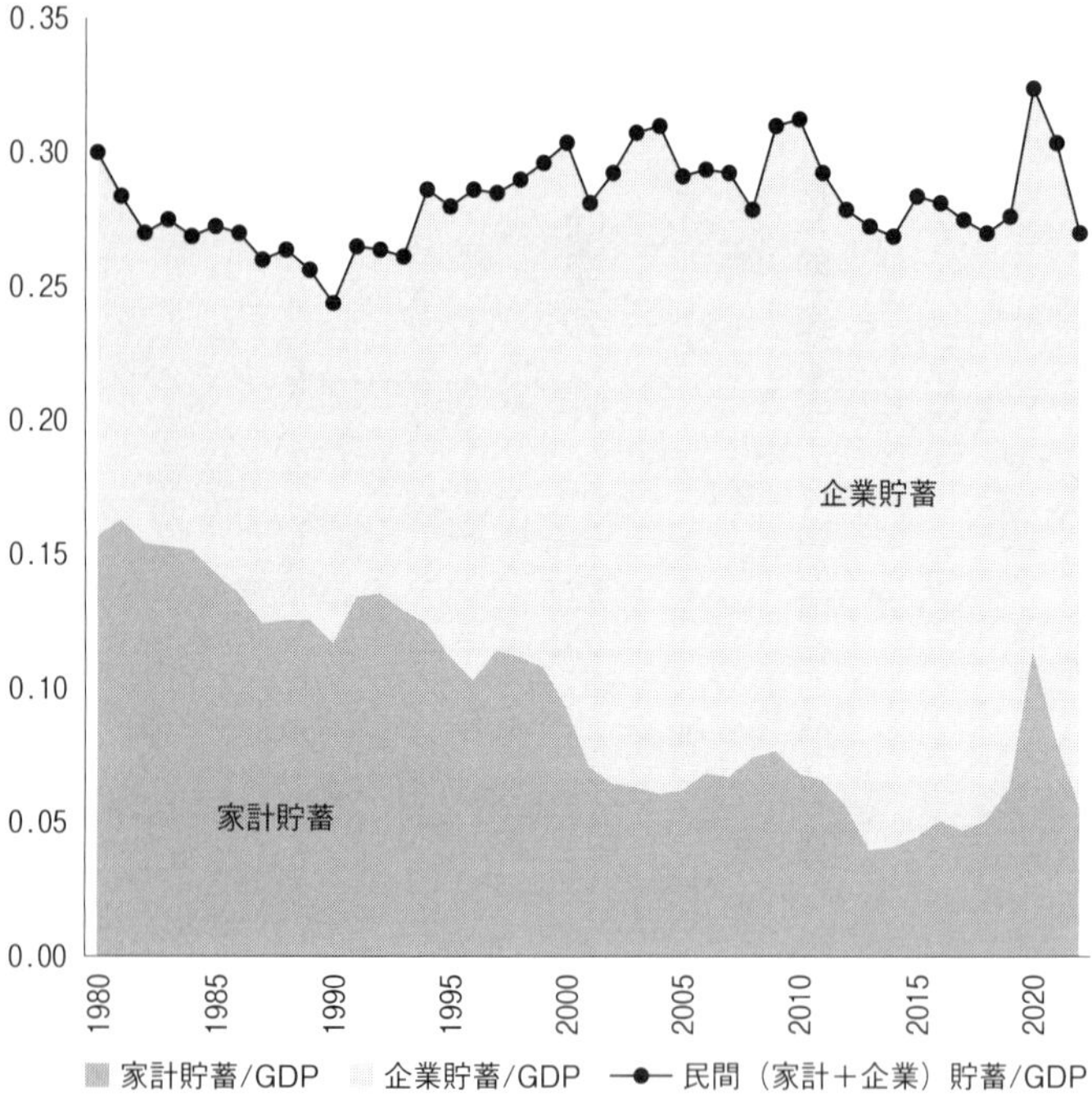

データ出所：国民経済計算

学では家計の貯蓄過剰が「誤謬」となるが、日本の現状の課題は企業の貯蓄過剰をどう解消するか、という問題となってくる。

実際、資金を借りるべき企業が逆に貯蓄をしているのだから、いろいろと不思議なことが起こる。非や逆のついた政策（**非伝統的金融政策**、**マイナス金利**や**逆所得政策**）を政府が強いられるのはそのためだ。個別の専門家は異例だと言って猛反対したが、彼らにはマクロ経済全体の逆循環が見えていなかった。旧来の処方箋で金融緩和促進といって、企業が貯蓄しているのにさらに銀行貸出を促すから、20年以上日銀は泥沼にはまってしまった。

経済分析の標準的前提が成立しない

この現実に正面から向き合う必要があるはずだが、多くの経済分析はうまく対応できていない。伝統的な経済学モデルの単純化想定から外れており、また企業貯蓄増大は日本に特に顕著な恒常的な現象であるからである。（欧米の状況と比較するためには、日銀HP上で毎年発表される「資金循環の日米欧比較」を参照されたい。また実証研究としてKarabarbounis and Neiman［2014］やChen *et al.*［2017］も参照されたい。）

通常の経済学的モデル分析の想定では、老後や病気、失業に備えて、家計は株式や社債を企業から直接購入したり（**直接金融**）、銀行経由で資金を提供したり（**間接金融**）で貯蓄する。その資金で企業は設備や工場を拡張して投資し、その利益が、配当や株価上昇、利子に回って家計の資金提供が報われる。家計が貯蓄し企業が投資する形で資金が循環して経済は成長していく。

図1-3を再度参照すると、日本も1998年以前は当たり前にこう動いていたものの、98年以後は家計も企業もともに「貸し手」になってしまったことがわかる。実は**企業が**（一時的にはともかく）**恒常的に貯蓄し、GDP比25％程度に上る**という事態はあまりに異例であり、標準的な経済学ではほとんど「想定外」の状況なのである。

高齢者のなけなしの貯蓄ですら消費喚起が言われるように、**ケインズ経済学**から考えると、**貯蓄主体に支出を促す**ことが経済政策の基本である。80年代にGDP比4％前後の日本の貿易黒字が批判されたのも、輸出超過は海外に貯蓄していることを意味するからである。一方、**新古典派経済学**からみても企業貯蓄は望ましくない。新古典派では企業は生産関数に集約される技術として存在し、機械的に利潤を最大化し、家計に還元する存在だからである（税や法律の分野で言う**法人擬制説**と考えればよい）。

以上で説明したように企業貯蓄の放置が長期停滞の主因であり、2000年代の小泉改革が一段落した時期に最初のボタンの掛け違いが生じた。不良債権処理のための個別企業の財務基盤強化という言わば「**手術**」**は成功**したが、家計所得増大という「**リハビリ**」は行われなかったからだ。

その結果、消費の原資である家計所得がなく、消費増大の見込みがないため国内投資が進まない、人口が増大しないという**低成長と低賃金の悪循環**という「**合成の誤謬**」に陥ってしまった。生産は可能だが、その果実が国内家計に分配されないため縮小均衡が問題だと言っているのである。

コラム●モデル早わかり●マクロ経済の登場人物と国民経済計算

国民経済計算はマクロ経済の総決算書とも言うべきものだ。制度部門と呼ばれる登場人物は
●**家計**と（非金融）**企業**の主役2人、
●金融機関・政府・海外部門の脇役3人だ。
登場人物5人相互の資金の貸し借りをまとめた表が**純貸出・純借入**であり図1-3で示されている。主役2人の生産物・労働・資本の3つのやりとりが基本的なマクロ経済の循環だ。対価として価格・賃金・利子がある。この3つのやりとりが、価格調整によりスムーズに動くと考える**新古典派**と、悪循環をもたらすと考える**ケインズ派**の2つの学派に分かれる（より詳しくは脇田［2024］参照）。

アベノミクス期のマクロ経済状況を5人の登場人物に即してまとめると、
●［企業］企業利益や株価は伸びたが（図1-2）
●［家計］雇用者への報酬や消費は微増にすぎなく（図1-1）、
●［政府］2度にわたる消費増税で税収は史上最高の70兆円を超え
●［金融］超金融緩和の副作用で
●［海外］円安となって賃金も物価も「安い日本」
というものだ。この連関を探ることが本書の課題となる。

1.2 政策対応が悪循環をもたらした

限界まで試みられた伝統的マクロ経済政策

長期停滞の是正策として、政府が試みた**伝統的政策の限界までの拡大**は、むしろ事態を複雑にした。異例な状態である企業貯蓄を念頭に置いて分析しなかったためである。

政府がとったのは、企業が設備投資を行わないので、資金のコストである金利を下げる**金融政策**と、民間消費過少・貯蓄過剰の場合、この貯蓄を借りて政府が公的支出拡大を行う**財政政策**の2つのマクロ経済政策である。

マイナス金利という言葉が示すように政府日銀は極限まで金融政策を進めてきた。ところが企業は貯蓄をしているぐらいだから、もともと資金需要は限られる。自動車会社にレンタカー屋がクルマを貸しに行くようなものだ。家計の利子収入は下がったが株式を保有しないので、企業の利益と株価上昇の果実は得られない（第6章）。それでもコロナ禍までの超金融緩和は「**微害微益**」と言われてきたが、ロシアのウクライナ侵攻以後、日銀は**輸入インフレ**への対応に失敗して家計に大きな負担をもたらすこととなった。

消費増税・法人減税のパッケージが家計にしわ寄せ

財政政策はその場しのぎの対策だが、資金余剰を吸収しないとマクロ経済が縮小均衡に陥るので「**必要**」だし、財政支出を埋め合わせる増税は「**必要悪**」と言えるだろう。ただし税制は企業貯蓄増大・家計消費不振という日本の状況にできるかぎり即したものでなくてはならない。日本の場合、図1-7に示されるように、法人企業統計で税引き前純利益と法人税他を見ると、法人税率を引き下げてきたアベノミクス下で両者が大きく乖離してきたことがわかる。特に2018、2019年で、法人税他は20兆円を少し下回るが、税引き前純利益は80兆円以上である。2000年代の税率では税引き前純利益の1／3プラス5兆円が法人税他に対応すると計算できるので、80兆円も利益があれば、税収は30兆円を軽く超える。他の年でもかなり大きい。

当時、米国トランプ政権など世界各国は法人減税を促進し、その中で一国だけ逆行できない事情もあったものの、財政悪化の代表的指標である**プライマリーバランス**で言えば、アベノミクス期は10～15兆円程度の赤字で済んでいた。これを考慮すると、当時でも法人減税がなければ充分、政府目標値を達成可能だった、もしくは消費増税が必要なかったことを認識しておきたい（財政の現状については第7章参照）。

筆者は、無制限に政府は借金可能であるとか、紙幣を発行すれば資金繰りが大丈夫とか、言ってい

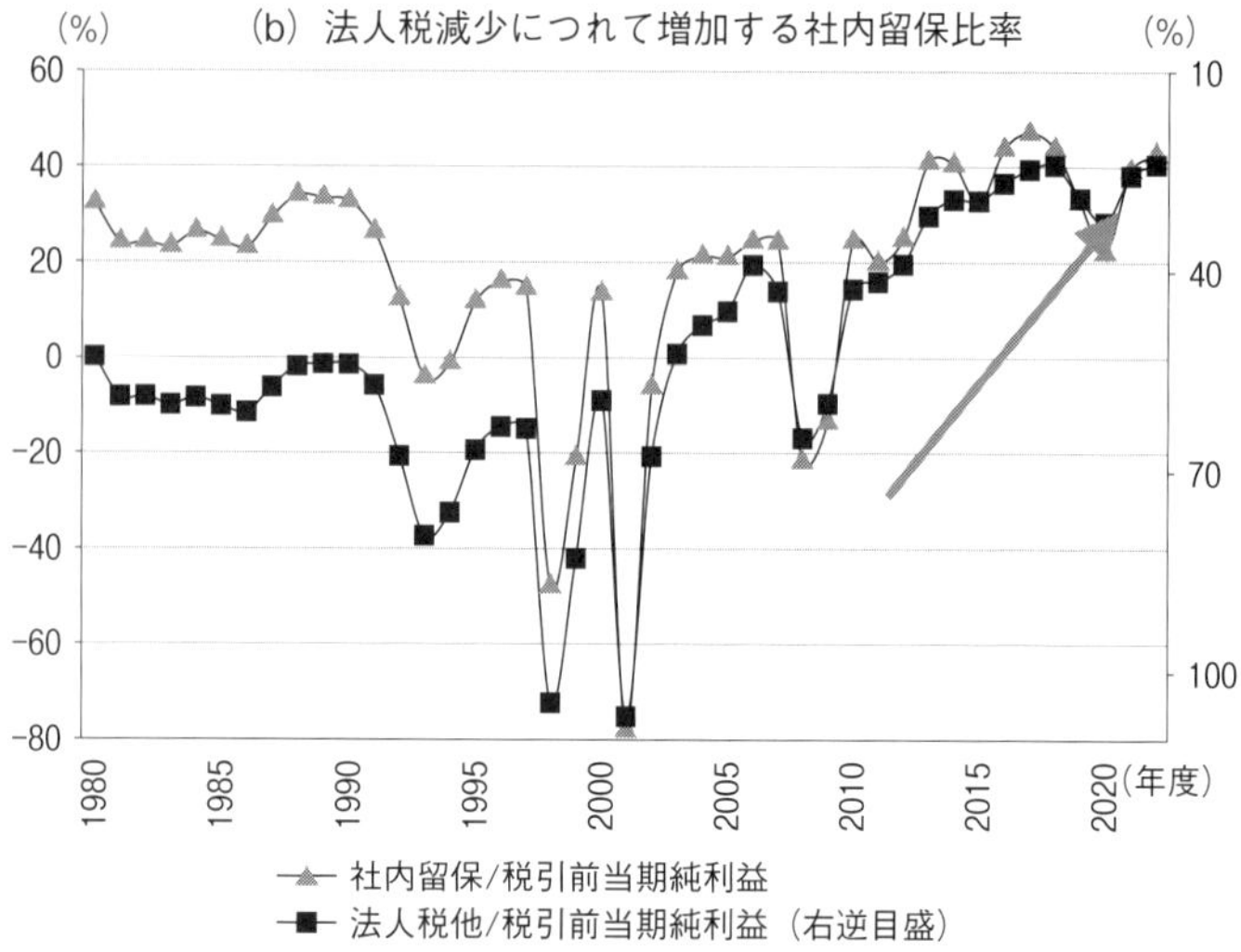
(%)
(b) 法人税減少につれて増加する社内留保比率
(%)
60
40
20
0
-20
-40
-60
-80
10
40
70
100
1980
1985
1990
1995
2000
2005
2010
2015
2020
(年度)
社内留保/税引前当期純利益
法人税他/税引前当期純利益（右逆目盛）

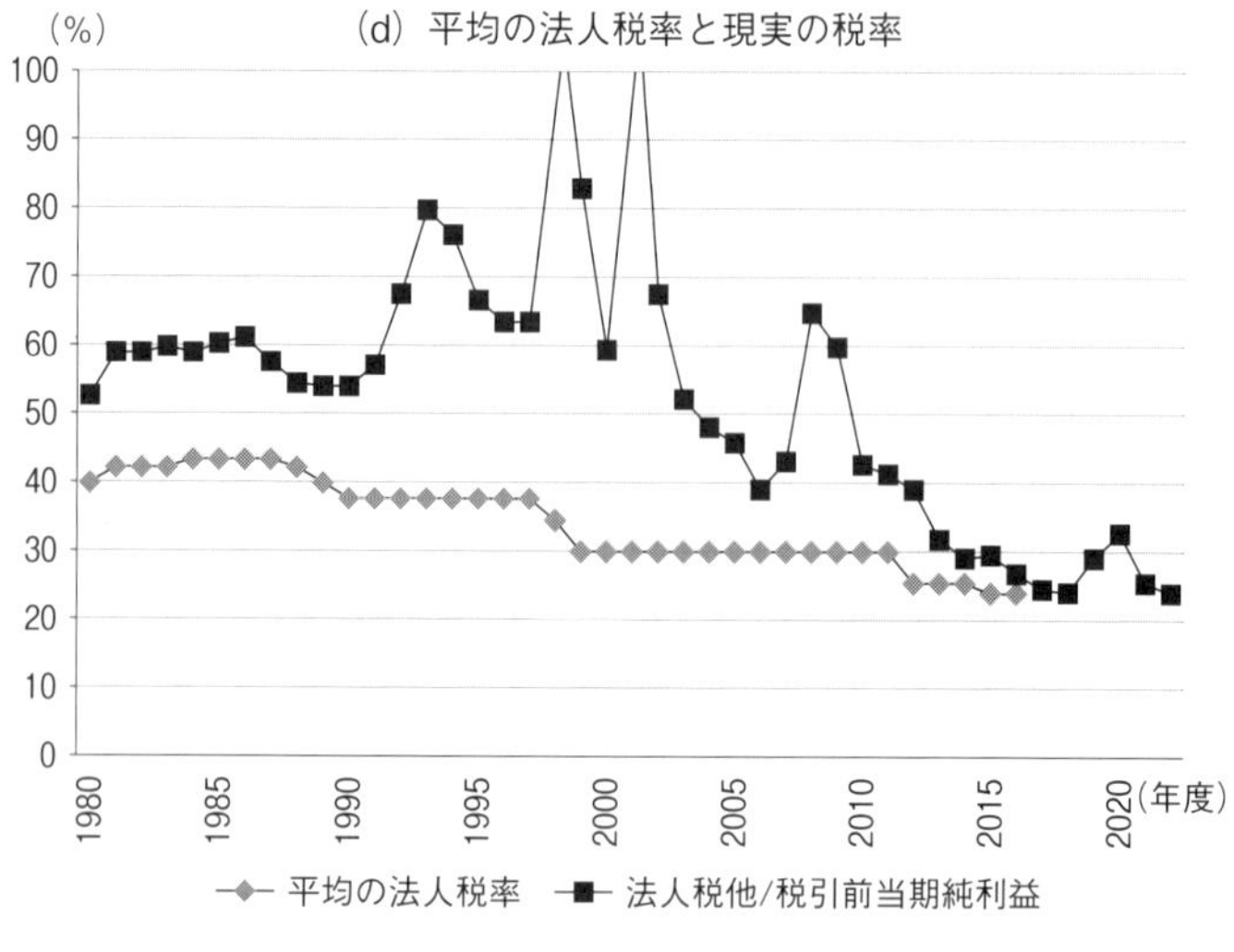
(%)
(d) 平均の法人税率と現実の税率
100
90
80
70
60
50
40
30
20
10
0
1980
1985
1990
1995
2000
2005
2010
2015
2020
(年度)
平均の法人税率
法人税他/税引前当期純利益

図1-7　企業利益と法人税

(a) 法人税減税の結果

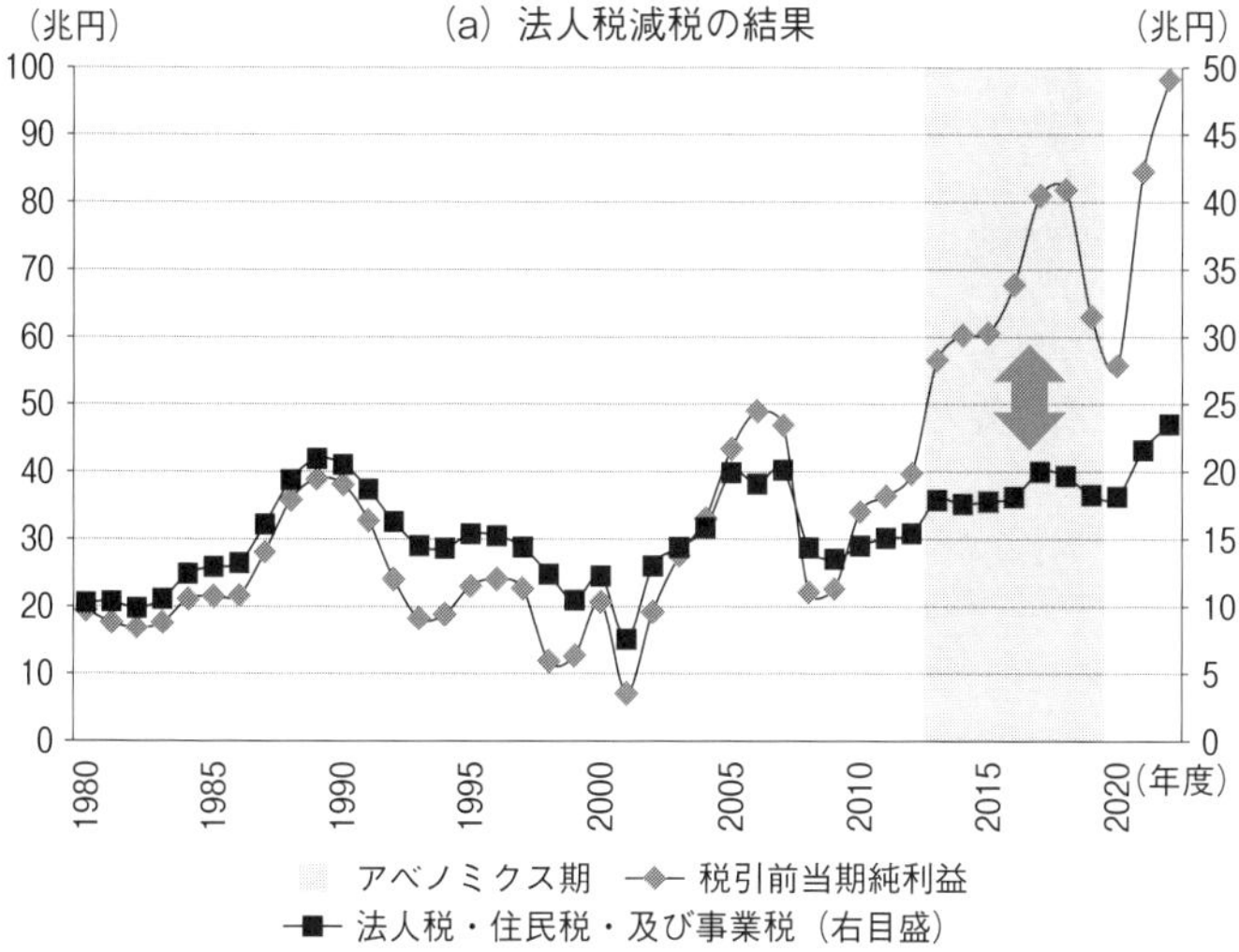

注：法人税などは右目盛で見るが、左目盛りのちょうど半分になっている。

(c) バブル期を超えて上昇する現預金売上高比率

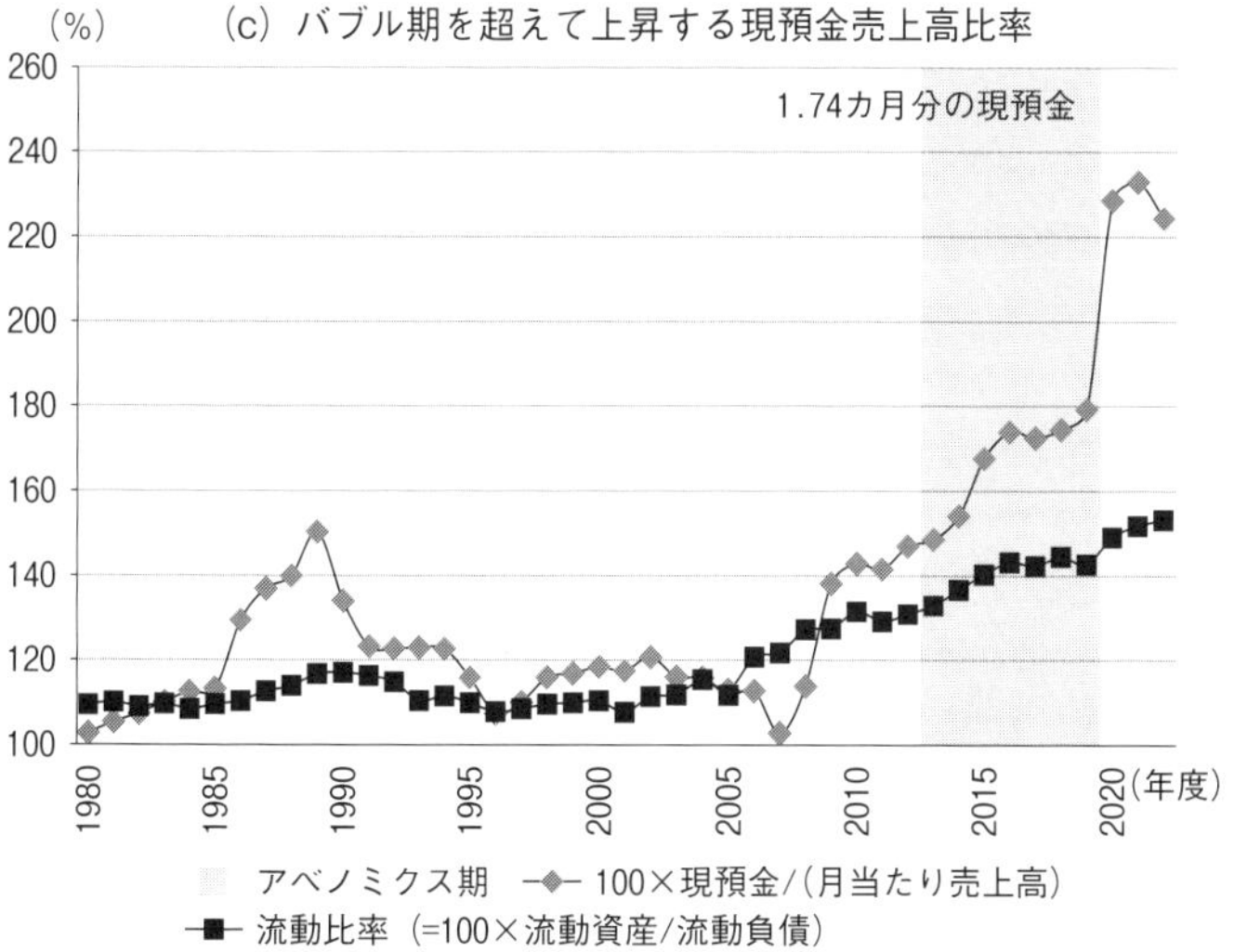

データ出所：法人企業統計

るわけではない。財政支出の限度を見極める議論は政府と中央銀行、そして貨幣システムの「信用」に関わる問題なので複雑だ。

乱高下する内閣支持率に喩えて考えると、信用の変動の理由がいつも特定化され、限度が見極められているわけではない。また**いったん失った信用は取り返すことは容易ではない**。内閣の場合は交代すればリセットされるが、いくつかの途上国のように頻繁に中央銀行の総裁が交代したり、デノミで紙幣が切り替わるまで貨幣乱発して財政支出をファイナンスする事態は望ましくない。実際、日本の家計の株式保有が過少な理由はバブル崩壊で株式に「信用」がなくなった後遺症であろう。

ただし財政というカンフル剤を大量に打ってようやくマクロ経済の逆流状態を防いでいるのに、いつも財政再建ばかりを唱える財政至上主義者の「正論」は現状を把握していない。特に消費増税・法人減税のパッケージは、所得の海外流出や企業貯蓄増大をもたらす一方、家計の消費性向低下から内需低下の悪循環を招いている。

財政と貨幣増発を巡る立場の違いは、「インフレになるまで大丈夫」と考えるか、「政府の信用を毀損してインフレになるから危ない」と考えるかの違いである。本書で述べるように、他に方策、つまり企業貯蓄の削減があるのだから、わざわざ危険な実験はやるべきではない。同様に**内部留保に対する課税制度**も実はないわけではない。**留保金課税**として米韓のみならず日本でも同族企業を対象に存在しており、2007年には課税範囲は狭まったが、今後は役員報酬制度（第2章コラムも参照）と一体で検討が必要であるとは考える。

下がってしまった家計の消費性向

家計が消費しないので、賃上げはムダという意見がある。しかしこの消費低下論は**消費増税**の影響を見落としている。65才の退職時に老後のための目標貯蓄は2000万円と考えてみよう。安倍政権の下で、消費税は2度増税され、税率は5％から10％になった。老後に実際に使える金額は1900万円から1800万円となればどうなるか。合理的と言われる日本の消費者なら、もう少し貯金しようか、非正規として働きに出ようか、となって、消費性向は低下するのが当然だ（図1-1）。

実際、総務省家計調査で見るとアベノミクス期に世帯主の賃金は横ばいである一方、増えた配偶者の（非正規と思われる）賃金は貯蓄に回り、消費は横ばいだった。

この家計防衛行動を捉えて、貯蓄に回るから賃上げは意味がないという意見は、労働者は老後の備えも子育てもする必要はない、「生かさず殺さず」と見ていることになる。経済学では家計を「労働者」「消費者」そして貯蓄や投資を行う「資本家」や「育児」の役割を複合したものと捉えて分析するが、一部の意見は家計を大量餓死した日本軍兵士（第7章参照）のように使い捨ての労働者としか見ていない。この偏りが「使わず生まれず」という日本経済の苦境をもたらしたのだ。

海外投資立国論のまぼろし

資金の「貸し手」だけでは需給は均衡しない。「借り手」が必要だ。民間資金余剰の借り手の一つ目が政府なら、もう一つの資金の借り手は海外だ。図1-3からわかるように、ショック直後の財政出動のための借入は巨額だが、景気回復につれて徐々に減少していく。ところがその後、企業の**余剰資金は海外**に流れていくので**内需には回らない**。この海外流出は懸念されるどころか、一時は**投資立国論**として、盛んに推奨までされていた（一方、超金融緩和は製造業基盤の国内回帰のためであったと解釈されるので、政府と日銀の政策は矛盾していた）。

この海外投資は第3章で詳しく検討するように

[1] 古くから指摘されるように国内の設備投資や雇用にメリットは無く、**空洞化**を招くだけでなく、
[2] 海外M&Aなど**直接投資のかなりが失敗**し、そして
[3] たとえ利益を上げて株価に反映されたとしても**株式保有が少ない国内家計**にはメリットは無い、

という国内家計にとって三重苦にある。特に［2］が、投資立国論が下火になった理由として重要だ。

図1-8　固定資本減耗に近づく総資本形成

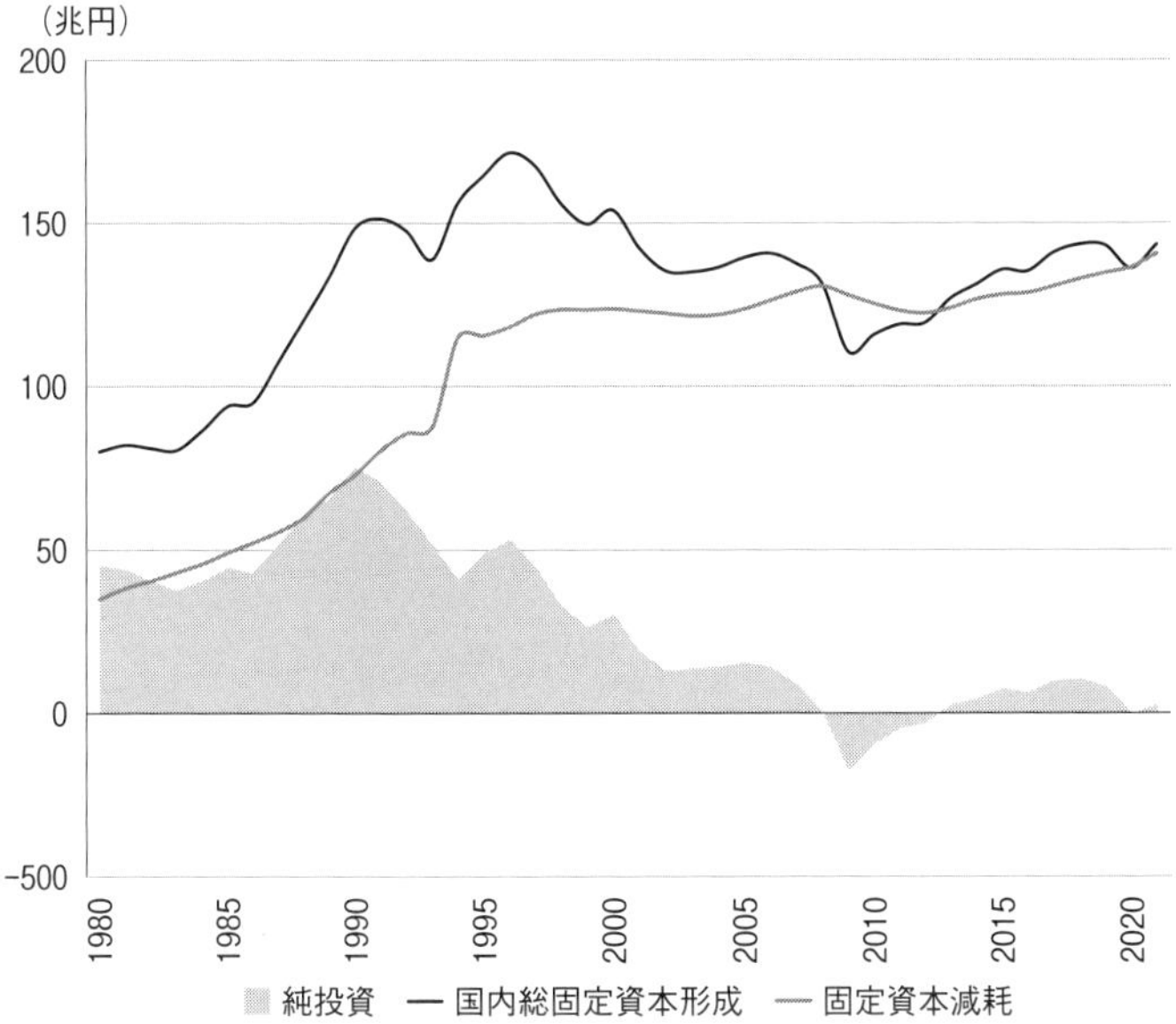

データ出所：国民経済計算

伝統的製造業が輸出先で海外生産を迫られることは政治的には必然だし、輸出大国だった日本があまりに一国主義的なことは言うべきではない。しかし流れに付和雷同した非製造業等の無理な海外投資は、後述する日本郵政を筆頭にして巨額損失をもたらしているのである。国内では企業は平均的には減価償却費の範囲内で投資をしており、追加的な純投資あるいは拡大再生産をしていないという事実を虚心坦懐に考えた方がよい（図1-8）。

自爆の帰結：世界一の公的債務・対外純資産国

以上をまとめると、日本は営々とし

て資金余力を政府の借金と海外資産に振り向けて、**世界一の公的債務・借金大国**と**対外純資産国**になったことになる。対外資産から得られた利益が株式を通して海外流出している現状は、自ら**グローバル経済の植民地**になっているようなものだ。

平均してGDP比10%弱にも及ぶこの財政と海外部門に流れる資金余剰が、内需に使われていたら、大幅な経済成長につながっていたことは間違いない。

さらに伝統的な政策対応も企業貯蓄増大という異例の事態を前提として不適切になった。

- 最終的に超円安から輸入インフレをもたらした金融緩和や
- 法人減税消費増税の税制パッケージ、
- 企業の海外進出志向

のいずれもが家計にしわ寄せをもたらしたのである。

経済学のモデル分析は、企業が財サービスを「①供給」し、賃金や配当に「②分配」し、その分配された資金で家計が財サービスを「③需要」することで循環すると想定している。力点や因果関係は学派やモデルによって異なるものの、長期は「①供給」体制に、短期は「③需要」不足に問題があると考えることが標準だし、国民経済計算では居住者である企業の分配前利益を含んだ形で①②③の三面等価が成り立つ状況を考察する。日本の場合は②に問題があるが、これまでここを分析することはあまりなされていない。つまり需要側・供給側に加えて**所得サイドのマクロ経済学**が必要なのである（第4章も参照）。

経済学者が議論を好む1~2%の生産性の違い（供給面：第2章）やインフレ率の微調整（需要面：第4章、第5章）は、米国の課題と学会流行を反映しており、日本ではGDP比にして一桁違うこの**資金の流れ方**の変化こそが重要だ。[1] この**主病巣**を無視して、グローバルスタンダードの軽症の病気だけと診断することはあってはならない。

コラム●モデル早わかり●政府支出増大をデパートの商品券で考える

需要を維持するためには政府支出増大が必要で、日銀が国債を引き受ける以上問題ない、という意見の勢いが一部で増した。しかしこれは危険すぎる。そこで国をデパート、貨幣を商品券と見立てて説明しよう。デパートにとっては、発行している商品券も借金である。国の借金にも2種類があり、

●国債が借金証文ならば、
●貨幣は万能引換券である商品券である。

通常は、商品券増加は（通貨）価値を下落させるため、**中央銀行の独立性**という制度で過剰発行を防ぐが、政府支出増大論者は大丈夫だ、借金は商品券で返せばよい、と言っているのである。百歩譲っ

［1］ 前者の多くは日本のTFPの主変動要因である労働保蔵（Wakita［1997］、第2章コラムも参照）を無視し、後者の多くはカルボ型という価格設定メカニズムをモデルに採用し、日本の特徴である春闘・ボーナスシステム（Wakita［2001］）を無視している。つまり日本の制度的特徴から日本経済を考えるものではなく、米国のデータで米国の学会に受け入れやすい研究となっている。

て、商品券に見合う商品がデパートにあり、少しぐらいなら構わないと思うかもしれないが、今までの異常な金融政策がエスカレートする経験から考えて、**金融財政死なばもろとも**の政策になってしまう怖れは強い。企業貯蓄過剰の現状で財政出動は**必要**だが、財政拡張の議論は一時はどんどんエスカレートして空恐ろしいほどだった。国債であれ、貨幣であれ、これらは何らかの意味で「借金証文」であり、究極的にはモノとの「引換券」である。紙切れや電子情報の引換券をうまく配れば生産が刺激されることはあるだろう（これが経済政策の議論になる）。しかし引換券を無制限に発行したり、デパートが倒産しかければ、商品券の信用は毀損され、その価値は急速に下落してしまう。これがハイパーインフレとなる。

商品券には現在の取引のためと、（将来の取引に備える）貯蓄のための2つの役割がある。円安は商品券を早く使って生産物需要を刺激してほしいという第一の役割を重視しすぎた結果であり、商品券の価値安定のためには保有ポイント（金利）をプラスして第二の役割を重視しなくてはならない。

1.3 内需をどう増やすのか

企業貯蓄の解消手段

以上で説明した循環に開いた大きな「**穴**」としての企業貯蓄は政策や分析の「**失態**」でもあるが、改善余地という「**希望**」でもある。企業貯蓄の解消手段は（a）配当・（b）設備投資・（c）賃上げであり、議論は必要だが（d）内部留保課税や（e）企業預貯金のマイナス金利も考えられる。

まず現時点では設備は充足している。配当増加は長期的にその必要性は大きくＮＩＳＡ拡充等は適切な政策と考えるが、現時点で短期的には有効な手立てとは言いにくい。その理由は上場日本企業の**株主構成**にある。２０２２年度のデータでは金融機関（29・5％）と外国人（29・6％）で過半を占めており、他方家計保有比率は16・5％と3年連続低下しており（１９７０年には37・7％）、株価上昇や配当増加は最終需要増大にはさほどつながらない。この点の経緯については第6章で再考する。

この家計の株式保有過少の問題は日本経済の停滞問題を深刻にしている。企業が利益を上げても家計が株主となっておれば（真の株主は誰か、という間接保有や分配の問題があるにせよ）、生産の果実を「労働者」として受け取るか「株主」として受け取るかの問題にすぎないと言える。しかし株主ではないのだから、果実は国外に流出してしまっている。

解決策としての「賃上げ」

結局、すぐできる解決策は企業から家計に資金を移すこと、つまり**大幅な賃上げ**しかない。幸いなことに伝統的な中央集権的労使交渉メカニズムである春闘は、経済全体の賃金決定に大きな影響力を持つ。コロナ禍までの良好な雇用情勢の下では、大企業から中小企業に賃上げは波及してゆき、好循環で労働市場の需給が引き締まり、よりタイトになれば、法や規制では影響の及びにくい格差や労働問題もよい方向に動くことが期待された。賃上げで消費が増大すれば、地方のサービス業など非製造業にも直接的に恩恵が及ぶ。さらに好況になれば、財政支出増大の必要性が減り、政府の赤字までが減少する効果を持つと期待されたのである。

筆者は企業に賃上げ余力がある現状で、賃上げ継続は正当であると考えている。その理由は賃金には過去の貢献の後払いであったり、協調的な労使関係の下で労働者は企業利潤の分配を受ける権利があったりする側面があるからだ。第2章で検討するように、生産性上昇分に賃金は追いついておらず、本来の貢献分をこれまでもらっていなかったためでもある。

コラム●モデル早わかり●ブランシャールの財政拡大論と動学的非効率性

ＩＭＦのチーフエコノミストも務めた高名なマクロ経済学者であるオリビエ・ブランシャール教授が財政拡大論を提唱している（ブランシャール［2023］）。彼の議論は世代重複モデルと言われるモデル上で分析される**動学的非効率性**と言われる状態に基づくもので、基礎となるモデルの形が頭に入っていなければ直観的にはわかりにくい。そこで資本を賃貸アパートに代表させて説明を試みよう。

いま各期には勤労者の若者と、アパートの賃貸収入で暮らす老人（前世代の若者）がいるとしよう。若者はいまも老後もまんべんなく消費をするパターンを好む（効用関数を持つ）。このため勤労収入からアパート購入・建築のための貯蓄を行っている。この状況で人口減少などが起こるとき、アパートが過剰なら収益は上がらない。しかし貯蓄以外に老後の生活を支える手段はない。そこで各世代の若者は消費を切り詰め貯蓄を行って、アパートを建設するが、アパートが過剰なため収益率は下落してしまう。このように経済全体では毎期毎期の過剰なアパート建設のため、かえって消費が減少してしまう事態を動学的非効率性と呼ぶ。このモデルは世代が次々現れて去って行く構造のため、市場メカニズムによる資本収益率の自動調整作用が働かない。

この場合、フランスの経済学者ティロールが言うように本来は価値のない（バブル的）資産を流通させ、言わば資産（アパート）を間引いてやれば若年期の貯蓄は削減され、資産収益率も上昇し、悪循環の削減に役立つ。またブランシャールの言うようにこの状況では財政支出を負担するコストより成長の果実が大きい。

ただし日本一国のマクロ経済だけを念頭に置いて、この議論を進めることは適切ではない。世界の金融市場は一体化しており、資産収益率（ここではアパートの収益率）は世界一体で決まるからだ。

1.4 問題を複雑にする2つのトレンド①：人口減少

以上で述べたように、長期停滞と賃金停滞の主要因は

［1］「過去」の不良債権問題の後遺症から始まった企業貯蓄

であると筆者は捉えている。しかし、それだけなら賃上げはもう少し達成されてもよさそうである。現状では以下の2つの問題が、賃金上昇を妨げている。順に説明しよう。

［2］「現在」進行中の人口減少

［3］「未来」の技術革新

「現在」の人口減少

賃金停滞の「現在」要因は人口減少だ。コロナ禍でも認識されたように、非製造業、なかでも対人サービス業は雇用吸収力が強い。問題は非製造業に対する需要は地域の人口の「頭数」に依存することである。バスやスーパーマーケットが人口減少の下で、成り立たなくなれば、企業は新卒採用や年功賃金を放棄し、高齢者の再雇用で最低限の業務をこなしてゆくようになる。そうなれば賃上げどこ

ろではない。実際、県別データでは人口減少につれて一人当たりのGDP成長率は下がってゆく（脇田［2019］209頁）。

賃上げの議論には対象が2つある。政府が毎年7月頃に決める①公定最低賃金を巡るものと、春闘中心の②平均賃金を巡るものだ。

本書の議論は②を念頭に置いているが、最低賃金は政府が決めるため水準を巡って議論になることが多い。最低賃金は地方のスーパーマーケットのパートタイマーなど、地域に定着的な労働者が受け取っていることが多い。もちろん最低賃金がマクロ経済全体の好調を反映して、結果的に上昇してほしいとは思う。しかし最低賃金を人為的に上げればすむ問題ではなく、地方の問題はまずは強力な人口減少対策（たとえば企業別出生率で支払う社会保障費に差を付ける）で、大きな方向付けが必要だ。

労働市場の3つのトレンドと世代的な2つのコブ

人口減少と年齢階層別人口の変化は労働市場にも大きな変動をもたらしている。日本の労働市場には少なくとも以下の4つの注意事項があり、これらを知らないと変数の定義、計算に大きな問題をもたらす。

［1］まず人口減少と高齢化である。65歳までの中核労働力になるべき人口が減少している。

［2］**自営業者減少**に伴い、就業者数と雇用者数が近づいている。

⇓　雇用者報酬を国内総生産で割った数値を労働分配率と考える場合が多く、この数値は景気にゆるやかに逆相関しつつ安定的である。しかし国内総生産には雇用者だけでなく自営業者の寄与も含まれる。そこで**真の労働分配率は実は低下**している。賃金と労働生産性の乖離を考える場合（第2章）、特に注意が必要である（脇田［2019］図11-3、これを明示した2022年度経済財政白書、特に第1-2-11図も参照）。

［3］非正規化に伴い労働者平均の**労働時間も減少**している（図1-9）、さらに高齢化に伴い非正規労働者の一人当たりの**労働時間が減少**している。

⇓　アベノミクスの功績として、就業率の上昇を誇る向きもあるが、労働時間減少が相殺している。

［4］世代別人口には**団塊世代**と**団塊ジュニア世代**の2つのコブがある（図1-10）。

⇓　日銀短観等で**人手不足**の回答は顕著に見られるが、これらはもともと世代人口の少ない若手や特定業種中心のまだら状況と考えられ、全体の労働時間減少の動きと逆行している。企業内で上司となるべき中年層（30、40歳台）と若手社員20歳台の比率を見ると、これまで波を打ちながら減少しているが、今後一定値に収束していくことがわかる。この比率は景気に左右されない構造的なものであることに注意が必要だ。家計軽視の最終段階として人口減少を捉える必要がある。

図1-9　トリクルダウンと言うより（女性・非正規高齢者への）ワークシェアリング

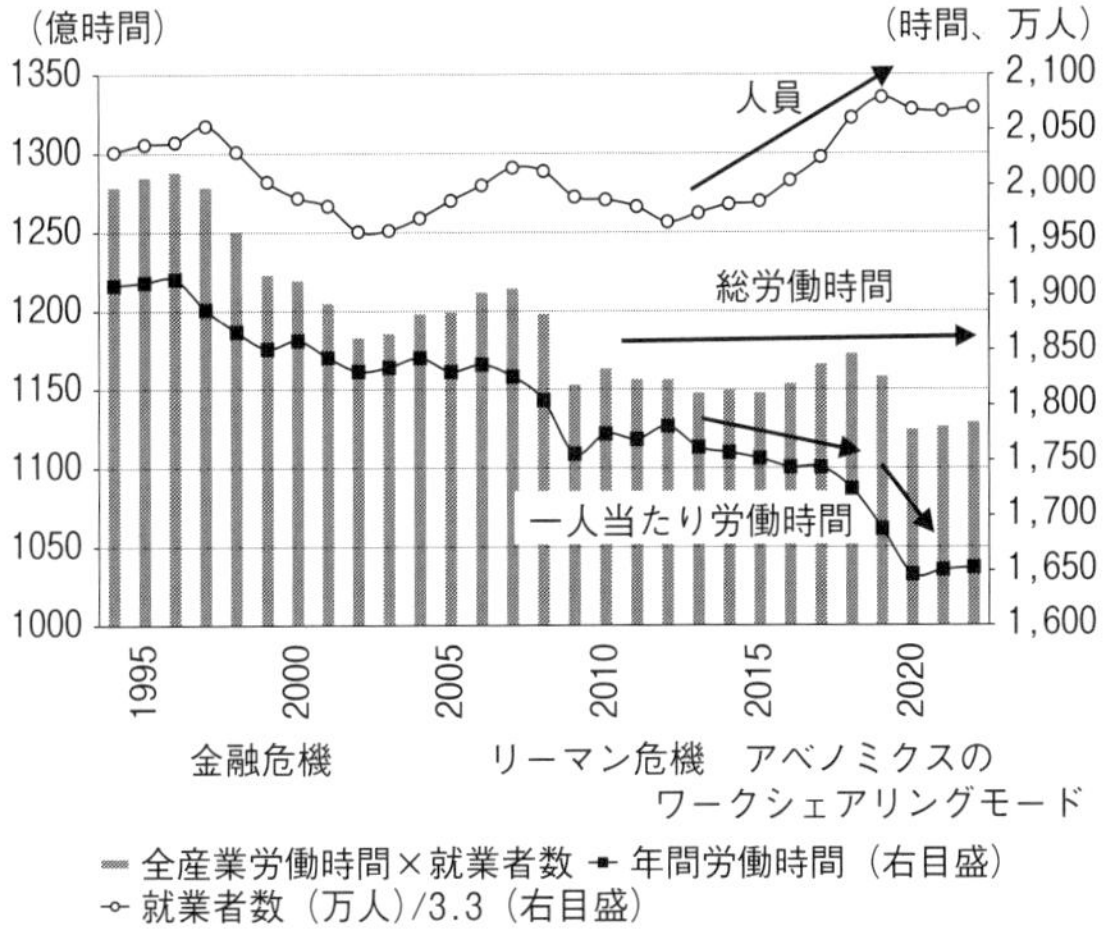

注：景気が良いと非正規中心に就業者増加し、ワークシェアリングモードに。
危機時には少数精鋭に、段階的に労働投入量減少。
若年層は人手不足、（人数の多い）中高年はワークシェアリング。
データ出所：国民経済計算　フロー編（3）経済活動別の就業者数・雇用者数、労働時間数

図1-10　団塊世代と団塊ジュニア：人口のコブ

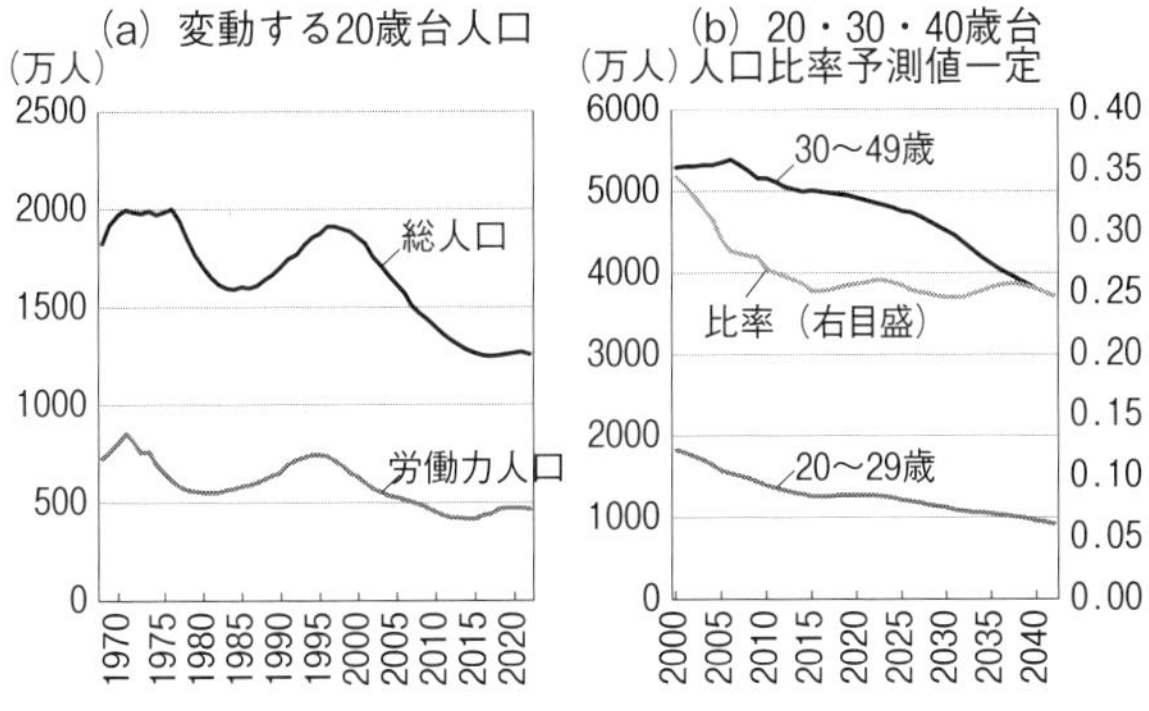

データ出所：労働力調査、国勢調査

このような人口の推移の特徴については、前もって知っておく必要がある。これらの特徴を組み合わせれば、グラフや計量分析の結果をかなり左右できるからだ。

コラム●モデル早わかり●賃上げと労働分配率と合成の誤謬

賃上げは一社だけで行うことは難しい。春闘の創始者太田薫は「闇夜の一人歩きは怖いからお手々つないで」と述べたそうだが、この問題は経済学で「合成の誤謬」と言われる。スタジアムで一人が立ち上がれば、確かに試合はよく見える。しかし皆が立ち上がれば元の木阿弥だし、そこで一人だけ座れば試合は見えなくなってしまう。米国銃社会は危険だが、自分だけ銃を手放せばもっと危険だ。

企業が一社だけ賃上げすれば、その企業の労働分配率をいったんは上げることになり、それは企業存続のリスクを増やしてしまう。しかしマクロ経済全体で賃上げを行えば、そうなるとは限らない。労働分配率がたとえ一定であっても、実は賃上げの効果がある。以下の労働分配率の定義に即してこの「合成の誤謬」を説明しよう。労働分配率は

（①賃金×②雇用量）÷③付加価値（産出量）

と定義される。②と③が変化しないという一時的な想定（部分均衡的という）の下では、確かに個別企業の賃上げは労働分配率を上げて、経営を不安定にする。しかしマクロ的に見れば（一般均衡的には）賃上げは②の雇用量を減らすかもしれないし、③の付加価値（産出量）を増やす可能性もある。②の労働市場は好調なので、③を考えよう。マクロで（個別企業の賃上げの総和の結果として消費が増大し

て）総需要が増加すれば、分母が増大し結果的に労働分配率が増加するとは限らないのである。実は理論モデル分析で頻繁に使われるコブ＝ダグラス型生産関数は労働分配率を一定にするために考案された生産関数の形であり、この関数の下ではモデルに他の要素を加えても労働分配率は変化しない場合がほとんどである。しかしこの関数を使って、合成の誤謬などケインズ的な生産拡大効果を一般均衡的に考察するマクロ経済学のミクロ的基礎の多くの研究がなされてきた。本書で考える企業貯蓄や所得の海外流出削減など未使用資源の活用は、労働分配率の変化なしにケインズ的なメカニズムによって、生産を拡大する効果を生じさせる。

1.5 問題を複雑にする2つのトレンド②：技術革新

「未来」の全自動化とそろばん名人の処遇

賃金停滞の「将来」要因は技術革新の加速化だ。新技術で生産性向上と簡単に言うが、周知の通りに技術発展の結果、諸国で社会の分断が問題になっている。現在の中高年労働者の問題をイメージすれば、エクセル導入後の「そろばん名人（あくまで比喩である）」をどう処遇するか、という問題に喩えられよう。そろばん技能をいくら向上させても、エクセルの速度には追いつかない。一方で技術は古くなったものの企業に貢献してきた熟練労働者の首は切りにくい。このため職場では緊張が高まり、職務限定の促進やリ・スキリングなど、解雇の外堀を埋めるスローガンが鳴り響く。

それでも雇用といった側面から考えると、現状はまだましなのだろう。技術構造が大幅に変化したならば**労働分配率**は大きく変化するはずだが、急速に低下しつつある米国と異なり、日本のそれは国民経済計算で見る限り、下げ止まっている。「ここに書き込んでください」とエクセルのワークシートがメールで頻繁にやってくるのはうんざりだが、それでもワークシートを束ねる手作業はまだ確保されている。クラウド化が進み、全自動化されると、ますます人手はいらなくなる。言わば洗濯槽と脱水槽が分離し人手で洗濯物を入れ替える**二槽式洗濯機**から、途中で人手がいらない**全自動洗濯機**への転換だ。

IT社会への懐疑

全自動で便利なようだが、IT社会への懐疑は高まってきた。結局、ITの問題はなんでも効果を増幅してしまうことだろう。拡声器の導入が小声の悪口を拡散するように、ネット上の書き込みや検索は情報伝達を効率化する一方、社会の偏見も伝達する。経済面では、それを使いこなす人と使わない人の収入格差を激しく大きくしてしまう。足で走って競争をすればそんなに差がつかないが、自動車を使って競争すればドライビングテクニックで大きな差がつく。もともと**技術発展は格差拡大的**だ。

実は労働分配率一定の前提がデータ上もおおむね成り立つとされたことから（いわゆるカルドアの定型的事実のひとつである）、伝統的な経済成長モデルは組み立てられてきた。経済学では生産技術の根幹は前提とするものであって、徐々に変容していくプロセスをあまり考えなかった理由である。しかし分配率一定の仮定が成り立たないと既存の**成長モデルの理想的な帰結は今後、全面的に再検討が必要**となる。自由放任主義的な米国ですら2021年発足のバイデン政権の当初の起用人財の顔ぶれを見れば、巨大ＩＴ企業のデジタル寡占への対決姿勢を明瞭にしており、イエレン財務長官は世界的な法人増税を促してきた。

これらに象徴されるように、現在は大きな転換期にある。この30年、各国の経済政策はＩＴというものの波及効果（外部性という）を重視し、企業活動を補助し放任して、経済成長を促進してきた。言わば様子を見て、巨大ＩＴ企業を泳がせてきたと言える。しかし格差拡大というデメリットが目立ってきた。かつて市場を支配したＩＢＭやマイクロソフトが独占禁止法の槍玉に挙がった歴史もある。巨大企業をどう制御し、その巨大利潤をどう使うか、選択肢を広くとってより大きな視野で考えるべきだ。

急速な企業利潤増大

最近の各国の動きは急速な企業利潤増大に対応したものだ。

［A］バイデン政権の当初の計画のように**独占企業に法人税**を課しそれを公共投資の財源として使うことがよいのか、

［B］菅内閣における携帯電話問題のように**価格を引き下げ**て新技術を普及させることがよいのか、あるいは

［C］NISAのように**株式市場参加への優遇措置**がよいのか、

需要と技術の特性により政策オプションを広くとってケースバイケースで考えることが必要だ。独占企業が価格をつり上げて供給量を削減していれば［B］が良く、事実上のインフラ化している産業なら法人税の転嫁で価格が上昇しても供給量は下がらないため［A］でも変わらない。利潤を元に活発な開発競争が進んでいるのなら［C］がよいのではないだろうか。

経済学では伝統的に中小の企業が無数に集まってギリギリの競争をしている状態を標準として想定してきたものの、経済成長理論の枠組み内でも独占企業を正面に据えて、その効果を考察する動きも始まってきた（Ball and Mankiw [2023]）。我々は資本主義と市場競争の下で、私的所有権を保護し、労働がどのくらい生産に寄与するかどうかで賃金を決めてきた（限界生産力説という）。そういった考え方が長期の経済成長をもたらしてきたことは事実である。しかし現状では労働の寄与分が減って賃金は停滞する怖れがある一方、日本の家計は株式市場へのアクセスを躊躇している。

これでは技術革新でせっかく生産力が増大したのに、その果実は家計に分配されない。生産が可能

になっても、それを需要する所得がない場合、ますます低価格化と低賃金労働が促進されてしまう。結局、適切な分配政策誘導なしに市場競争だけを促進すれば、日本のような労働者が勤勉な国ではウーバーイーツ配達速度世界一になるのではないか。

利潤機会と勤労達成感が椅子取りゲーム的に減少

技術進歩は**独占化**をもたらすだけではない。もう一段階進んで、価格低廉化により急速な**コモディティ化**が進んできた。どちらかと言えば日本経済の場合、こちらに注意する必要があるだろう。その背景には技術革新の内容がＡＩなどソフトウェア中心に移ってきたことがある。これまでの人々や企業が高い機械を買ってくれて、便利になる、効率化するというハードウェア中心の場合と異なる。ハードの機械はそのままでソフトウェア的に効率化が達成されているので、その貢献分は労働や物的資本といった伝統的生産要素への報酬に反映しにくくなっている（Karabarbounis and Neiman［2019］）。ソフトウェアはコピーできるので簡単にＩＴ企業は規模拡大でき（規模の利益が大きく生産関数は収穫逓増）、一握りの経営者だけが裕福となる傾向が強い。かつての日本の製造業では労働者の熟練が形成されないと模倣もできないし、士気や精度を高めるためには高給与も払う必要があった（効率賃金という）。特に組立型では1つのミスでも製品は故障してしまう。つまり「ものづくり」の技術体系が**自動的に所得分配を平等化**していたのである。

具体的な例で説明しよう。Zoom社のオンライン会議システムがコロナ禍で人気である。これに対抗してGoogle社は無料のシステムを提供することにした。このようなオンライン会議システムの発達と市場競争は、安価で時間も節約できて、**消費者便益は大き**い（世界は豊かになっている）が、それまで需要された交通機関や運輸業などの**収益の落ち込みをカバーせず**、IT関連で働く人々に**分配すべき原資も小さい**。

まず**作業の効率化**が独走すれば、雇用の受け皿となるべき新産業が（あるとしても）勃興する資金も時間もない。この場合、分配が止まって循環がせき止められると、**長期的な需要不足**が生じてしまう。

さらにもう一段階進んで、簡単にコピーできるということは**限界費用がゼロ**であり、競争で価格が下がってタダで提供されてしまえば税も取れず、格差社会を是正するため政府が再分配を行うこともできない。旧Twitter社のように、親会社経営者のプロパガンダ機関となる怖れもある。

すべての産業が同時に均一に価格が低下すればまだよいが、そうはならない。むしろ競争と効率化が遅れた産業の関係者や資源国ほど利益が得られることになる。このためすべての財のコモディティ化を限界まで進めて無料の自由財とするのではなく、ある程度のところで価格低下を留めておき、税を課すことも考えておく必要もあるだろう。

価格低下が進むと**再分配原資**ばかりか**利潤機会**と**勤労達成感**が今後、椅子取りゲームのように減っていくことすら考えられる。現状でも、世界の各国の混乱はITのせいと言っても過言ではない。中国のように権力で不満を封じ込めるか、米国のように究極の格差社会の下テレビＣＭで選挙結果が左右される金権政治となるか、不安はつきない。このような独占企業と技術進歩の問題は経済学の巨人であるカール・マルクスが利潤率低下の法則で、ヨゼフ・シュンペーターが創造的破壊と名付けて考えた点と共通する大問題である。解答を決め打ちすることなく、視野を広くとってより良い社会を作りたいものだ。

失敗例としての日本郵政

何かＳＦめいたことを言っているようだが、そうではない。人口減少と技術革新への対応の失敗がつまった例として日本郵政を見てみよう。２０００年代に小泉構造改革のターゲットとして郵政民営化がなされ、２０１５年には株式上場もなされた。人口減少と過疎化の下で郵便局ネットワークを維持せねばならず、他方で電子メールが普及したことで郵便の利用者が減るなど、経営がもともと難しいことは認めなければならない。しかし起死回生の巨額投資は失敗の連続である。２０１０年の日本通運のペリカン便吸収、楽天グループ株巨額評価損（２０２３年に８５０億円）に加えて、２０１５年には豪物流会社トール・ホールディングスを６２００億円で買収し、海外物流にも進出した。だが２年後には早くも４０００億円の巨額損失を計上している。日本郵政は年間２０００億円程度の利益水準であるから、２年の利益が吹っ飛んだことになる。この結果、政府の側面援助のためか競合相手のはずだったヤマト運輸のメール便等は廃止に追い込まれ、2024年秋には郵便料金が30%も値上がりすることが見込まれている。今後は自社物件を複合施設などに建て替え、不動産事業を促進するそうだが、これらはもともとは国有財産である。ジリ貧を怖れてドカ貧に陥ると言うが、何か明るいシナリオを追い求めたばかりに、かえって衰退を促進したと考えるのは筆者ばかりだろうか。効率的なシステムが退場し、非効率な準公的セクターばかりが残存する先例となることを怖れるばかりである。

1.6 金融危機過敏症がエネルギーショックを増幅

コロナ禍後に起こる巨大ショック

以上で企業貯蓄、人口減少、技術進歩の3つのトレンド要因を概観した。日本経済にはマクロ経済循環上、企業貯蓄という大きな穴があり、これが米国製教科書に載っていない異例の事態のため経済学者には理解の穴、盲点にもなっている。つまり日本というタイタニック号が沈みつつあるのは、老朽化して無数の不具合に対処不可能（日本衰退論）なのではなく、ミクロで効率化してもマクロで大穴が空いているのに、その穴を塞がないからである。

問題を複雑にする要因はこのところ10年ごとにやってきている巨大経済危機である。1998年の日本独自の金融危機、2008年の世界的なリーマン危機に続いて、2020年にはコロナ禍が生じた。これらの危機をマクロ経済の言わば長期入院状態と考えてみよう。無事退院となったとしても、入院費を誰が払うかという資金繰りの問題と入院患者の家族の困窮という問題は残っている。

多くが心配していたのが**金融危機**である。リーマン危機後には、余震ともいうべきギリシャ危機からユーロ危機が勃発した。治療費という借金を入院中の病人から取り立てるわけにはいかないものの、少し経済が元気になったら、すぐさま借金取りがやってくる。企業が借金を返せなかったら、金融機関が危機に陥るし、財政健全化を旗印にした増税や**財政危機**も政府への借金返済だ。この場合、中央銀行は潤沢に流動性を供給しなければならないし、利上げはできない。

しかし今から考えると金融危機不安はG7など欧米中心の見方であって、グローバルサウスと言われるような中進国の不満を我々は見落としていた。その結果、起こったのは、ロシアのウクライナ侵攻やパレスチナ問題再燃から生じた**エネルギー危機**とインフレであった。日本も資源調達と金融面を中心に無関係ではいられない。

つまりコロナ禍後にはリーマン危機時のように金融危機やギリシャ危機のような財政危機が来ると身構えていたら、まず石油危機時のようにエネルギー危機が来たので、第2次石油危機のように引き締め気味の政策で日銀は対応できず、野放しの輸入インフレを招いてしまったと言えるだろう。しかも金融危機の危険性は残っているので急速な利上げは難しい。この点は第5章でさらに検討しよう。

考え直してほしいこと

本書の各章では

● [第2章] 生産性が低いから賃上げができないのか。
● [第3章] 内部留保は賃上げに使えないものなのか。内部留保増大の自然治癒は望めるのか。
● [第4章] 黒田日銀の金融政策は効果があったのか。
● [第5章] 現状の輸入インフレをどう考えるか。
● [第6章] バブル以前の日本経済とどこが違うのか、何が失敗だったのか。

などの直接的な疑問に簡単なデータと理論をもって答えている。

重視したのは「全体としてどうなっているのか」ということであり、筆者としてはつじつまが合った答えと、どうすればよいのかという今後の指針を用意したつもりである。最初に断っておくと、本書で考察を加えるひとつひとつの政策は伝統的に正しい、とされてきたものだ。本書の主張は、今の日本経済の状態に即して考えると望ましくない、という意味であり、言わば薬の飲み合わせ、併用禁忌状態による誤診が為政者の隠蔽体質により増幅されたことを示したいと考えている。

残念ながら老化する国では10年に一度のショックごとに、政策の可能性は縮小していく。日本国民の年齢中央値は50歳間近であり、団塊世代は2024年ですべて後期高齢者の仲間入りだ。それでも持てる力をフルに使えば、社会保障を止めて弱肉強食の金権政治の国になる必要もなく、人権や言論の自由を止めて官僚統制に走る必要も本来ないはずだ。真ん中の道をどう歩めばよいか、考えたい。

蛇足　カブキプレーと日本社会

日本の歌舞伎から派生したカブキプレーという言葉は、芝居じみた行動を指す国際的な外交用語となりつつあるらしい。ただの大げさな演技と言うより、何か共通の建前や大事な秘密を守るため、皆で芝居や儀式をする行動が問題を複雑にする。歌舞伎には首実検といわれる場面があり、本当の首かどうかを確かめる見せ場である。劇評家渡辺保氏の『歌舞伎』（ちくま文庫）によると、著名な4作品の首実検の場で登場する首はすべて身代わりの贋ものである。しかも検分者は贋首であることを知りながら、本物の首であると「騙されてやる」のだ。こういったウソを見て見ぬ振りをするのが日本人の大人の知恵ということかもしれない。しかし日本経済の「大事な秘密」は官庁の無謬性というフィクションであり、その無理が失われた30年につながったという気がしてならない。

〔第2章〕

生産性以下の賃金が長期停滞を招いた

ベンチから定点観測するなかで、三塁手としての立浪の守備範囲がじわじわと狭まっているのを見抜いていたのだ。だから森野にノックを打った……。

鈴木忠平『嫌われた監督――落合博満は中日をどう変えたのか』（文藝春秋、２０２１年）

2.1 「安い」のは賃金か生産性か

第1章では企業貯蓄の増大が日本の長期停滞をもたらしたことを見た。その問題の背景には

- 〔誤〕労働生産性が上がらないから賃金が上げられない

という財界や一部省庁、それに追随する経済学者がふりまく誤解がある。本章では

- **〔正〕労働生産性が上がっているのに賃金が追いつかない**

が正しい認識である点を説明する。なお企業貯蓄を巡って、もう1点、誤解の多いポイントである会計上の内部留保との関係は次章で述べる。

安い日本

日本は先進国から転落した衰退国だ、国民は貧乏で賃金は安すぎるという声が、このところ高まってきた。コロナ禍のフラストレーションの高まりという背景もあったものの、国際的に比較すると物価も賃金もそして労働生産性の数値や順位は確かに低い。ところが現状では、賃金が安すぎて日本の国際的な順位は低いという議論と、生産性の国際的な順位が低すぎて賃上げは無理だという議論の両方が並立している。両者ともに互いの議論を黙殺しており、賃金と生産性を比較対照しているわけではないので、どちらが正しいかわからない。本当のところはどうなのだろうか。

国際比較であるから、まずはどのような為替レートで換算するか、という点が問題だ。

［1］両方の議論は実は同じＯＥＣＤ等が作成した購買力平価に基づいた実質数値によりなされており、これで測った日本円の使いでともいうべき購買力は一貫して低い。そのためこれを用いて実質化された一人当たりＧＤＰ・賃金・生産性など日本の実質経済変数の国際的順位は実はバブル期当時から低位である。一方で

［2］実勢（名目）為替レートは以前は高かった。円安の弊害論と実害が大きくなり始めたのはここ数年である。10年前の民主党政権時には1ドル80円もの円高だった時期（２０１２年にドル

建て一人当たりGDP最高額4万9175ドルから現在は4万ドル前後）から、アベノミクス開始後にいわゆる日本銀行の異次元緩和とその後遺症により大幅な円安（ウクライナ侵攻以前の2022年2月上旬時点でさえもドル円は115円付近、2024年5月には価値は半減し160円）となった。

以前から低生産性という議論は続いていたものの、実勢の円レートは高いので実害はなく、かつそれで比較した日本の国際的順位は高かった。またOECD等（より正確にはOECDや欧州連合統計局（Eurostat）が主導した国際比較プログラム（International Comparison Programme：略称ICP）が作成した購買力平価に基づく数値は後述する奇妙な点もいろいろとあるものの、国際的に包括的な統計はこれしかなく、OECDの統計サイトに載っているため便利に使われる場合が多い。一方で購買力平価による実質変数の比較は日本の高（過剰）品質・高（過剰）サービスを反映しない不正確なものとして日本では否定され続けてきたため、両者が併存するあいまいな状況が続いてきた。しかもドル円はこれまで経済危機に応じて、急激に円高に戻してきた経緯があるので、**円安は一過性の現象**と考えられてきた。ところが

［3］今時のコロナ禍後には円高が生じなかった。

この点は第5章で検討するが、理由はこれまでの充分な資金供給策の結果、企業の運転資金は豊富であり、海外から日本への資金環流が生じなかったことがきっかけである。

現状の円安は**国力低下**を表す前兆、あるいは輸入物価高騰から貿易赤字そして経常赤字となり、対応を誤ると途上国並みの通貨危機が生じる、とまでは危惧されている。

この危機の中で有効な手立ては財政拡張か賃上げ、そして金融政策正常化しかないものの、「賃金が上がらない理由は生産性が上がらないからだ」という意見が以前から流布されている。より詳しく、製造業の労働生産性上昇率が低まったため、それが非製造業まで波及し賃金や物価が低下していると いう手の込んだ仮説もある。

●以前は製造業の高生産性・高賃金が非製造業に波及しサービス物価が高いという議論だったが、

●今は製造業の生産性が低いため、これが非製造業に波及して物価も賃金も低いという議論に変化したのである。これが本当ならば深刻な事態であり、具体的に検討し対策を考える必要がある。

そこで本章では賃金と物価、労働生産性の関係を改めて比較対照する。基本とする分析ツールは購買力平価仮説のなかで重要な**バラッサ＝サミュエルソン効果**であり、賃金からインフレへの波及を見る**ユニット・レーバー・コスト**である。

2.2 製造業の高賃金は波及していたのか

経済学の理論モデルで考える為替レート決定理論には以下の2つがある。

（1）**金融商品の裁定関係**を考える短期の**アセット・アプローチ**
（2）**財サービス価格の裁定関係**について長期的影響を考察する**購買力平価説**

日本銀行の超金融緩和が理由で円安となった（第4章で検討するアセット・アプローチ）としても、国際的な一物一価をもたらす財サービスの貿易により、円安はじわじわと是正される（購買力平価）方向にあるはずというのが両者を併せた考え方になるが、コロナ禍以前はそうなっていたものの、現在の超円安期ではそうはなっていない。いくつかの理論のおさらいをしておこう。

購買力平価とその問題点

購買力平価説は一物一価を国際間に拡張したもので、日本で貿易財（たとえば自動車）を買っても、

米国で買っても同じ値段でないとおかしい、という裁定関係を表している。数式で書くと

日本の自動車の値段 ＝ 為替レート（e）×米国での自動車の値段　（1）

＊ここでの為替レートeは自国通貨建て

である。日本で200万円の車が米国で2万ドルだとすると、購買力平価は1ドル100円である。

購買力平価仮説は現実的なのだろうか。実は以下の問題が永らく指摘されてきた[1]。

[A] **各国間のライフスタイルの違い**

米国人が塊の肉を日本で買えば高くつくが、日本人がしゃぶしゃぶ肉を米国で買おうとすると高くつく。そもそも諸外国にはしゃぶしゃぶ用の薄切り肉は販売されておらず、厳密な比較はできない。留学生の生活実感をネット検索すると、日本は物価が高いという感想と、安いという感想の両者がある。

[B] 途上国など**各国を網羅するほど基準年が後**になる。

購買力平価を決定する具体的な作業としては、基準年の実勢レートの購買力平価を等しいと仮に決め、その後の物価指数の乖離により、購買力平価を計算する（これを**相対的購買力平価**ということ

が多い。つまりどこかの時点を適正水準として、平価を算出する必要があるが、統計が揃っていない途上国を含んで網羅的にしようとするとあまり古い基準年がとれない。２０１５年を基準年とする購買力平価で計算という意味は、２０１５年の購買力は等しいという意味であり、以下で述べるような10年程度の購買力と実勢レートの乖離は実は無視されてしまうのである。それゆえ購買力平価の比較と言っても、何年を基準としているかが重要だ。

［C］ＯＥＣＤ購買力平価

先述したように国際比較には「先進国クラブ」と言われるＯＥＣＤ等が作成した購買力平価が使われていることが多い。「先進国で最低」とか、「世界主要国で何位」などという比較が盛んだが、それはＯＥＣＤのウェブサイト（https://stats.oecd.org/）上でデータの順番が簡単に得られるからである。ＯＥＣＤサイトではエクセルシート形式でデータが一覧でき、シート上部をクリックすればソートができて国際比較がやりやすいので、読者も試されるとよい。たとえば労働生産性はProductivity/Productivity and ULC - Annual, Total Economy/Labour productivity levels - most recent year の順

［1］ 従来からの受け止め方をまとめたものとしては元財務省財務官中尾武彦氏の『「生産性」をめぐる５つの神話』前後編がある。（https://www.mizuho-rt.co.jp/publication/mhri/research/column/chairman/pdf/tn_c200928.pdf）

でクリックすれば簡単に得られる。毎年12月頃、賃上げの気勢をそぐように、労働生産性が低いという報道発表をする機関があるが、これは独自に研究しているわけでも何でもない。

ＯＥＣＤサイト上の賃金データ（や一人当たりＧＤＰや生産性）は毎月勤労統計など日本の統計が元になっているが、それをＯＥＣＤ等作成の購買力平価で調整した実質賃金データが使われている。ＯＥＣＤらが主導するＩＣＰは各国の統計作成当局と連絡をとり、独自の購買力平価指数を作成しており、そのプロセスは複雑なもので特に品目決定には注意が必要である。たとえば米であれば近年まで日本人が消費するジャポニカ米は対象とされていなかった。グローバルスタンダードな米はタイ米であり、日本人の嗜好に合わせたものとは言いがたい[2]。もともと物価指数を作る場合、細かなブランド指定がなされることが通常である。日本の消費者物価指数であれば、板チョコ（50～55ｇ）は明治・森永・ロッテの銘柄を調べることになる（総務省統計局『消費者物価指数のしくみとその見方』による）が、世界的メーカー（米国シェア33・5％）であるハーシーの板チョコはそもそも日本ではもはや販売されていないようである。植民地化されなかった日本では世界的な消費財メーカー（小売りのアマゾン・化粧品のレブロンなど）のシェアが圧倒的ではなく、日本独自の価格・数量体系が成立しており、ＩＣＰの細かなブランド指定に回答できないことも影響していよう。それゆえ永年、実務家から日本製品の高品質を反映しないものという不満が寄せられてきた（筆者もそう思う）。

購買力平価の計算は「国際標準」的な暮らしをすることが前提であり、比喩的に言えばジャポニカ米のおにぎりではなくタイ米のピラフが基準となる。このため日本ほど暮らしやすい国はない、こんな国は世界にない、という礼賛論と円の計算上の購買力平価の弱さとは表裏一体と考えるべきであり、購買力平価で測った国際的順位など「実質」の数値にこだわることがよいとは思えない。独自性を失えば観光客も来ないし、我々日本人の生活水準が向上するわけではない。ただし名目為替レートの水準は別だ。現実の交換比率が消費生活水準に直結する。

物価を左右するバラッサ＝サミュエルソン効果

購買力平価説は一物一価を国際間に拡張したものと述べた。しかしながらすべての財が貿易されて価格が均等化されるわけではない。仮に、長期的に乗用車のような**貿易財**が国際的に一物一価が成り立つとしても、美容業のような**非貿易財**の価格は、通常各国で異なる。

安いからといって外国へ髪を切りに行く人はいない。この場合、貿易財生産の生産性が高い国では非貿易財の美容師の給与や美容料金は高くなり、物価が高い傾向がある。これが**バラッサ＝サミュエ**

[2] この品目決定については包括的な解説ページ（https://www.soumu.go.jp/toukei_toukatsu/index/kokusai/icp.html）や、総務省統計局『統計 Today』No.117（https://www.stat.go.jp/info/today/117.html）などを参照されたい。

ルソン効果である。

式で解説すると、貿易財の一物一価を表す（1）のみならず、一国内で労働市場が競争的ならば

日本の自動車産業における賃金 ＝ 日本での美容師の賃金　（2）

が成り立つ。日本の自動車産業における賃金が高生産性を反映して、米国より高いのなら

日本の自動車産業の賃金 ＝ 日本の美容師の賃金 ＞ 米国の美容師の賃金　（3）

も成り立つ。美容サービスの生産関数が両国で同一で、賃金が美容料金を決定する主因とすると以下が成り立つ。

日本での美容料金 ＞ 米国での美容料金　（4）

美容料金と自動車の値段の加重平均をとって、物価指数を作成すると、自動車の値段は同じだが美容料金は日本が高い。よって貿易財の生産性が高い国では物価高となる。逆に貿易財の生産性が低い国は物価安となることから、当時「安い日本」の説明が可能ではないか、と考えられたのだろう。

2.3 ドル円の推移を3期に区分する

国際通貨研究所のPPPデータ

実際にデータではどうなのだろうか。国際通貨研究所が整理している購買力平価（PPP）データを見てみよう（https://www.iima.or.jp/ppp.html）。このデータは1974年からの相対的購買力平価を計算したものである。図2-1では、まず3つの物価指数により3つの線が描かれている。

- 消費者物価指数の購買力平価が成立する為替レート
- 企業物価指数の購買力平価が成立する為替レート
- 輸出財物価指数の購買力平価が成立する為替レート

消費者物価指数の購買力平価とは日米の消費財の価格（指数）が等しくなる為替レートのことになる。この3線を縫って、黒い太線で実際のドル円の実勢レートが描かれている。さながら細い黒線と破線で囲まれた川を竜が蛇行していくと見ることができ、上限は消費者物価、下限は輸出価格と伝統

図2-1　「安い」日本とドル円購買力平価

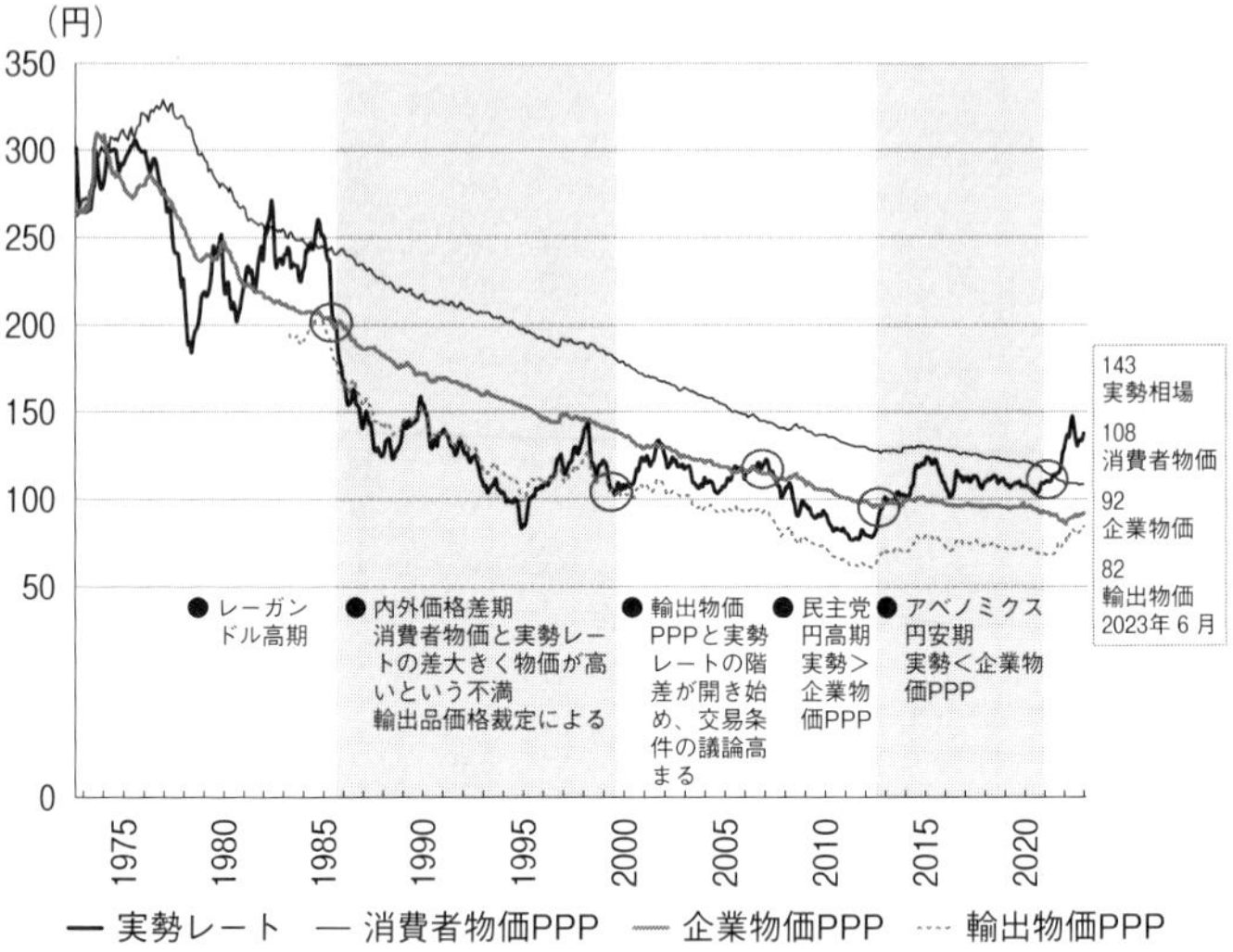

注：ドル円の上限は輸出物価 PPP、下限は消費者物価 PPP と言われてきた。
輸出物価 PPP に実勢が近ければドル換算の GDP は４割増しで日本は世界の経済大国になる。1985年プラザ合意時の実勢レート200円あたりをスタート地点と考えると、その後（原材料を示す）企業物価 PPP と（最終製品価格を示す）輸出物価 PPP は開いてきた。
データ出所：国際通貨研究所

的に見なされてきた。

さらに以下の３つの時期に区分できることが見てとれる。影をつけて時期区分すると、

［1］**内外価格差期**
輸出財物価指数による購買力平価に実勢レートがほぼ相関する時期

［2］**現地生産増加期**
企業物価指数による購買力平価に実勢レートが近づき、現地生産が盛んになった時期

［3］**アベノミクス期**
超金融緩和により消費者物価指数による購買力平価と実勢レートが近づいてきた時期

と区分することができる。

第1の内外価格差期は日本の消費者物価が高いと問題になった時期である。バラッサ＝サミュエルソン効果で説明可能であり、実際にも実勢レートと消費者物価の乖離が大きく、まさに理論モデルそのままの結果が得られている。

第2期は実勢レートが企業物価指数の購買力平価に近づいている、つまり企業が購入する商品バスケット、つまり原材料や中間生産物の物価が日米で等しくなる為替レートに実勢レートも近づいている。この時期は製造業の**現地生産**が盛んになったため、企業が最安地を求めて（あるいは政治圧力から）生産拠点が分散され、その結果新たな生産拠点で好況となって、その地の中間財価格が上昇し、均等化していく時期になる。

第3期はアベノミクス期の**超金融緩和**の結果、より円安となっている。購買力平価指数寄りの説明に徹するという点からすれば、消費者物価指数を用いた購買力平価に近づいているとは言える。この時期は中国製品が世界を席巻し、アマゾンなどの各国進出により消費財の貿易可能性はかなり高くなったと言える。ただ急速に円安となったことから考えて、超金融緩和の影響をまず考えるべきであろう。

図2-2　企業採算レートと購買力平価

データ出所：国際通貨研究所、内閣府、OECD

内閣府とOECDのデータを加えてアベノミクス期を再考

なお内閣府の「企業行動に関するアンケート調査」は企業の主観的な採算レートを集計しており、案外変動していることがわかる。2010年から2年ほどの円高期には「採算割れ」であったことが図2-2によってわかるものの、現状は大幅に利益が得られる水準である。さらに先述のOECD購買力平価も加えてプロットしてあり、作成手順や品目設定の問題はさておき、その推移は企業物価指数のPPPとさほど変わらない。つまりOECD購買力平価に問題があるとすれば、それは企業物価で見た購買力平価の問題と共通である。超円安期以前の第3期においては企業の採算レート・OECD購買力平価・企業物価指数による購買力平価の3者が1ドル100円程度に収斂してきており、このあたりが本来は基準と言えたのではないだろうか。

2.4 生産性は上昇し賃金は追いついていない

日米韓比較とOECD平均

以上を念頭に置いて、まず生産性の国際比較をしてみよう。図2-3(a)ではOECD購買力平価により実質化されたデータに基づき、日本・米国・韓国の3国とOECD平均の平均労働生産性（YをGDP、Nを労働者数、Hを一人当たり労働時間として、$Y/(NH)$とする）をプロットしている。そこでは米韓の時間当たりの平均労働生産性の上昇傾向は確かに日本より大きいが、日本はOECD平均を若干下回りつつも、ほぼ同じ勾配で推移している。つまり日本の時間当たり平均労働生産性が高いというわけでは決してないが、その上昇率がリーマンショック後や近年に急低下したわけではない。

次に賃金率と比較しよう。OECD統計から総投入労働時間と年収は得られるので、労働時間当たりの賃金を作成し、図2-3(b)でのいくつかの比率をプロットした。詳細は図で確かめていただきたいが、生産性を賃金率で割ったものは、米韓に比して日本だけが高く、米国賃金率／日本賃金率を

(b) 諸比率

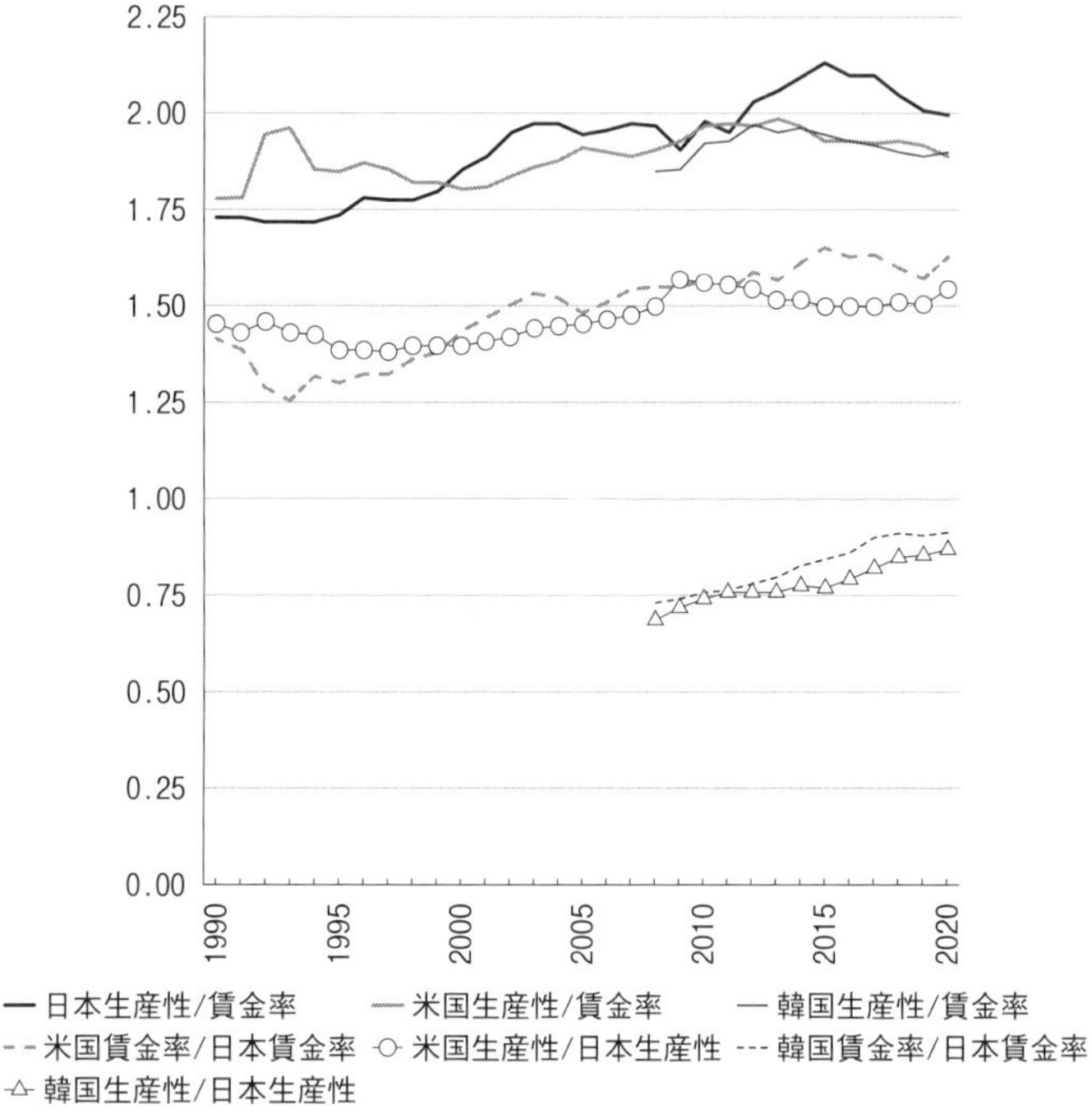

見ると生産性の比率を乖離して、米国が高いなど、**生産性に比べて賃金の出遅れ傾向が明らか**である。

製造業・非製造業の賃金と労働生産性

ＯＥＣＤ統計を離れて、より詳しく賃金と生産性の国内の状況を見よう。国民経済計算の付表では産業別の労働者数や賃金をまとめており、そこから図2-4では製造業と非製造業の賃金・生産性を見てみよう。分割しないＧＤＰ全体のグラフは脇田［２０１

図2-3　日米韓の実質賃金と実質労働生産性

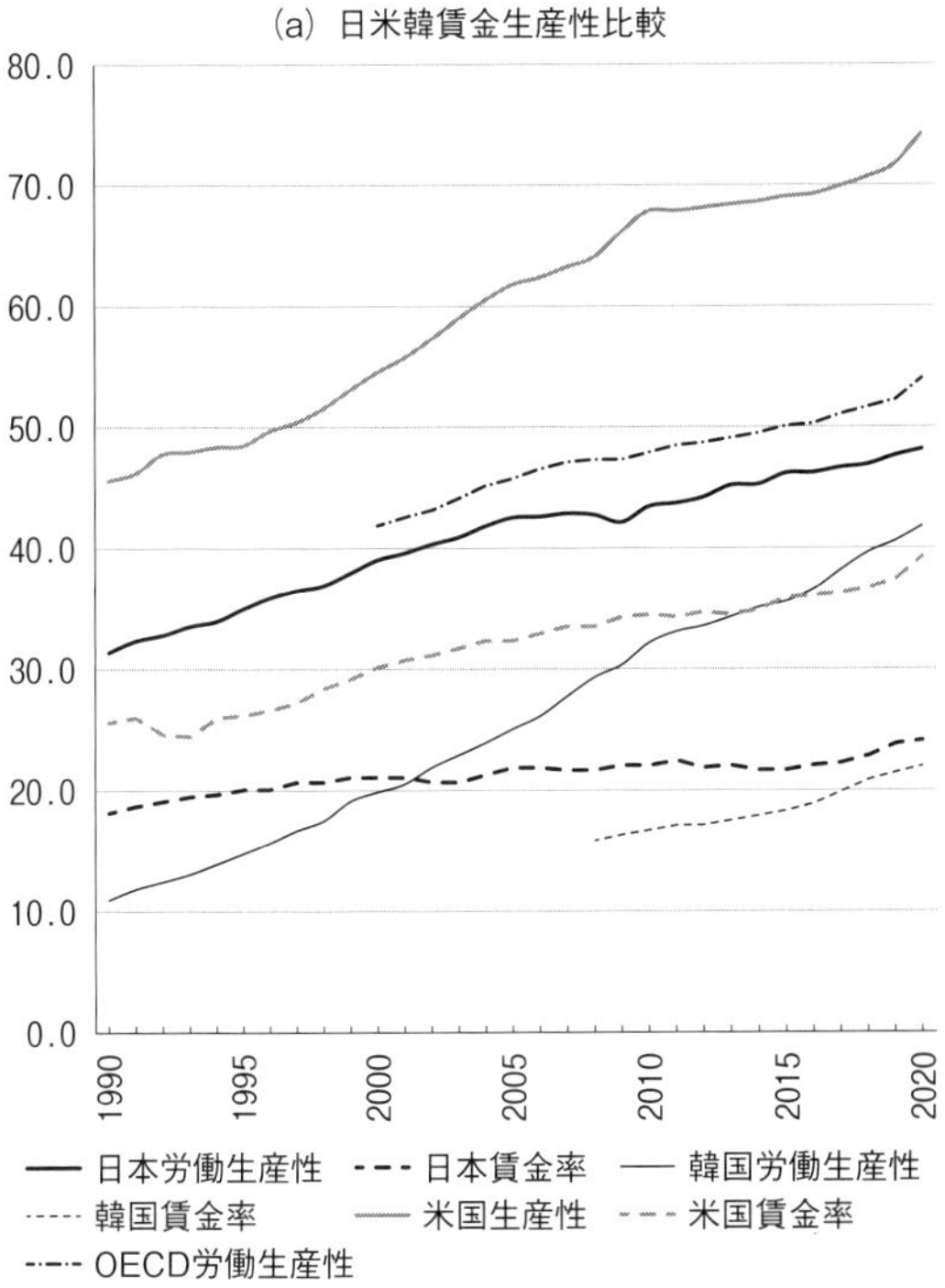

9」図11-3や2022年度経済財政白書（特に第1-2-11図）を参照されたい。ここで

●①と②：平均労働生産性 $PY/(NH)$ は国内総生産を就業者数×労働時間で割ったもの
●③と④：賃金率 W は雇用者報酬を**雇用者数**×労働時間で割ったもの
●⑤と⑥：限界労働生産性限 $\theta PY/(NH)$ は平均労働生産性に1994年から98年まで

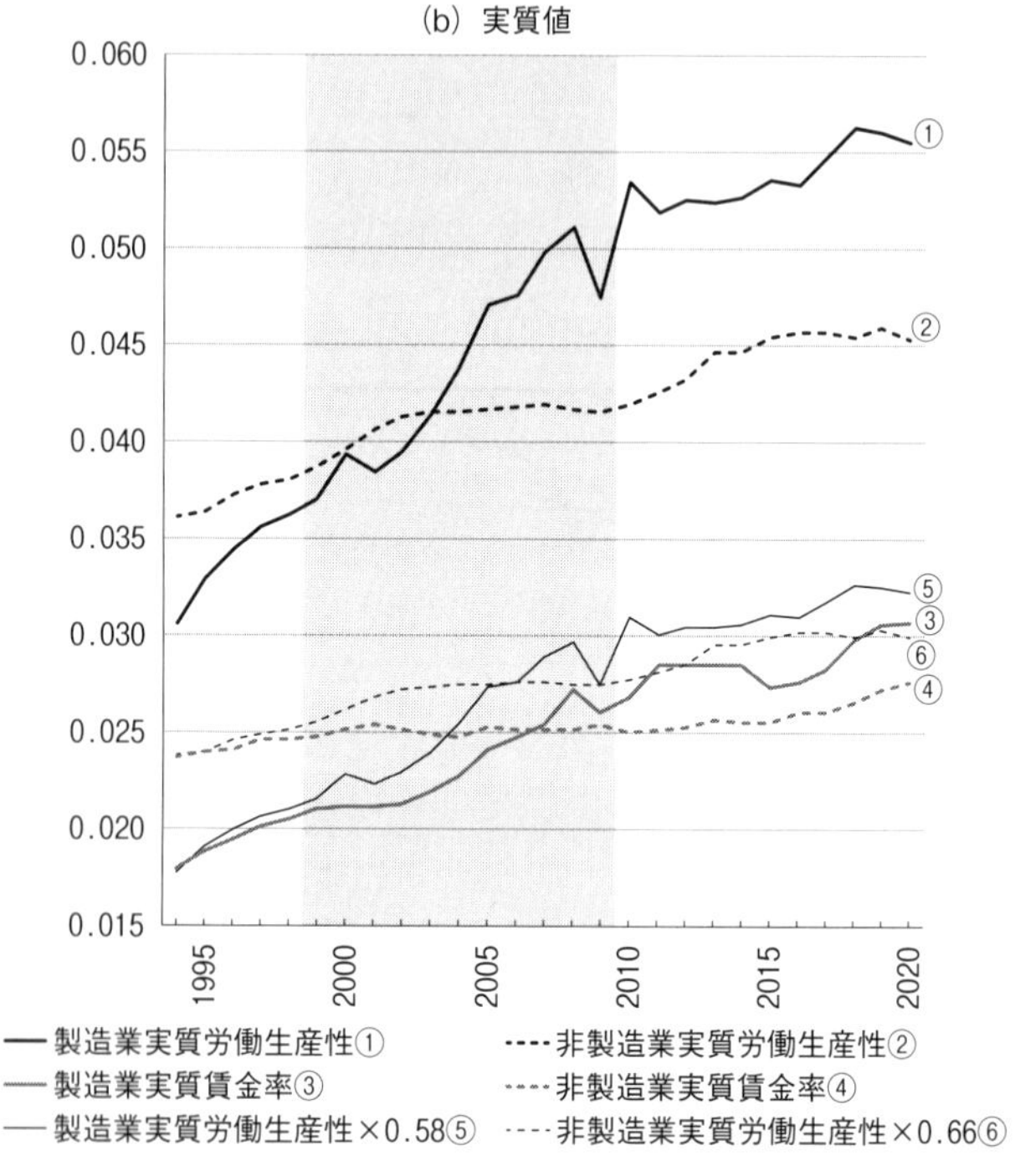
(b) 実質値
0.060
0.055
0.050
0.045
0.040
0.035
0.030
0.025
0.020
0.015
1995
2000
2005
2010
2015
2020
①
②
⑤
③
⑥
④
製造業実質労働生産性①
非製造業実質労働生産性②
製造業実質賃金率③
非製造業実質賃金率④
製造業実質労働生産性×0.58⑤
非製造業実質労働生産性×0.66⑥

図2-4　バラッサ＝サミュエルソン効果と賃金・労働生産性

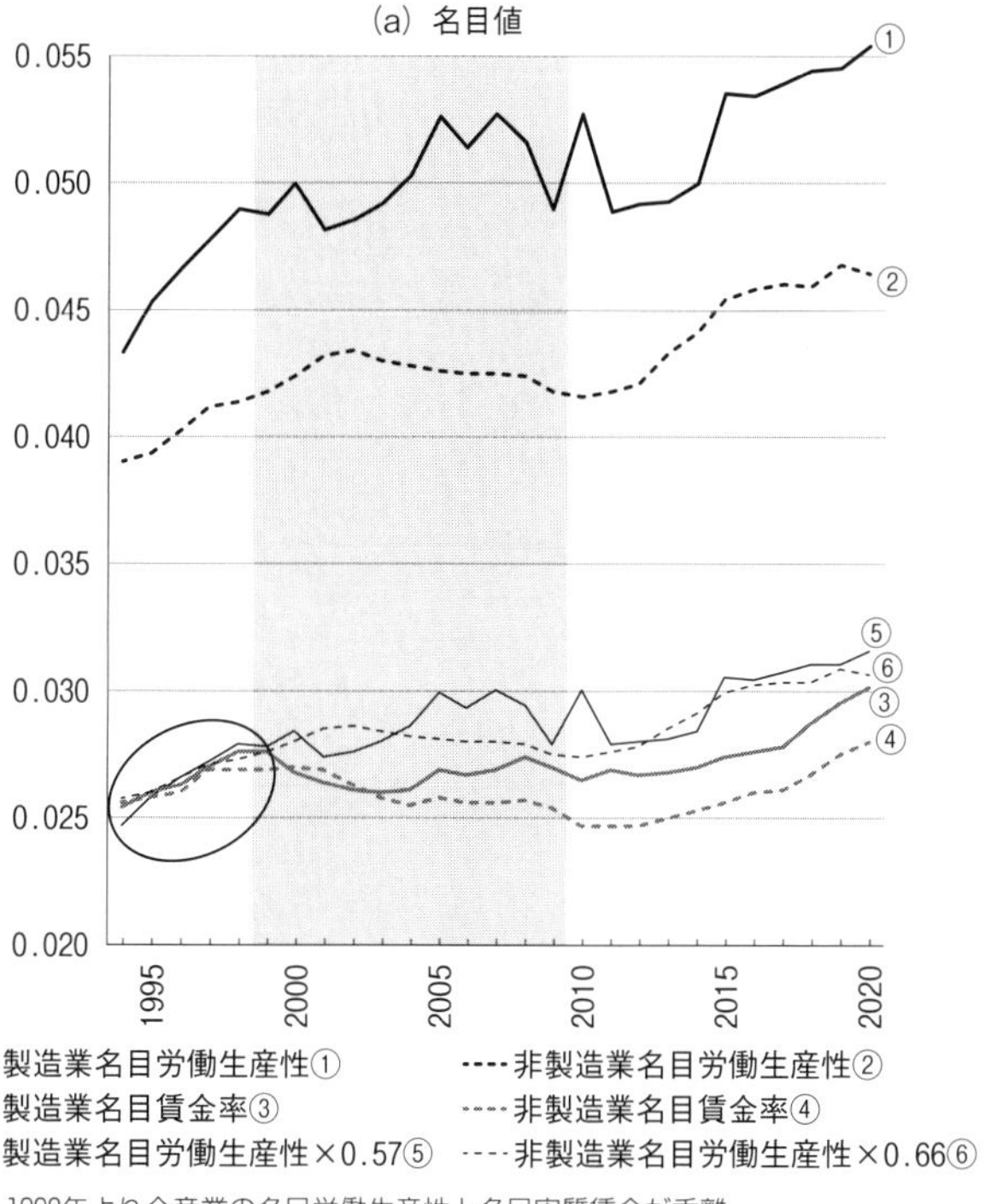

注：1998年より全産業の名目労働生産性と名目実質賃金が乖離
　　製造業と非製造業の名目賃金率は1998年ごろまで同じ→バラッサ＝サミュエルソン効果成立
データ出所：OECD

の安定的な労働分配率年をかけたもの（コブ＝ダグラス型生産関数で言えば名目賃金率＝労働分配率θ×生産物÷労働投入であり、上記2つの変数の関係には労働分配率を掛ける必要がある）

第1章でも述べたが、労働生産性を計算する場合には就業者概念を使い、賃金率は雇用者数を使わなくてはならない。この点の誤りが多いことに注意しなくてはならない。

図2-4(a)は以上の3変数の名目値の推移を示している。

(a) 1998年ごろまで、製造業非製造業の名目賃金は同一で、その後に乖離した

(b) 名目労働生産性は、リーマンショック頃まで停滞するが、むしろその後上昇傾向にある

(c) 名目賃金と名目限界労働生産性の乖離幅は、リーマンショック頃まで停滞するが、むしろその後上昇傾向にある

先のバラッサ＝サミュエルソン仮説の解説を数式でまとめると、国内部門に関しては

製造業限界生産性 ＝ 製造業賃金 ＝ 非製造業賃金＝ 非製造業限界生産性　(A)

（すべて名目値）

となる。この式は内外価格差が問題とされた第1期は成立していたが、第2期以降は生産性が伸びて、賃金は追いついていないことが見てとれる。図2-4(b)はインフレの影響を除去した実質値の推移を表しており、賃金・労働生産性ともに上昇傾向がインフレによるものではないことを示している。なお実質値とは（たとえば2015年の）価格体系で見た水準であり、A式のように4要素が一致している必要はない。

さてどこで乖離が生じているのだろうか。図2-4より第3期においては

製造業（貿易財）限界生産性 ＝ 非製造業限界生産性 ＞ 製造業賃金 ＞ 非製造業賃金　（B）

であることが示されている。先のOECDの購買力平価調整済のデータにおいても、図2-4では日本の生産性／賃金比率が米韓に比べて高く、かつ第3期に乖離が大きく、生産性上昇に賃金が追いついていないことを示している。かつて賃上げは資源配分の歪みをもたらすという議論があったが、労働生産性上昇率が賃金上昇率を上回っているので、資源配分の歪みを正すためにも賃上げが必要と言える。

2.5
生産性以下の賃金がデフレをもたらしている

生産性基準原理とユニット・レーバー・コスト

以上の賃金と生産性の乖離は、いわゆる「生産性基準原理」を使って、物価変動とつなげることができる。1970年代にはインフレ抑制のために実質労働生産性上昇率の範囲内の賃上げを提唱する**●生産性基準原理**（インフレを招かないための労働生産性上昇率の範囲内の賃上げ）が経営側より示され、それに対抗して**●逆生産性基準原理**（労働生産性上昇率に達するまでの賃上げ）が労働組合側から示された。

Pは価格水準、Yは実質生産量、Wは名目賃金、Nは労働人員投入量、Hは労働時間として労働分配率θは$\theta = WNH/(PY)$と定義される。θが一定の場合、これを対数微分して変化率をとると、

$$\hat{P} = \hat{W} - (\hat{Y} - \hat{N} - \hat{H})$$

物価変化率＝名目賃金変化率－労働生産性変化率

が成立する。ここでハット変数は変化率を表す記号である（資本設備をKとしてコブ＝ダグラス型生産関数$Y=(NH)^{\theta}K^{1-\theta}$を前提としてもよい）。生産性上昇率が賃金上昇率を上回る乖離幅が大きいほどデフレ傾向は強いことを示すことがわかる。そして乖離幅の大きい非製造業においてデフレ傾向は強い。

実はこの生産性基準原理は有力なインフレ予測指標である**ユニット・レーバー・コスト**（ULC＝WNH/Y: Unit Labor Cost、単位労働費用とも言われる）を変化率で表したものとなっている（こういった指摘はこれまで見られないようだが）。通常、ULCは生産一単位当たりの名目労働コストを表し、

ULC＝名目就業者報酬÷実質GDP＝WNH/Y
（または両辺を就業者数で割って、ULC＝一人当たり名目賃金÷実質労働生産性）

として計算される。ULCは名目賃金の上昇と労働生産性の相対的な関係を表し、名目賃金Wが上昇しても実質労働生産性$Y/(NH)$がそれ以上に高まればULCは低下するし、名目賃金に変化がな

い場合は労働生産性が低下すればＵＬＣは上昇する。元日銀副総裁の中曽宏はこれをもって、デフレの原因は労働生産性より賃金が上昇しないこととしている（中曽［２０２２］）。

コブ＝ダグラス型生産関数の下では、より計算が容易でＵＬＣが上昇するとそれに労働分配率（θ）を掛けた分だけ物価（P）が上昇する。

$$\mathrm{ULC} = \mathrm{P} \cdot \theta$$

もちろんこの指標だけで物価が決まるわけではないものの、インフレ圧力を示すものとして伝統的に使われてきており、ＵＬＣはＯＥＣＤ統計でも直接利用可能である。

サービス価格は日本だけ低下している

物価の変化を国際比較で見てみよう。物価に対するバラッサ＝サミュエルソン効果が働けば、非貿易財の価格水準は変化するはずである。図2-3（a）より製造業より非製造業の乖離幅が大きく、B式を書き直した以下の関係が成り立っている。

（B'）　非製造業限界生産性 ÷ 非製造業賃金 ＞ 製造業（貿易財）限界生産性 ÷ 製造業賃金

添字 m を製造業、s を非製造業として、変化率の形とすると以下のようになる。

$$\hat{P}_m\ (\hat{W}_m-(\hat{Y}_m-\hat{N}_m-\hat{H}_m))>(\hat{W}_s-(\hat{Y}_s-\hat{N}_s-\hat{H}_s)=)\hat{P}_s$$

実際にも $\hat{P}_m>\hat{P}_s$ となっているだろうか。そしてそれは国内要因のためだろうか、技術変化のような世界共通の傾向なのだろうか。そこで国際比較にも便利な米国セントルイス連邦準備銀行の経済データサイトＦＲＥＤ（https://fred.stlouisfed.org）にアクセスし、日本・米国・ユーロ圏の消費者物価指数におけるサービス／財価格比の推移を見てみよう（図2-5）。この場合、財価格は世界共通要因が強く、サービス価格は非貿易財中心で各国個別要因を表すと考えられる。日本の場合、以下にまとめられる。

［1'］内外価格差期　サービス価格上昇
［2'］現地生産増加期　財サービス相対価格不変
［3'］アベノミクス期　サービス価格低下

実は先の3期区分と同時期にサービス／財価格比は屈折していることがわかる。第1期はバラッサ＝サミュエルソン効果と整合的にサービス価格が3地域とも上昇している。第2期になるとサービス

(b) 財とサービスのインフレ率

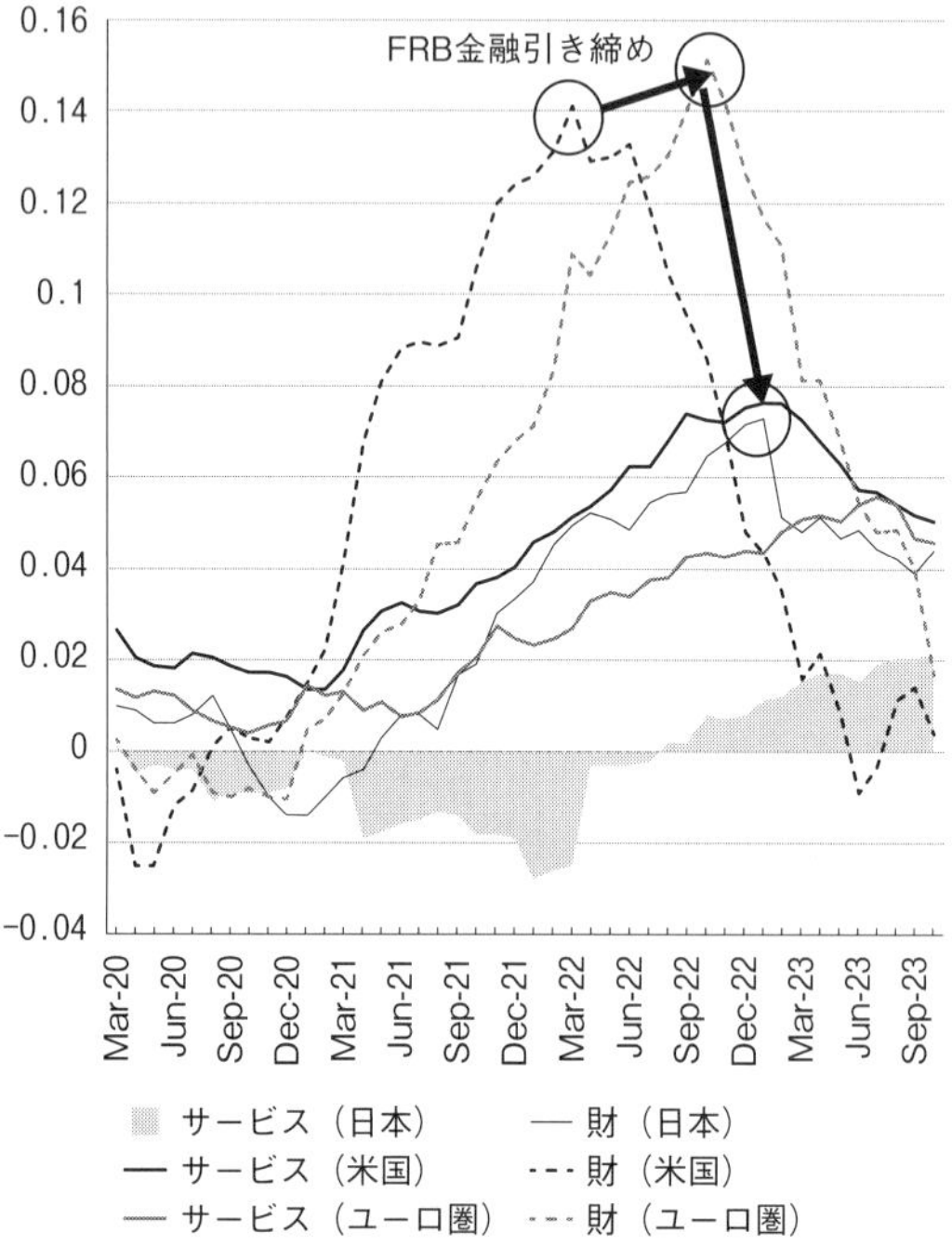

価格の上昇が止まって横ばいとなり、第3期のアベノミクス期では、日本だけが国際状況とは異なり、サービス価格の低下が激しい。

ここからコロナ禍までの物価停滞の**主因は日本の国内要因、サービス価格低下**と考えることができる。なお米国のサービス価格急上昇は医療や金融業の高賃金の影響が大きく、また直近では住居費の比率が急上昇しており、それが望ましい現象かどうかは別問題である。たとえば家計消費の医療支出シェアは米国では20%にも上るが、日本では5%程度である。この図につ

図2-5　日本だけ下がるサービス／財価格比

(a) 2001年の値を1としたサービス/財価格比

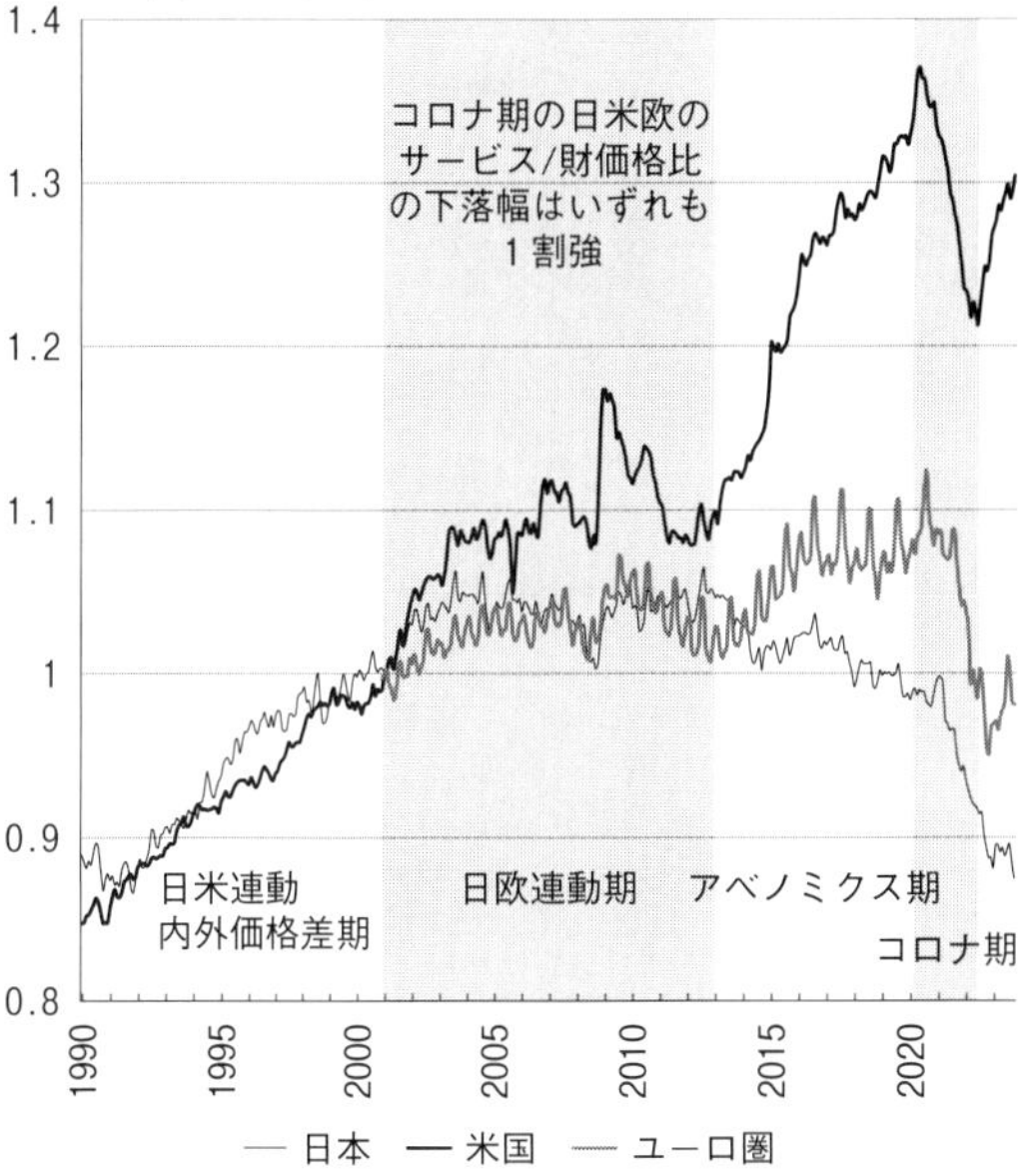

データ出所：日本銀行、FRED

いては第5章でさらに分析を加える。

アベノミクス期の日本のサービス価格低下の理由は何だろうか。この時期の特徴は

- 団塊世代が65歳を超え、低賃金の非正規労働者に移行した
- 主婦の就業率増加が継続した
- 外国人労働者が大量導入されて賃金が低下した
- インバウンド消費により、サービス価格が外国人志向となって均等化した

などである。なかでも非正規労働者の賃金は雇用延長や最低賃金など本章で検討したスピルオーバーとは異

なるメカニズムで決定されている。春闘で重視される「世間相場」とは異なる非正規の「相場」が生成された。これがサービス価格の低下の主因であろう。

なぜ生産性と賃金が乖離するのか

なお労働生産性と賃金が乖離していく理由について理論的に整理すれば

- デジタル寡占など完全競争からの乖離（労働組合の交渉力低下・企業の熟練労働者買い手独占力上昇・生産物市場での独占力上昇などの理由）と
- ＩＴ等の技術進歩による生産関数の変容
- 硬直的な賃金構造の下で、人口構成の変化（脇田［２０１９］も参照）

などが考えられる。この乖離は国際的にも注目されており、Grossman and Oberfield［2022］などの展望論文がある。また Kusaka *et al.*［2023］は興味深い事例の研究を行っている。

ただしいくつかの仮説を排他的に考える必要はないであろう。生産効率の悪い設備を持つ企業と良い企業の併存は**ビンテージモデル**として古くから分析対象となってきた（生産能率の分布を巡る古典的な研究として佐藤［１９７５］がある）。このモデルの想定のもとでは、新設備導入企業は①熟練労働者の必要性が低下し、②生産関数が変容しつつ、③高い利潤が得られるわけで、上記の複合要因が一度に生じることになる。近年の研究としてAutor *et al.*［2020］はリーディングカンパニーの高生産性・低労働分配率を示しており、かつて日本の企業保護政策が護送船団方式と言われたように速度の遅い船に合わせると高利潤が得られることになる。ただし、現状の日本経済の特徴のもとでは特定の企業が高利潤であっても株式保有の少ない家計に恩恵はないので、いずれにせよ対策はとらなくてはいけない。

コラム●データ分析の落とし穴●ゾンビ企業と役員報酬

中小企業の利幅が小さく**ゾンビ企業**の存在が生産性上昇を阻害していると言われることがあるが、税制上の問題が影響している。多くの中小企業のオーナーはほぼ定率15％の法人税を嫌い、低い所得なら税率も低い累進課税の所得税の対象となる役員報酬で所得を得て、**租税回避**を行っている。ただし国税庁はさまざまな制限を回避策に加えており、多くの中小企業にとって法人税は言わば予期されない利潤にかかる**税金対策の失敗**と言ってよい。なお法人減税は法人税支払ゼロの多くの企業に効果がないとされるが、そればかりか役員報酬をかえって減らす効果もあることに注意が必要だ。法人税を下げれば利益は上昇し、上げれば役員報酬が上昇する関係があるからである。図2-6は役員報酬を加えた利潤率は資本金1000万円以下の中小企業ではむしろ平均より高いことを示している。さらに言えば金利を多少上げたとしても、利益率から予測するほど無数の中小企業が経営危機に陥ることにはならないし、生産性を上げることにもならない。第7章でも議論するように、このあたりの現状把握のために既存統計を組み替えて発表するなど工夫すべきだ。

ゾンビではなく節税のため

(b) 規模別総資産経常利益率

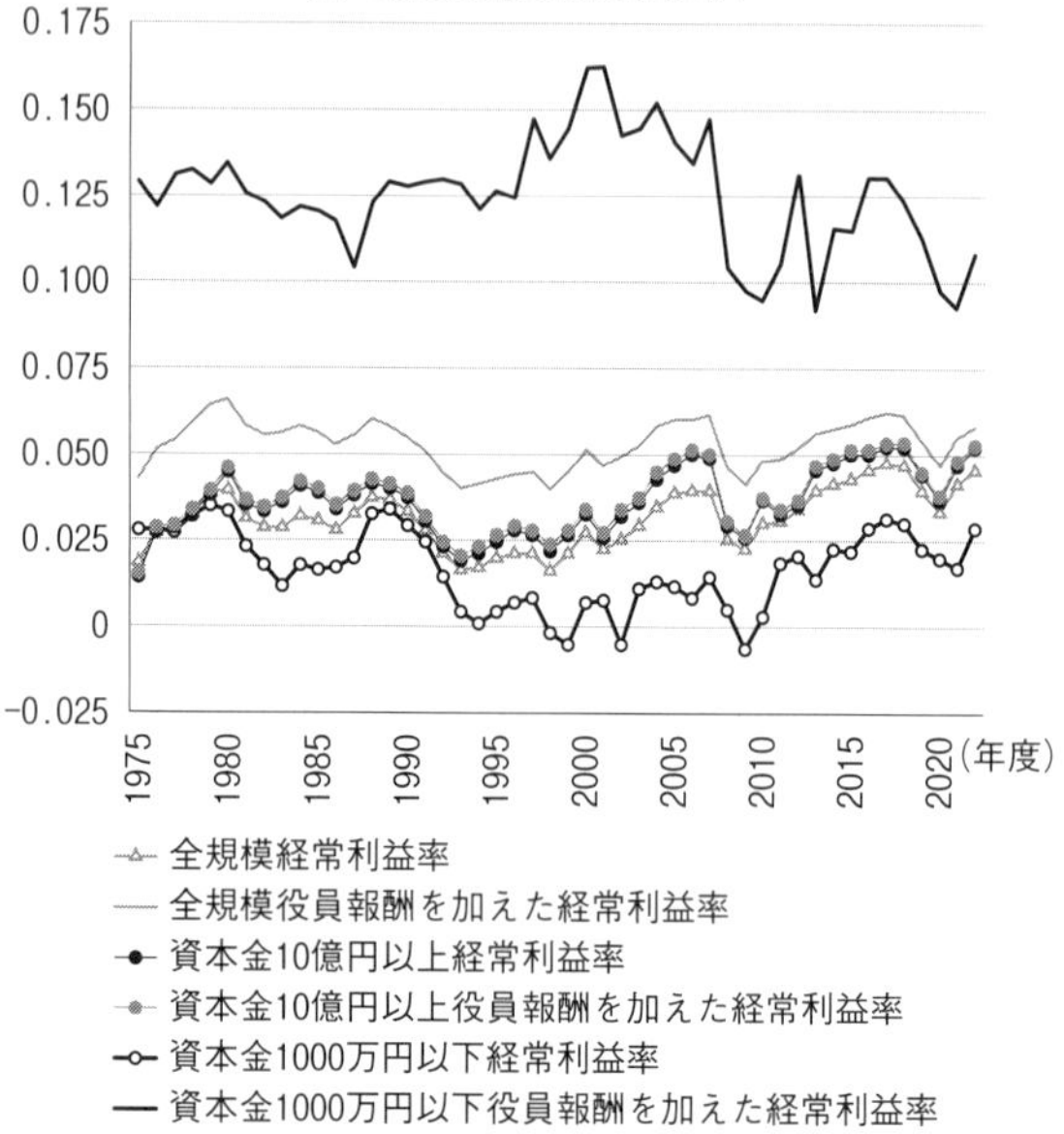

図2-6　役員報酬を含めた小企業の利益率：必ずしも

(a) 売上高営業利益率

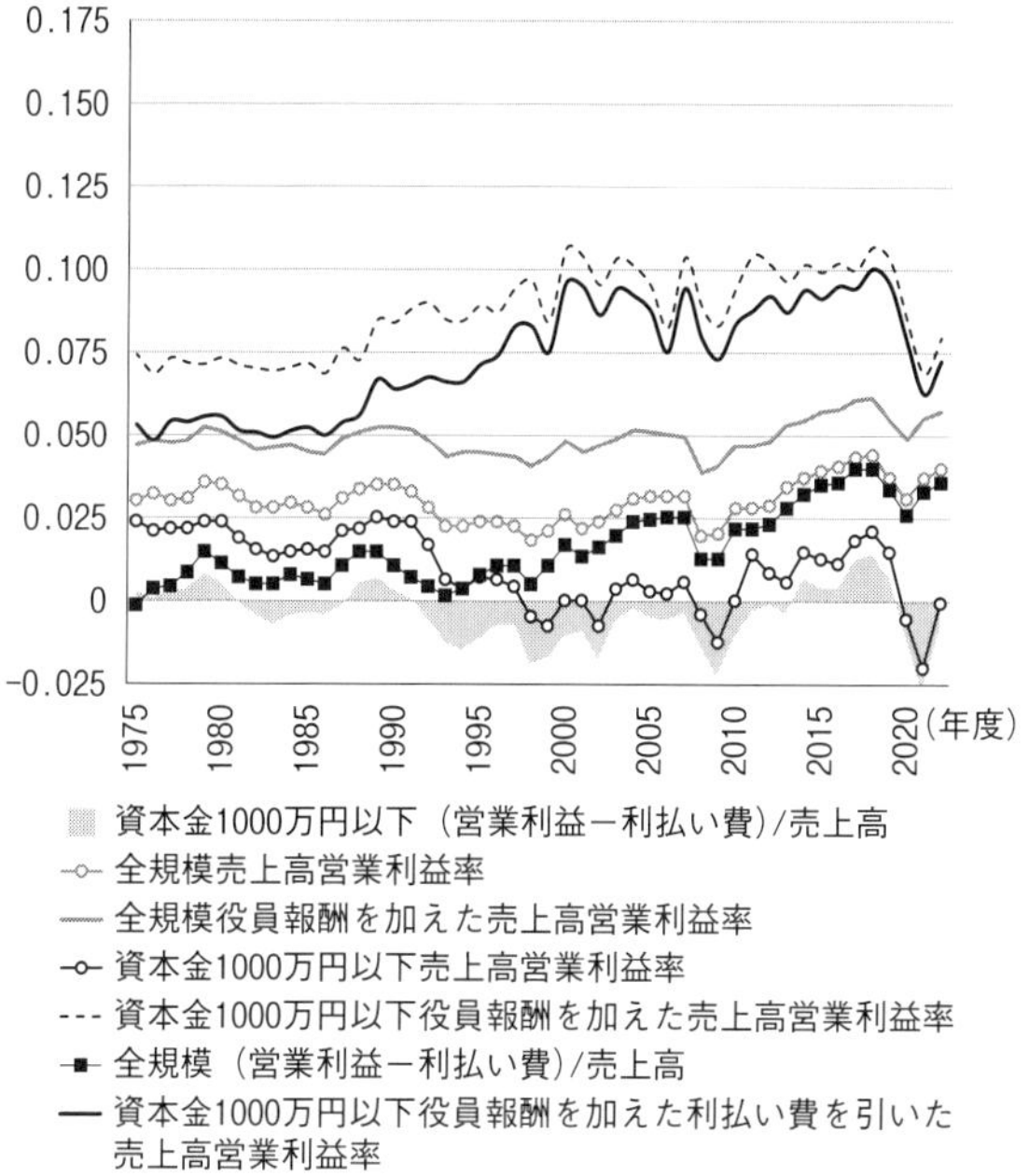

データ出所：法人企業統計

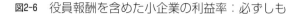

2.6 利益と生産性は逆行しない

消えた引っ張る力

本論では購買力平価仮説の中で中心にバラッサ＝サミュエルソン効果を中心に、ユニット・レーバー・コストの推移から低賃金低物価を考察した。

各期の特徴をより詳しく比較しておこう。1998年までの内外価格差期においては

[1a] 為替レートは輸出財価格に応じて動いていた。

[1b] 製造業・非製造業の名目賃金と名目限界生産性の4種類の経済変数は一致していた。

[1c] サービス／財価格比は上昇していた。

この第1期には輸出製造業の生産性上昇が非貿易財サービス価格を引っ張って上昇をもたらすバラッサ＝サミュエルソン効果が理論通り明瞭に表れている。しかし98年の金融危機と製造業の海外移転が盛んになった第2期を経て、第3期のアベノミクス期以降では

［3a］為替レートは消費財価格と企業物価の中間地点に位置し、企業採算レート・OECD購買力平価レートなどが一致する100円から円安方向に大幅に乖離している

［3b］製造業・非製造業の名目賃金と名目限界生産性の4種類の経済変数は乖離しており、なかでも非製造業の賃金低下幅が大きく

［3c］日本のみのサービス／財価格比は低下しているため、輸出財の生産性上昇率低下から物価が下落したというより、賃金を上回る生産性上昇率がユニット・レーバー・コストの低下をもたらし、そこから物価が下落したと言えよう。

以上を念頭に本章の結果をまとめる。

●OECD購買力平価で換算すれば、日本の賃金も労働生産性のレベルも確かに両者とも低く、それらの国際的順位は低い。しかしそれはかなり以前からの問題であり、OECDの平均から乖離して一方的に労働生産性が低下しているわけではない。

●1998年までの内外価格差が盛んに指摘された時期ではバラッサ＝サミュエルソン効果が明瞭に成立しており、製造業の高い労働生産性上昇率が製造業のみならず非製造業の賃金に波及している。

●山一證券・北海道拓殖銀行・日本長期信用銀行などの金融危機後の1998年以降も、ショック以外の時期には労働生産性の上昇率は堅調であるのに、それが賃金に波及していない。この傾向は非

製造業に強く、米国やユーロ圏と比較して日本だけがサービス／財価格が低下している。

つまり本論では、直接、物価や賃金低下の背景に労働生産性上昇率低下があるのではなく、生産性はそれなりに堅調であり、**問題は生産性と賃金の乖離にある**ことを示している。生産性の上昇それ自体は望ましいことではあるし、向上策を考えること自体はたいへん結構なことだと思う。しかし生産性向上は家計に還元され、消費の可能性が増して初めて意味があると考えることが標準的な経済学の帰結だ。誤った生産性停滞の認識が、賃金上昇の阻害要因となることは望ましくない。

さらに企業利益が上昇しているのに、労働生産性が上昇しないから賃金は上げられない、という説明は矛盾していることは簡単に示せる。

利益が大きく（先の記号で$PY-WNH$は大）、内部留保は巨額という現状に対して、労働生産性が上昇しないから賃金は上げられない（$PY-WNH$をNHで割った$PY/(NH)-W$は小）、となり、海外子会社配当（第3章）など考慮すべき限定はあるものの、営業利益も上がっており本章の冒頭の言い訳は成り立たない。現在の企業純資産（あるいは自己資本）の7割はストック概念の利益剰余金（第3章）であり、これらは賃金などコスト削減が源泉である。同一企業で勤続している社員は過小な賃金をこれまで受け取っており、賃上げ要求に遠慮する必要はない。

ＩＴ化に遅れたのは、経営陣の責任

労働生産性は高まっていると言っても、日常で煩瑣《はんさ》な手続きをもっと合理化して生産性を高めることができるのではないかと思う事例は確かに多い。すぐフリーズしてしまうパソコン時代とは違い、スマホやタブレットは使いやすい。これを使えば消費者とのやりとりや打ち合わせをもっと大幅に合理化できそうだ。ただそれがもう一つ進まないのは労働者側の責任だろうか。むしろ個別の労働者が自主的にボトムアップでＩＴ化や標準化を進めることは難しい。労働生産性が低いという議論は、責任転嫁の議論だ。さらに政府の進める総花的《そうばなてき》なリ・スキリングや人的資本形成の議論も状況を混乱させる可能性が強い。現場が無秩序にＩＴ化を行えば、社内でコミュニケーションがとれなくなってしまうし、ＪＲ東日本のようにＩＤ番号が20種類も乱立してしまう。

結局、企業や政府のＩＴ化やＤＸ化などはトップダウンが必要だし、事務的なインフラ能力は**業務体系の本質をどの程度トップが理解しているか**に依存するだろう。組織のトップがＩＴやＤＸに精通していなくても、何がルーティーンワークか、どの作業が単純化できるかがわかっていれば、ＩＴ化の総合デザインはトップダウン的に決められるはずだ。都市銀行の度重なるＡＴＭ障害は労働生産性を押し下げたと思うが、これは一般行員ではなく経営者の責任だ。労働生産性を高めよ、と企業トップは簡単に言うが、その前に内部昇進した経営者がこれまでの仕事のやり方を自己否定できなかったから効率化が進まないのではないか。

総合的なＩＴ化の設計がなされずトップが評価しない組織では、誰が読んでいるかわからない社内向けの報告書にものすごい労力をかけたり、プレゼン用のパワーポイントのファイルを丹念に作るばかりで、紙のやりとりをＰＤＦ化とメールで代替するだけに留まってしまう。部下の生産性上昇を全体につなげるルートがなく、せき止められた努力のはけ口は必要以上に形式や儀式を増やすことにつながるだろう。第1章でエクセルファイルに書き込めというメールはうんざりだ、と述べたが、何か枠を作ってここに書き込めという上意下達は管理過剰を生む。この場合、ＩＴ化がかえって生産性を下げてしまうことすら考えられるだろう。自由な発想を抑圧して、イノベーション（のようなもの）を計画通り進め、書類で管理する矛盾に、もはや疑問を持たなくなっている。新しい資本主義より**新しい経営者や新しい官僚が必要**なのではないか。

コラム●モデル早わかり●全要素生産性と労働保蔵

学術的な研究では、労働生産性ではなく**全要素生産性（ＴＦＰ）成長率**と言われる指標を考えることが多い。労働投入量はそのままで機械を増設して、生産量が上昇したとする。この場合、機械のおかげで労働生産性は上昇するけれども、資本生産性はむしろ下落する場合が多い。逆に労働者を増やせば、資本生産性は上昇するが労働生産性は下落する。こう考えると資本量からも、労働量からも独立な、生産性の測定方法であるＴＦＰが必要なことがわかる。

ＴＦＰにはさまざまな計測方法があるが、**ソローー残差**と呼ばれる方法が使われたことが多い。まず生産関数 $F(K, N)$ の頭に生産性ショック A をくっつけて $AF(K, N)$ の形を考える。ソローー残差 A の

図2-7　全要素生産性と労働保蔵判断指数

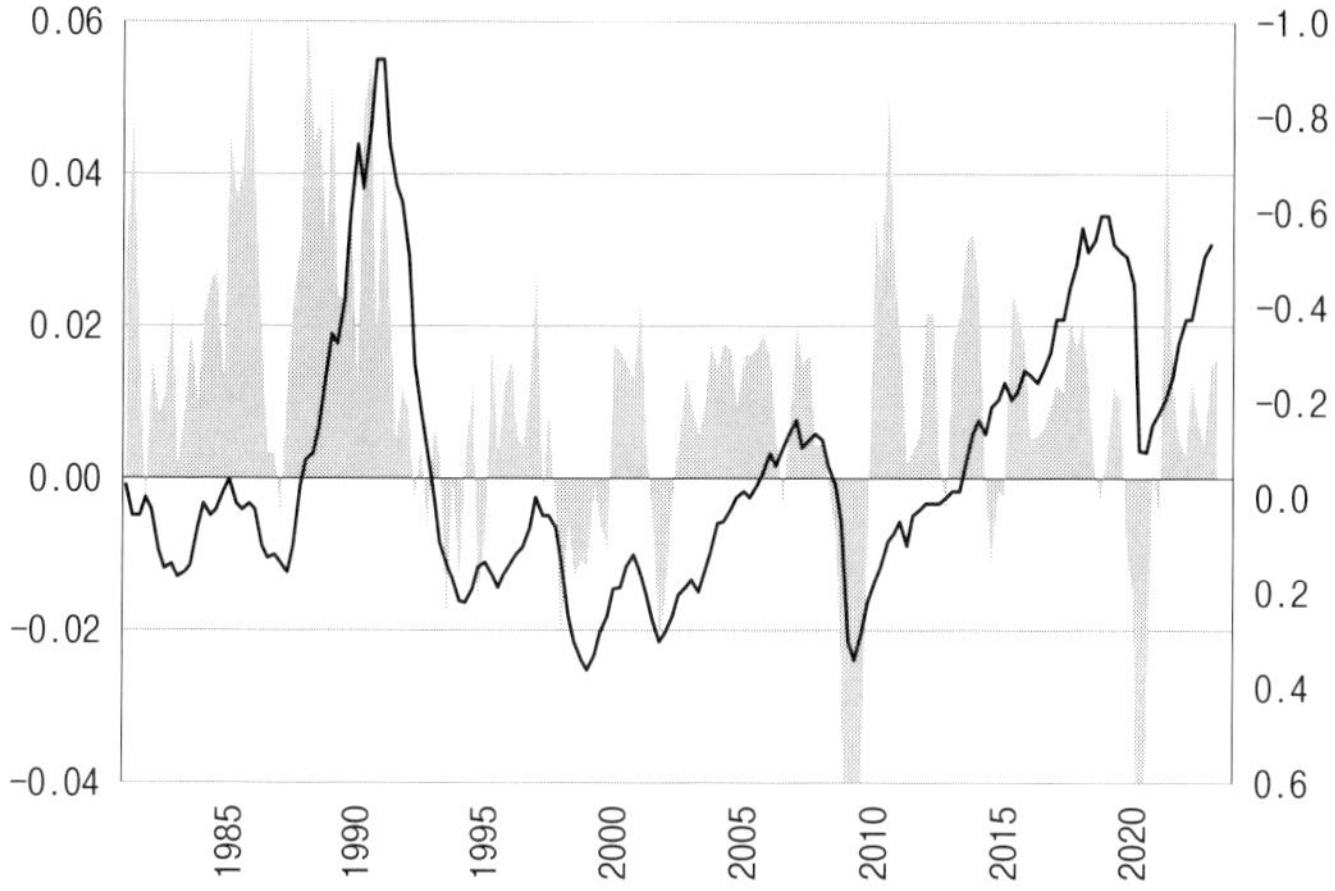

TFP変化率　― 日銀短観による雇用人員判断指数（全産業）（右目盛）

データ出所：国民経済計算、日本銀行

変化率ΔAは資本集約度がθである1次同次の生産関数（たとえばコブ＝ダグラス型だと$AK^{\theta}N^{1-\theta}$）の場合、対数階差をとり、Δを変化率を表す記号として$\Delta A=\Delta Y-\theta\Delta K-(1-\theta)\Delta N$（生産量の増分ΔYから資本Kと労働Lの増分（Δで表す）を資本分配率で加重平均をとったものを引いたもの）の計算により求められる。生産量Yの増加のうち、資本や労働の投入量増大で説明できないものを技術進歩と考えるという意味になる。

　ところがサービス産業の場合などにはこの計測法は問題がある。レストランの設備が固定（$\Delta K=0$）でウェイター数も固定（$\Delta N=0$）で客を待っている場合、客が来て需要が増える場合（$\Delta Y>0$）に、このソロー残差を計算すれば技術進歩が起こってしまったことになる。そこでTFPの計算には余剰労働力を瞬時に解雇せずに企業内に抱え込む行動、**労働保蔵**や設備稼働率を適切に考慮しなくてはならない（Wakita［1997］も参照された

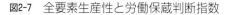

い）。図2-7は国民経済計算からかなり簡略化して計算したTFP変化率と日銀短観から導出した労働保蔵インデックスを併せてグラフ化しており、両者はかなり同一に動いていることがわかる。
日本の場合、約300人当たりに一軒の飲食店があるが（脇田［2014］310頁）、このような地方のサービス業は人口減少とともに稼働率低迷から見かけ上の技術進歩は同様に低迷する。今後絶えざる集約化が起こり、地方の困窮は深まることになる。

蛇足　梶原一騎の呪縛

昭和の子どもは梶原一騎原作のスポ根マンガを夢中になって読んだものだ。マイホーム主義を嫌悪した梶原が創造した人物は当時のもーれつサラリーマンの反映だ。「巨人の星」の星飛雄馬や「あしたのジョー」の矢吹丈は子どもの世話なんかしないし、老後の心配もしない。彼らが今いれば、たぶん熟年離婚状態ではないか。こういった自己実現本位の人生観の人がいてチャンピオンを目指すことは決して悪くないと実は思っているのだが、こんな人ばかりではマクロ経済は回っていかないということを本書では強調したい。家計が労働して、消費して、貯蓄投資をして、子育てをする一人四役をしないとマクロ経済は持続可能ではない。日本経済は「思いこんだら命がけ」の政策により「真っ白になって燃え尽きる」のだろうか。

［第3章］

貯蓄過剰は自然治癒するのか

日本は、現場のマイナス情報がトップに伝わらない国であると同時に、あらゆる角度から可能性を検討した上での総合的戦略がたてられないためにバカげた大ポカを国家的にしでかしてしまう国なのである。

立花隆 週刊文春 書評 1997年9月

3.1 混乱する内部留保の議論

3つの定義：フローとストックの利益剰余金と現預金

内部留保という言葉を巡る議論は混乱を極めてきた。確かに内部留保は法律や経済学で明確に定義された用語ではないものの、企業会計上の**利益剰余金**と考えるのが一般的であり、本書もそれを踏襲している。それだけでよいはずなのだが、多くの議論が前提としている定義はさまざまであり、噛み合っておらず、混乱を招いている。本章では整理を行い、その推移と関連の深い海外直接投資の収益率について検討を行う。

まず企業会計上の**利益剰余金**は貸借対照表（バランスシート）上の

［1］**ストック（一時点でどのくらい存在するか）**で表され、2022年度で554兆円（法人企業統計　全産業（金融保険業除く）全規模）

であるのに対し、マクロ経済上の問題となる

［2］**フロー（一定期間内でどのくらい変動したか）**の内部留保の増加幅は、2012年以降はおおむね25兆円台である。個別企業の財務諸表上は**株主資本等変動計算書の利益剰余金の当期変動額**と呼ばれて、さほど目立たない。

企業の利益から法人税などの税金を引いた「純利益」は、株主への配当金と、企業内部のストックである「利益剰余金」に**付け加わる**（この付け加わるというところが誤解を招きがちである）部分に分かれる。このストックでの利益剰余金の定義を採用する以上、

●ストックである利益剰余金が極めて巨額という認識も、
●利益剰余金（バランスシートの負債・純資産側）のかなりの部分が機械や設備など固定資産（資産側）の原資という認識も

実は形式的にはどちらも正しい。しかしマクロ経済変動を考える場合、554兆円のバランスシート上のストック全体より、GDP等の対応する25兆円弱のフローの**増加幅**を考察する必要がある。

またバランスシートの両側には項目が並んでおり、1つのペアだけを取り出して議論することは混乱を招くことが多い。以上の議論はバランスシートの項目が頭に入っていないと理解しにくいと思われる。解説は後述するとして、まず図3-1と図3-2を参照されたい。図3-1は大まかに分けたバ

図3-1　バランスシートの長期推移

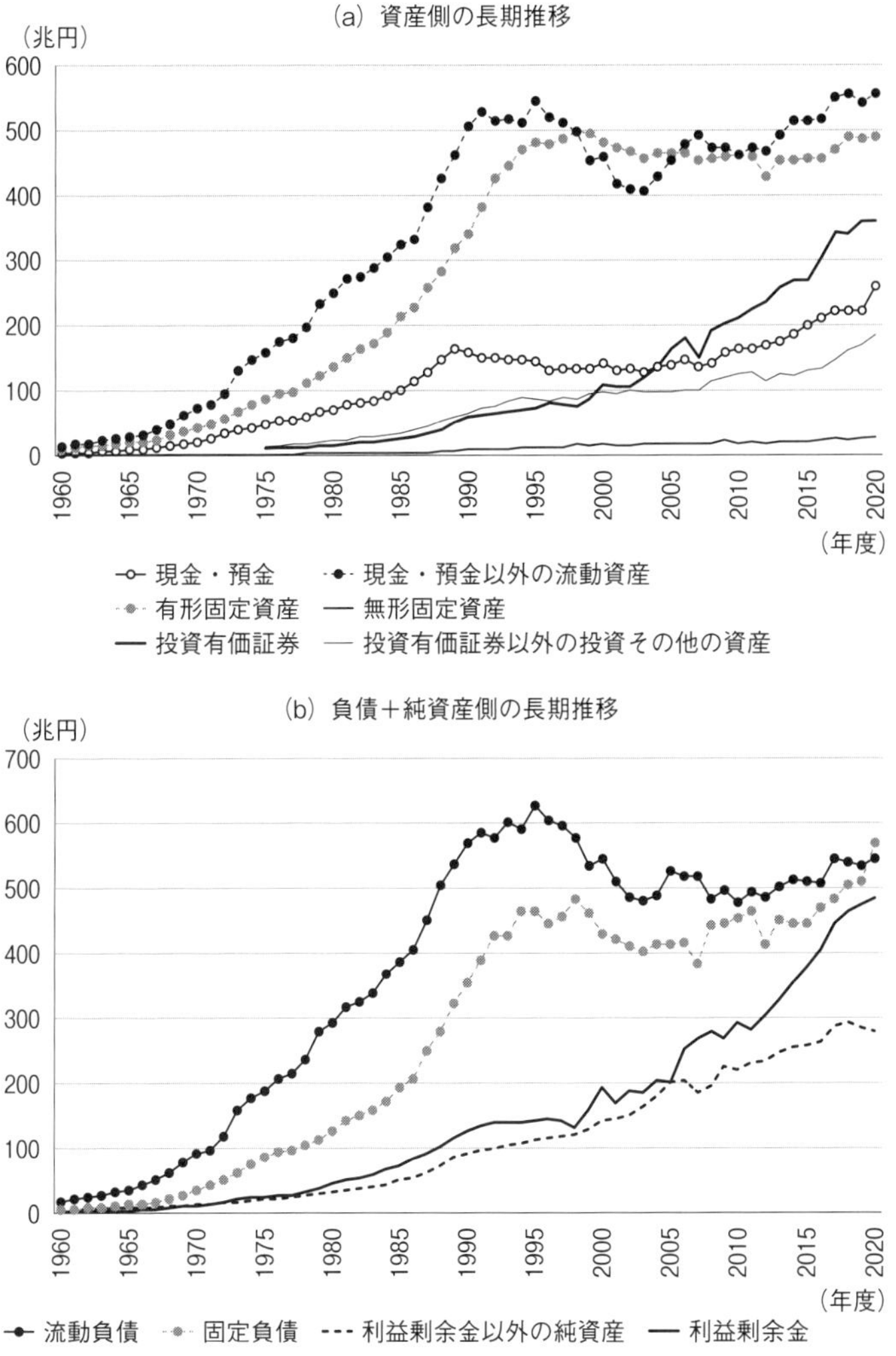

データ出所：法人企業統計 年報

ランスシートの両側の主要変数の長期推移を表し、図3-2はアベノミクス期のバランスシートの両側の増加幅を図示している。法人企業統計から非金融企業全体について作成している。さらに、

図3-2 アベノミクス期(2013-2019年)のバランスシート増加幅370兆円の内訳

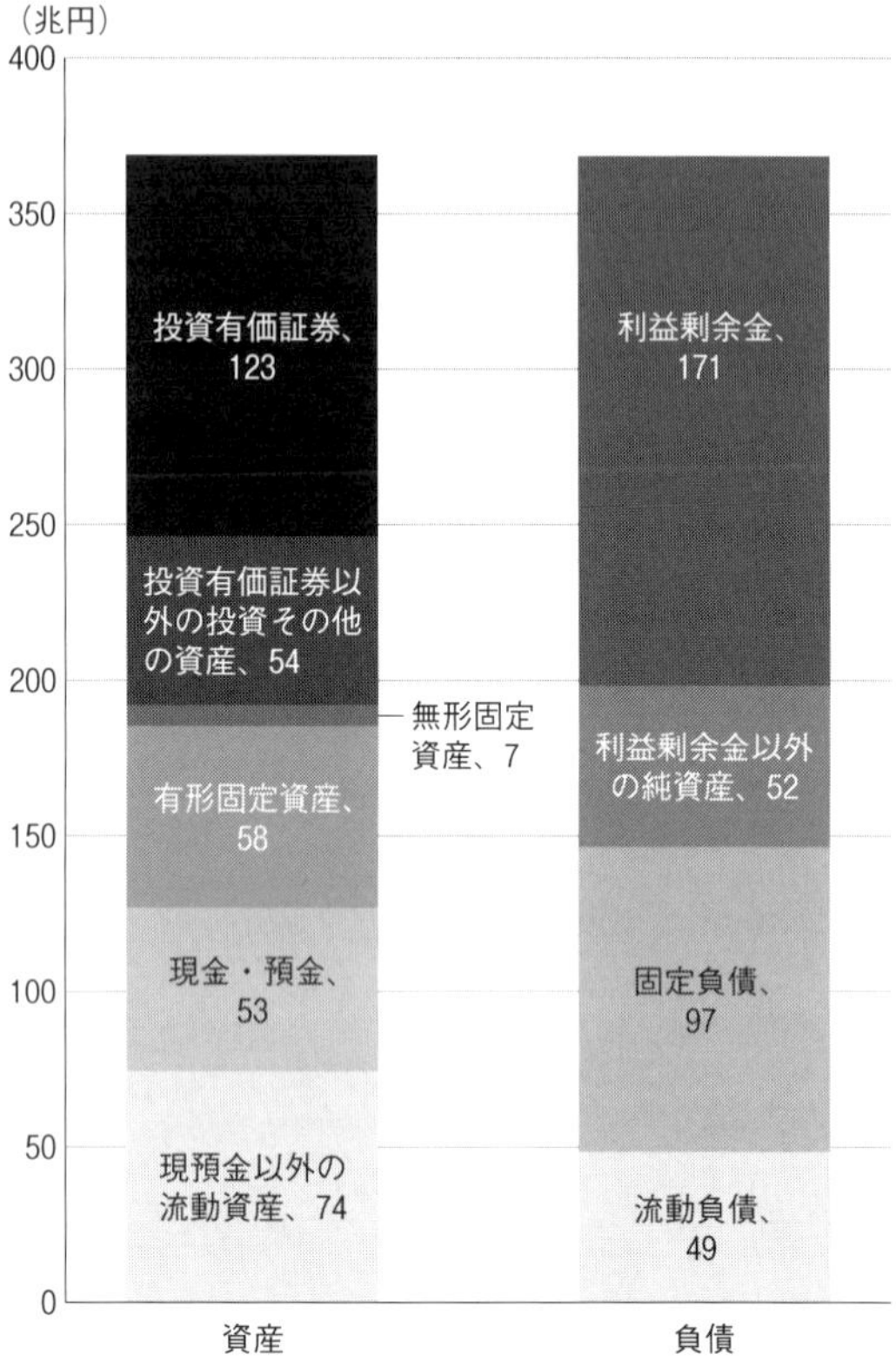

データ出所：法人企業統計

［3］内部留保としてフローないしストックの企業**現金・預金あるいは預貯金**だけを念頭に議論している場合も多い。

●内部留保を取り崩せ、という議論に対し、内部留保は預貯金だけではない（から取り崩せない）という、これだけをとると正しい反論や

●コロナ禍時には内部留保があったからこそ助かった、という預貯金あるいは流動資産だけを念頭に置いている議論がある。

以下では内部留保・利益剰余金・企業預貯金は区別して議論する。

利益剰余金（純資産）は利益から配当を引いて生成された**利益由来の資金**である。1999年から2022年の数値を比較すると、自己資本の7割近くが利益剰余金であり、人件費平均増加額4125億円に対し、純利益は平均30兆円、利益剰余金は平均17・7兆円増加している。一方、企業の現金・預金（資産）はアベノミクス期の増加額（2019年の数値から2012年の数値を引いたもの）は53兆円だが、銀行からの借入額も流動負債、固定負債併せて49兆円増加しており、利益由来というより、銀行貸出（負債）が口座に滞留（第5章で検討）したものがほとんどだろう。預貯金額は頭打ちであるため、内部留保の問題は少ないという議論もあるが、銀行に大量の預金をすれば、金融資産購入を勧められることが普通で、それは流動資産（資産）となる可能性が強い。このため流動資

産全体（アベノミクス期の増加額は127兆円）の動きを見る必要があるし、企業貯蓄の多くは利益由来であることを認識する必要がある。

なお内部留保という用語は誤解を生みがちではあるが、これを使用した議論がすべて不正確ではないし、いくつかの官庁統計でも使われており（海外企業海外事業活動基本調査（経産省）、社内留保は法人企業統計（財務省））、イメージの湧きやすい便利な言葉である。言葉尻を捉えるのではなく、本質を突いた議論をしたいものだ。

内部留保と賃上げのサイズ観

利益剰余金のフローの年間増加幅は平均25兆円とはいえ、それはマクロ経済に充分大きなインパクトをもたらす分量だ。550兆円強のGDPの成長率が1％か2％かで大きな問題となるように、10兆円程度でマクロの好不況感は左右される（脇田［2024］）。また雇用者報酬全体は270兆円程度であるので、2％賃上げ額の所要額は約5兆円となる。

より具体的に言えば、毎年25兆円も企業が流動資産を購入したり海外に投資するのなら、5兆円程度は国内の賃上げに回せという、かなり控えめな要求がこれまでの賃上げの議論だ。**内部留保を取り崩せ、とまで言っていたのではない。これ以上毎年の利益から追加して利益剰余金ばかりに振り向けるな、と言っていたのである。**内部留保は株主に代わって、企業が貯蓄するものという伝統的な理解をとったとしても、いったんは株主に資金を返して、資金が調達できるかどうかという家計の評価を通すことが必要である。

個別企業にとって内部留保は期限までに返さなくてもよい**自己資本**となり、経営の安定性は増す。しかしマクロ経済においては貯蓄過剰となって、需要停滞からマクロ経済の不振をもたらすのである。

内部留保は取り崩せないのか

内部留保を取り崩すという議論は間違いなのだろうか。利益を表す**損益計算書**を簡略化して検討してみよう。

①売上高－②売上原価＋販売および管理費（ともに賃金等含む）
＝③利益
＝④配当＋⑤利益剰余金（内部留保）増加幅

となり、①から⑤の順で記載されている。伝統的な会計の議論では、①から②を引き、③利益を計算して、④と⑤に分割するという**記載順**があり、このように企業が意思決定したと考えがちである。しかし一般の議論はこの手順に捉われすぎである。ファーストフード産業のアルバイト賃金のように労働市場で賃金相場が決定されている状況ではこの記載順の通りに考えることは妥当だが、労使交渉で賃金が決定されることが一般的な日本企業の大部分にはあてはまらない。このくらいの賃金を支払えばこのくらいの利潤となるというように、②と③が同時決定されると考えるべきだ。この場合、

- 利益がマイナス（赤字）の時 ⇓ 賃金など費用を増やせば利益剰余金は取り崩せる
- 利益がプラス（黒字）の時 ⇓ 賃金など費用を増やせば利益が減るので利益剰余金のフロー増加分を増やすことはない

となる。

赤字決算の場合は（経営者は経営責任を問われるが）利益剰余金は取り崩せるし、黒字の場合は取り崩す必要はなくストックの利益剰余金に付け加える部分を減らすだけとなる。

会計と経済学の違い

内部留保の議論が混乱する理由は、個別企業の経営を考察する会計と経済全体を考察するマクロ経済学は目的と関心領域の力点が違うからである。表3-1に概略をまとめてみた。いわゆる財務3表のうち

表3-1　企業会計と国民経済計算

	損益計算書	貸借対照表	株主資本等変動計算書	国内総生産
期間か時点か	フロー（期間）	ストック（一時点）	フロー（期間）	フロー（期間）
その意味は	いくら儲けたか	財産・負債はいくらあるか	いくら貯まったか	国全体でいくら生産したか
直観的には	家計簿	財産目録	財産形成記録	

［A］利益を表す**損益計算書**PL（とキャッシュフロー計算書）はフローの概念

［B］資本構成を表す**貸借対照表**BS（バランスシート）はストックの概念

であり、大まかに言えばBSはある時点で「いくら財産（資産・負債）があるか」を示し、このBSが示す資産をもとにPLはある期間で「いくら儲けたか」を表すものである。損益計算書は、貸借対照表に示された利益をより細かく説明したものとも解釈できる。

内部留保は、企業が資金を株主に返さず、内部にどの程度留保しておいたか、という数値であり、PLやBSの問題意識とは異なっている。また経済学においても直接的に配当で支払うか、株価上昇で株主に報いるかという問題は、株主にとっては基本的には無差別と考えられてきたからだ（配当政策におけるMM理論）（同様に「企業内で財産が増えているうち、どのくらいとっておき（準備金）どのくらい使うつもりか（剰余金）」という問題も、さほど興味をもたれない）。

国民経済計算でフローの貯蓄は重視されているが、ストックとしての国富は測定も難しく、重視されているとは言い難い。企業では逆でBSは大事である。

より一般的に、大きく2つの違いをまとめると、「事後」的な配分を中心とする（財務）会計に対し、経済学は「事前」配分が中心であり、資本という1種類の生産要素の配分を中心に考察する会計に対し、経済学は経済全体の配分の効率性を中心に考察していると言えるだろう。

なお資金循環や金融政策の観点から見るとフローの設備投資が重要だが、企業会計でさほど目立たない理由も、同様にPLとBSの特性に基づく（もちろんキャッシュフロー計算書には、投資キャッシュフローとして固定資産の増減は考慮するし、営業キャッシュフローとして減価償却分を加える）。フローの投資はストック表であるBSに表れないし、損益計算書はこれまでの投資が儲かっているかどうかを考察するものだ。そこで設備の耐用年数を考慮し、どの程度の期間、固定資本が使用できるかを考察する必要がある。これが固定資本を期間按分して費用を考える減価償却費である。

内部留保は国民経済計算にどうつながるのか

内部留保は国民経済計算とどうつながるのだろうか。細かな概念の調整は必要だが大まかに言えば、利益剰余金増加幅は企業貯蓄につながり、貯蓄から投資を引いた貯蓄投資差額は資金過不足につながる。図解して説明しているものに、内閣府国民経済計算サイト上の解説パンフレット「新しい国民経済計算（93SNA）」[1]があり、それを参考にすると

［a］**所得支出勘定**

所得（営業余剰）から利子配当など財産所得と税の受取を加え、支払を引いて**貯蓄**を導出

［b］**資本調達勘定**でこの貯蓄に固定資本減耗と資本移転を加え、総固定資本形成と純土地購入を引いて、第1章図1-3の実物取引表の「**純貸出（＋）／純借入（－）**」を導出する。

コロナ禍以前は非金融法人企業の純貸出は20〜30兆円、金融企業が5兆円程度で、プラス幅は27兆円程度ある。法人企業統計（非金融企業）上の企業純資産は年に30兆円程度増加していることと概ね整合的ではある。ただし国民経済計算において営業余剰は残差として求められる。法人企業統計などで集計される企業会計上の営業利益の関係については山澤［2021］を参照されたい。

なお実物資産と金融資産のあいだには、以下の恒等式

自己資金の純増額＋金融市場から調達した資金の純増額＝実物投資＋金融資産の純増額

が成立し、

- **実物取引表**（貯蓄投資差額）と
- **金融取引表**（日銀の資金循環表を再構成したもの）の

［1］ http://www.esri.cao.go.jp/jp/sna/seibi/kouhou/93kiso/93snapamph/chapter1.html

資金過不足は本来一致すべきものである。ただし実は誤差（10兆円以上）が増加しつつあり、金融危機時は特に大きかった。

3.2 バランスシートの長期推移

法人企業統計上の投資有価証券と「失われた30年」

さて法人企業統計に戻ると、利益剰余金の大幅な増加にもかかわらず、有形固定資産や人件費はこ20年、実は増加していない（第1章図1-5）。一方、利益剰余金の増加につれて**投資有価証券**（子会社・関連会社への1年以上の長期投資）ならびに預貯金の増加が同時に生じている（図3-1）。この投資有価証券への投資（各年平均15兆円程度、2012年末の残高は236兆円、2020年の残高は360兆円）の過半は海外直接投資に資金投入されているとみることができる。

この推測の背景には、**法人企業統計の特性**がある。もともと法人企業統計は国内企業（海外子会社関連会社は対象外）の決算の数字を単純に足し合わせたものである。企業の投資が内需関連に向けてなされたならば、何らかの活動の痕跡が法人企業統計に反映されるはずである。一方、投資が海外に向けてなされたならば、投資金額は投資有価証券の増加として統計に表れるものの、海外子会社や海外関連会社等の設備投資や人件費は統計に含まれない。そこで余剰資金は海外に向かったと推測されるのである。

バランスシートを6分割

より広くバランスシートの推移を法人企業統計で見よう。左側の資産側は「固定資産」・「流動資産」・「投資その他の資産（資本参加や利殖のための有形・無形以外の固定資産）」に3分類される。ここでは単純化して、

●「固定資産」を有形固定資産と無形固定資産、
●「流動資産」を預金貯金とその他、
●「投資その他の資産」を投資有価証券とその他の6項目に、
●右側の「負債」を流動負債・固定負債に、
●「純資産」を投資有価証券とその他の4項目に分類する。

先の図3-1で見ると、堅調に増加しているのは資産側では投資有価証券、純資産では利益剰余金

であることが確かめられる。図3-2でアベノミクス期の増加幅（2019年の数値から2012年の数値を引いたもの）を見ると問題は一目瞭然である。左右共に全体の増加幅は370兆円であり

●［資産］利益剰余金の左側には設備など固定資本があるとよく指摘されるものの、アベノミクス期の固定資産の増加幅は有形並びに無形合わせて65兆円と小さく、他の305兆円は流動資産と投資その他の資産の増加である。なかでも投資有価証券が123兆円増加している。

●［負債］増加幅は146兆円と大きくなく、資産側の流動資産127兆円増加と相殺されるほどである。この点が金融緩和と関連があり、第5章、第6章で再検討する。

●［純資産］利益剰余金が171兆円増えており、全体の増加幅の半分弱を占めている。

バランスシートの両側には項目が並んでおり、1つのペアだけを取り出して議論することは混乱を招く。しかし網羅的に検討しても、やはり**利益剰余金と投資有価証券の増加傾向**が見てとれる。

3.3
海外直接投資立国のまぼろし

日本の海外直接投資（ＦＤＩ）はアベノミクス開始以降、ますます増大しており、残高は２００兆円を超えた。10兆円を上回るその収益は、このところ時として赤字になる貿易収支を補い、第一次所得収支黒字ならびに経常収支黒字の原動力となっている。このため「貿易立国」から「投資立国」へのスローガンの下、さらなる推進を考える向きも多い。一方で東芝や日本郵政など、海外Ｍ＆Ａの失敗例も大々的に報道されている。本当のところはどうなのだろうか。

実は通常の計算方法で行われている海外直接投資の収益率は、

- 保有して得られる収益（インカムゲイン）のみを集計したもので、
- 関連会社の株価下落や為替レートの変動などの元本の資産価値の変動（キャピタルゲイン／ロス）を無視している。そのため投資国によっては５％から10％にも上るとされる直接投資収益率の推定値は過大であり、正しくキャピタルゲイン／ロスを考慮した収益率は平均で０・５％ほどである。コロナ禍以前の２０２０年には直接投資残高は１・５兆円ほどの増加にすぎないが、10兆円の収益を得た。

しかしその背後には18兆円ものネットの新規投資を行い、キャピタルロスは実に16・5兆円にも上っている。

この点は現状の国際収支統計の記載の仕方ではわかりにくいため、今後はＩＭＦ国際収支マニュアルの改訂により是正される方向である。しかし統計は一人歩きして、過大な投資立国への期待が高まってしまっている。そこで本節ではこの点を説明する。

海外直接投資の定義

まず海外直接投資の定義から始めると、「外国為替及び外国貿易法（外為法）」第四章資本取引等第二十三条2には以下を定めている。

「対外直接投資」とは、居住者による外国法令に基づいて設立された法人の発行に係る証券の取得若しくは当該法人に対する金銭の貸付けであって当該法人との間に永続的な経済関係を樹立するために行われるものとして政令で定めるもの又は外国における支店、工場その他の事業所（以下「支店等」という。）の設置若しくは拡張に係る資金の支払をいう。

支店等設置拡張のための証券の取得、金銭の貸付が海外直接投資の主内容である。一方、財務省の

本邦対外資産負債残高統計ホームページによれば、支店等設置拡張という「実物的」目的は省略され、海外直接投資は

議決権の割合が10％以上となる投資先法人に対する出資、及び当該投資先法人との間における貸付・借入等

としている。

これらの定義を見ると、直接投資といっても子会社関連会社一般への投資であり、実はケイマン諸島のような**タックスヘイブンへの投資**も含まれる。直接投資といえば、製造業の工場や販売子会社等の「実物」をイメージしがちだが、必ずしもそうとは限らず「金融」子会社、投資子会社等も含まれるのである。

収益率の過大推定

海外直接投資の収益率は一般的には財務省の本邦対外資産負債残高に記載される直接投資残高を分母に、同じく財務省国際収支の第一次所得収支に記載される直接投資収益を分子に計算されている。

図3-3　ほんとうは低い直接投資収益率

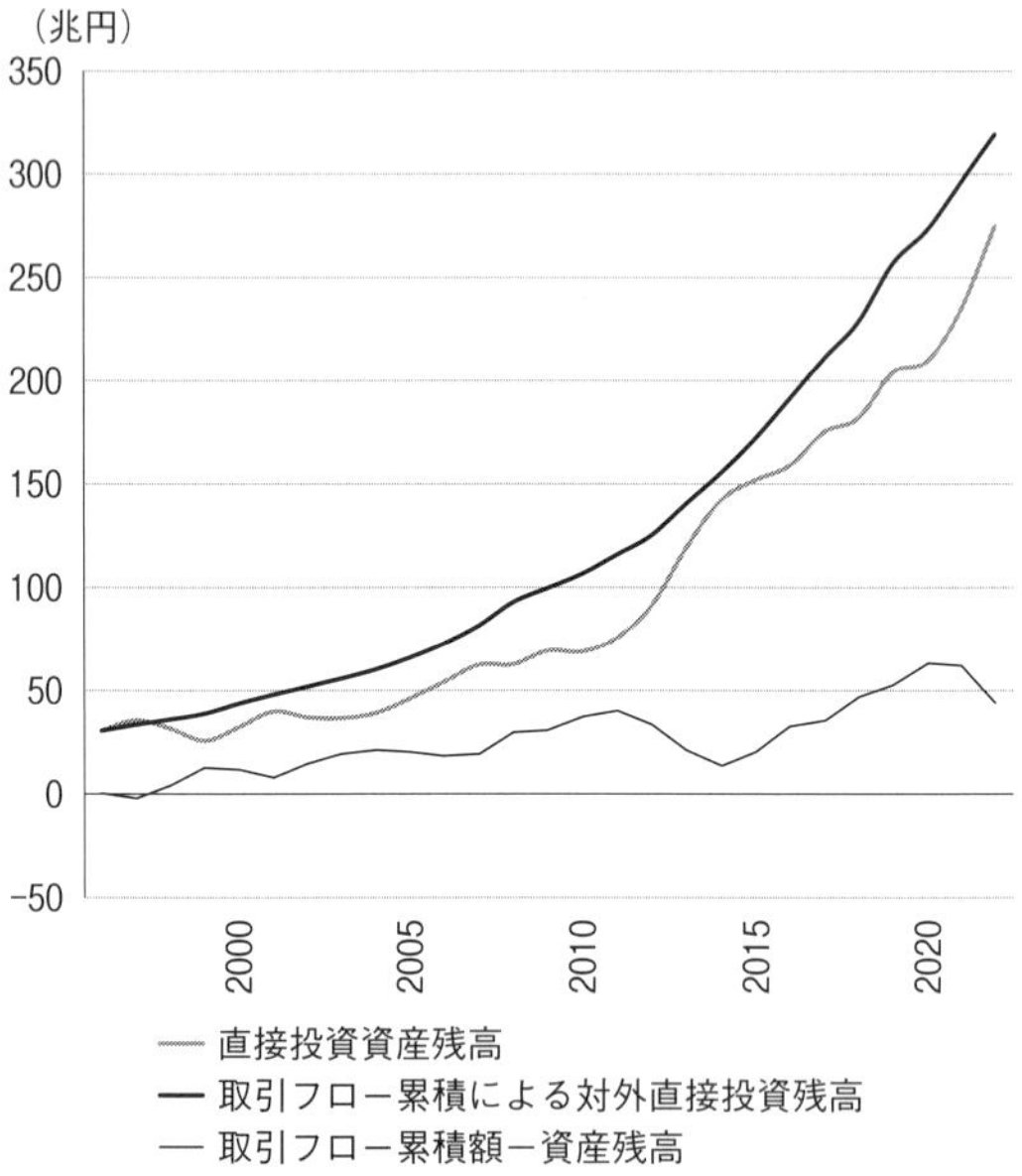

データ出所：財務省、日本銀行

（1）直接投資収益÷本邦対外資産負債残高による直接投資残高

この計算方法だと確かに投資収益率は高い。1996年から2020年までの25年平均で4・8%、アベノミクス期は5%台半ば、さらに日銀の地域別統計を見ると中国などでは10%もの収益率が得られている。

しかし先に述べたようにこの定義はキャピタルゲイン／ロスを無視している。そこで財務省のサイトの対外直接投資の総括表により、各年のネット取引フローの投資金額を見よう。図3-3に示されるように、非金融企業ではこれを足し合わせた累積投資高は現状のストック残高よりはるかに大きい。

実は1996年から、コロナ禍以前の2021年までの累積で275兆円、平均9・8兆円ものネットの投資を行っているものの、現存のストック額は206兆円弱であり、約70兆円もの累積キャピタルロスが存在していた。収益面では25年間累積のインカムゲインは113・5兆円ほどだが、上記のキャピタルロス70兆円を引くと、実際には25年間で43兆円を得たにすぎない。

そこで各年のキャピタルゲイン／ロスを

今年度の資産残高－（前年度の資産負債残高＋取引フロー）

と計算して以下の修正収益率を計算した。

（2）（直接投資収益＋キャピタルゲイン／ロス）÷本邦対外資産負債による直接投資残高

（1）の収益率は安定的だが、（2）の修正収益率は変動が激しく、またその単純平均はわずか0・59％ほどとゼロ近傍である。しかもアベノミクス開始期の大幅円安により、ドルなどで得られた収益は円換算時にかさ上げされ、大きくリターンは回復したものの、その後は円安傾向が続いているにもかかわらず、（2）は（1）を下回っておりキャピタルロスの存在が示されている。

比較のために海外証券投資を考察すると、為替レートの影響は見られるものの、ストックと累積フロー残高の一方的な乖離は見られず、（1）で計測した収益率は近年、減少傾向にあるものの平均は4％弱となった。また法人企業統計（金融業除く）における自己資本経常利益率（当該時期の平均は9・8％）や総資本経常利益率（4・2％）は、直接的に比較できないものの、（2）の直接収益率よりもかなり大きい。

官庁の認識

統計作成当局はこの問題を認識しているとみられる。日銀の「2020年の国際収支」では補論5、補論6で以下のように記載している。

IMFは、国際収支統計作成の際の国際的な標準ルールを示すとともに、IMFへの報告様式に関するガイドラインを提示した「国際収支マニュアル」を公表している。わが国の国際収支統計も、2008年に公表された最新版の「国際収支マニュアル第6版」（以下、BPM6）に準拠して作成している。

（IMF国際収支マニュアル改訂に向けた議論）

近年、多くの国で、対外資産負債残高が過去最高額を記録する中、残高の増減と取引フローである国際収支統計の金融収支の乖離が大きくなっており、分析・政策上の関心から両者の整合性が注目されている。これを受け、次期マニュアル（ＢＰＭ７）策定に向けた議論においては、残高の期初値、増減要因、期末値を示す「統合ＩＩＰ（International Investment Position）表」をマニュアルの中心に据え、残高増減要因を国際収支、対外資産負債残高と並ぶ第３の要素に格上げすることが提案されている。

財務省の本邦対外資産負債残高においても、ネット上で数年分の「修正要因（試算値）」を開示し、取引フローと残高増減の乖離要因を、「為替レート要因」と（為替レート要因を抜いた）「その他要因」に分類して発表している。そこでも円安傾向の近年の多くの乖離部分は株式価格低下要因が含まれる「その他要因」が大きくなっている。

しかし残念ながら経済分析を行う立場には、このキャピタルロスの大きさは浸透していない。海外直接投資収益率でネット検索すると、内閣府、財務省やＪＥＴＲＯなど多くの官庁白書やレポートなどが、（１）の推定方法を用いて、海外直接投資の高い収益率を称揚している。これでは海外直接投資を過度に応援することになりかねない。

海外事業活動基本調査

なお直接投資等で頻繁に使用されるデータとして、経済産業省の「海外事業活動基本調査」がある。調査対象は毎年3月末時点で海外に現地法人を有する我が国企業（金融・保険業、不動産業を除く）であり、海外現地法人の定義は以下のように財務省の本邦対外資産負債残高と同様である。

海外現地法人とは、海外子会社と海外孫会社を総称していいます。海外子会社とは、日本側出資比率が10％以上の外国法人をいい、海外孫会社とは、日本側出資比率が50％超の海外子会社が50％超の出資を行っている外国法人をいいます。

ただしこのデータは帝国データバンク社に委託した有力企業へのアンケート調査から得られるものであり、製造業（と非製造業のうち卸売業）企業が多く、堅実で伝統的な海外直接投資のサンプルとなっている。本邦対外資産負債残高ではアベノミクス期に直接投資残高は倍増以上の勢い（アベノミクス開始2012年で91兆円、2020年で205兆円残高）が見られるが、この調査ではさまざまな項目（売上高や利益、雇用量など）の数字が利用可能であるものの、円安効果で売上高や利益が増加する以外の顕著な変動は見られない。なかでも雇用量はほとんど変わらない。

この違いは海外事業活動基本調査のアンケートには金融面の動きや、本業とは距離のある分野のM

&Aを行う企業が含まれていないからだと思われる。個票が得られ、調査項目はより詳細であることから海外事業活動基本調査は盛んに研究に使われているが、このデータの「安定的な収益」の製造業の結果で海外直接投資の全体像を推し量ることはできない。

内需直接刺激か海外投資経由か

ここまでの会計用語を使った議論を経済学用語に変換してもう一度説明すると、利益剰余金は企業「貯蓄」につながり、投資有価証券は海外直接「投資」につながっている。

そして海外直接投資の問題は、内需に直接貢献しないため国内雇用などへの波及効果も見られないばかりか、その収益率は変動が激しく、平均はゼロ近傍であることである。

以上は日本のマクロ経済運営に重大な含意をもっている。日本国内では好循環の原資となるべき企業の内部留保が過大なため、家計の所得が横ばいで消費需要も増加せず、国内の新規投資の収益が上がらないだけでなく、新規投資の収益が上がらないためさらに賃上げがなされないという悪循環に陥ってしまった。これを打破する第一歩が、内部留保の有効活用だ。内需に使われたならば、国内経済はより活発に発展し、人件費増加から家計所得・消費増加や投資から生産といった好循環（あるいはケインズ経済学でいう乗数効果）が国内で機能し始める。

しかし一方で巨額の内部留保が海外投資に使われること、それはそれでやむを得ないのではないか、との声も強かった。国内は「空洞化」し「合成の誤謬」下にあることは認めたうえで、日本企業が海外に資金をつぎ込んだとしても、高い収益を稼ぐのなら、低収益の国内投資より望ましいのではないか、むしろ人口減の下、投資立国を目指すことは自然ではないか、という主張である。この主張の前提は高収益の海外投資であったが、これまで示したように海外直接投資の実際の収益率は極めて低く、この主張は成り立たない。

営業外収益と特別損失に反映

さて海外子会社の株式評価損等はどのように企業会計に反映されているだろうか。損益計算書の利益は以下の区別がある。

- 会社の本業（定款に記載されている事業目的）の利益は「**営業利益**」で見る。次に
- 本業以外で突発的ではない利益や費用を「**営業外収益**」「**営業外費用**」として加え「**経常利益**」、
- 本業以外で臨時に稼いだ「**特別利益**」を足し、本業以外で臨時に使った「**特別損失**」を引いて「**税引前当期利益**」、法人税等を引いて「**当期利益**」を求める。

企業会計では本業とそうでない利益の区別がある（国民経済計算ではこの区別がなく、これが問題

図3-4　増加する営業外収益と減少しない特別損失

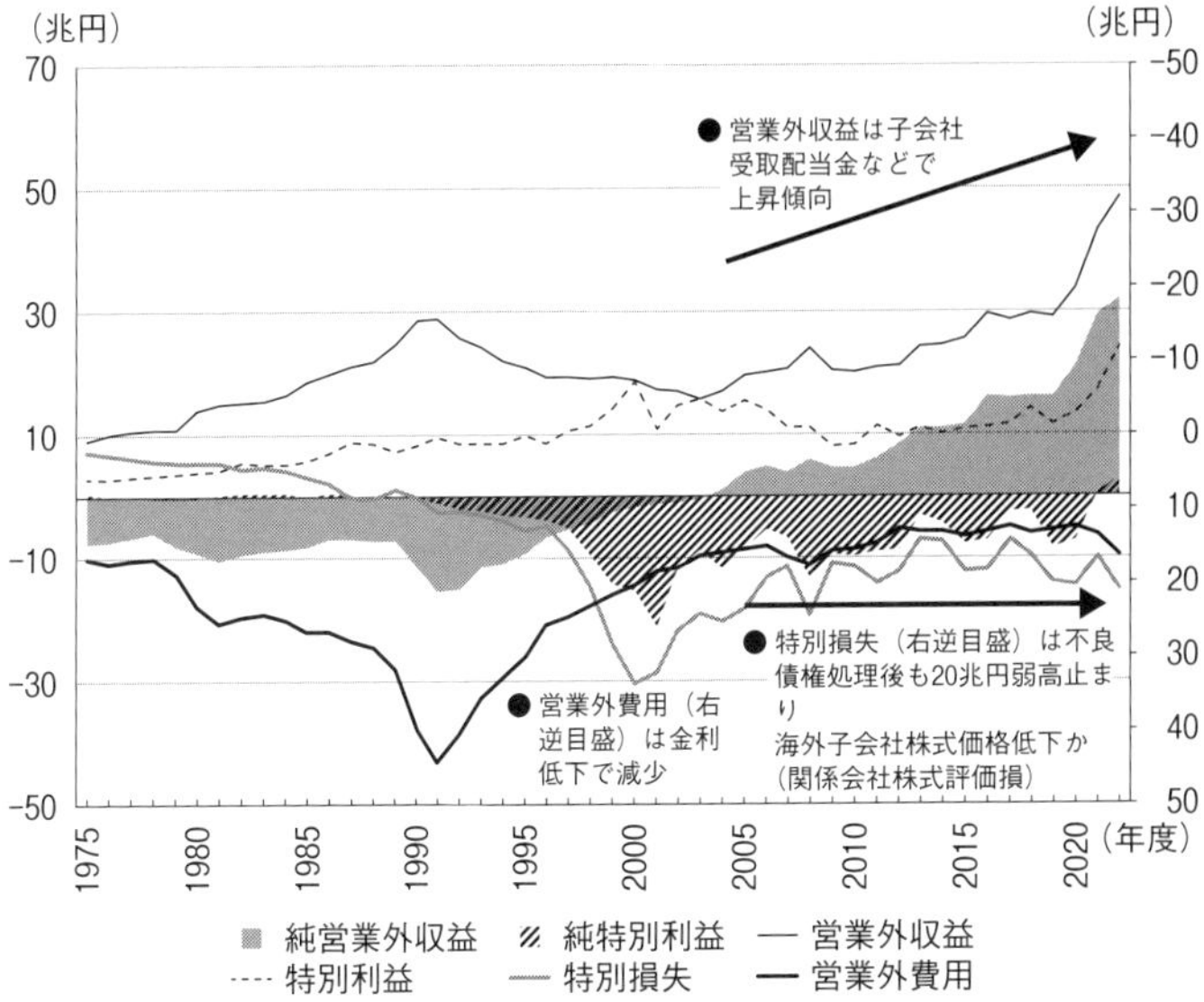

データ出所：法人企業統計 全産業（金融保険業除く）全規模

となることもある）。**海外子会社からの利益は営業外収益に計上**され、**海外投資の失敗は一時的であることから特別損失に計上**されるであろう。実際、法人企業統計の両項目は上昇を続けている（図3-4）。

個票データを手作業で集計しないと詳細は詰め切れないだろうが、特別損失と関係会社出資金評価損などの言葉が海外直接投資を行う企業の決算に頻出することが、ネット検索で確かめられる。

元本毀損の金融商品

高齢者は高配当だが元本を毀損していく金融商品を選んでしまうことがある。海外直接投資も平均収益の4・5兆円の背後にはキャピタルロスが２・９兆円もある。残高が純減しない理由は、毎年10兆円近い巨額のフローを資金をつぎ込んでいるからである。

筆者は必ずしも国際収支統計に詳しい部類の研究者ではない。永年、企業の内部留保を問題視してきた立場からこの点に行き着いた。非難されやすい企業の現預金積み増しや証券投資と比べて、海外直接投資は「堅実で安定」的な企業活動と見られやすい。もちろんそういった事例が伝統的には多かったとしても、アベノミクス開始以降急増した海外直接投資の全体はそういったものではない。

- 安定的な製造業の収益基盤ではなく、むしろ収益の変動が激しく、余剰資金のはけ口
- 国内に投資されれば雇用など連鎖的に波及効果があるが、海外投資経由で得られるのは収益のみ
- 考えられている高収益率ではなく、キャピタルロスを考慮した収益率はゼロ近傍

という特徴がある。リスクは高くリターンは低い、そして内需に悪影響を与えている。これでは「投資立国」に期待することはとてもできない。いわばバブル期の財テクが海外に舞台を移した「海外財テク」といえるのではないか。そしてそれは既に失敗しているのである。雇用者報酬総額２８０兆円の２％賃上げに必要な額は５・６兆円である。収益も雇用も投資も生まない海外直接投資に10兆円も投じるなら、もう少し国内に投資するべきだと考えるのは筆者だけではないだろう。

最後に3つの留保点を列挙しておく。

第一に、(1)のような定義がいつも好ましくないと主張しているわけではない。たとえば株価収益率(PER)は株価/一株当たりの純利益であり、キャピタルゲインを含んでいるわけではない。ただしPERは必ずしも収益率が高くて好ましいと使われるわけではなく、株価の割高を示す指標でもある。

第二に一般的に言えば、企業が投資を行うこと自体が問題ではない。ソフトバンクのような投資会社という存在もある。しかしもともと投資会社ではない企業が、(良好なイメージの)直接投資を言わば隠れ蓑にして、海外で投機的に資金を使っており、なおかつ儲かっていないことが問題だ、と言っているのである。

第三に(本章の主張とは逆になってしまうが)あまりに真の海外直接投資の収益率が低すぎる点が謎である。すべての企業が、無理な失敗投資のケースばかりではないだろう。海外直接投資収益率はキャピタルロスを考慮しないままでも、法人企業統計上の自己資本経常利益率には大きく劣る。これではなぜ直接投資を行うか明らかではない。

筆者の憶測ではあるが、海外直接投資には目に見えない「うまみ」があるのだと思う。詳述はしないが、移転価格と企業内貿易を通じるものなどが考えられる。ただし中国のように、外資規制が強く利益回収が難しい国は多い。中国での収益率は高いが、実は投資残高はさほど大きくない。これらの側面の総合的な解明が必要だろう。

蛇足 ヘイスティングスとアルゼンチン

名探偵ホームズには助手役のワトソンがいるように、ＴＶドラマシリーズでもおなじみの名探偵ポワロの助手役はアーサー・ヘイスティングス大尉である。助手役が入れば込み入ったストーリーを確認しながら進めることができる。しかしそれは小説の技法上、緊張感を欠いてしまう。このためヘイスティングスは登場しない作品も多い。その間、何をしていることにされているのかといえば、アルゼンチンで牧場の経営である。ポワロが活躍するイギリスは大英帝国全盛期だが、当時の人々はアルゼンチンにあこがれていたというのが面白い。ラ・パンパの大草原と農場はこせこせした島国の若者の憧れであったというのだ。イギリスと言えば美しい街並みと田園風景を思い浮かべるが、一方でパンク・ロックを生んだ国でもある。わかるような気がする。

[第4章] 異次元緩和は円安誘導

初め半年か一年の間は随分暴れてご覧に入れる。然しながら、二年三年となれば、全く確信は持てぬ。

山本五十六

4.1 日銀総裁の5つの煙幕

2022年3月の円安開始

2022年2月24日のロシアのウクライナ侵攻より、円安傾向が強まってきた。わずか3カ月程度で1ドル114円（2022年3月4日）から136円（6月21日）まで20円以上の円安が生じた（図4-1）。2022年3月28日には金利抑制策を強力に実施するとする日銀の発表に対し、1日に3円もの円安がドル円に生じている。この結果、輸入物価上昇の影響を受けて、国内物価の上昇が実質家計消費を圧迫していくことになった。円安メリットを享受する一部の海外進出企業は**最高益**を続々達成して株高となる一方、**物価高騰**で実質消費はさらに停滞し、大多数の国民は我慢を強いられることになった。

企業部門ですら、日本商工会議所のアンケート調査で53・3％と半数を超える中小企業が「円安デメリットが大きい」と答えていたのに、はたしてこの状況が日本経済全体のメリットになるのだろうか。円安を放置してよかったのだろうか。

図4-1　金利と円安

データ出所：日本銀行、FRED

超金融緩和から生じた円安は、企業部門の中でも海外進出企業における内部留保増大、家計の消費過少の（本書を通じて強調してきた）従来の傾向をますます強化し、全体として日本の国力を弱めてしまう。補正的な政策はいくつか考えられたものの、結局、政府は数兆円の予算で財政を出動し、物価対策を進めた。

ブレーキとアクセル

このように物価に関して**ブレーキ**を踏む政府に対し、日本銀行は**アクセル**をふかし続けた。当時の黒田東彦総裁は以下の「煙幕」を張って、

[1] そもそも金融政策は**為替レート**と関係無く運営されているものであり

[2] グローバルスタンダードである2%**イン**

フレ目標を堅持することが、
[3] 結果的に円安をもたらし、その円安は日本経済に**総合的にメリット**がある、と述べ
[4] **現実**のインフレ率は2%を超えたが、それは一時的かつ
[5] 日銀の考える望ましい**（デマンドプル）インフレ**ではなく、

これまでの方針に変更はないと繰り返し述べた（世間の批判を浴びその後発言は若干修正された）。筆者はもともと黒田日銀の異次元緩和については、多くの人々と同じく

●2%インフレ目標は「建前」であり、「本音」は円安（株高）誘導であった

と考えてきた。コロナ禍以前の平時の場合、金利低下から円安誘導を行い、そこから副産物として若干の輸入インフレが生じたとしても、さほど大きな問題をもたらすわけではない。かえってインフレ目標と整合的とも言える。しかしこの円安誘導が微害である前提の1つは、FRBが世界インフレを押さえ込んだ**安定的な世界経済環境**の継続だ。この前提が

[1] FRBは**インフレ抑制に失敗**し、米国は名目高金利となることが必至
[2] ロシアのウクライナ侵攻から派生する**資源エネルギー・食料高**

により崩れた今、海外高金利で円安、資源高で強烈な**輸入インフレ**が必然的に生じている。高金利の

ため**金融危機**が来ると思っていたら、（石油だけではない）**エネルギー危機**が先に来た状況だ。
これでは弊害は家計を直撃し、もともと小さい企業側の円安メリットを大きく上回ってしまう。さらに家計消費を不利な状態で放置することは、内需を冷やし日銀の目指すデマンドプル・インフレーションからかえって遠ざかる。円キャリー取引で投機資金を世界に提供することになれば、その資金が資源食料など商品先物に流入して世界的な価格高騰を日銀の金融緩和が招くことにすらなりかねない。このため円安が進みはじめた時期に「現在は輸入インフレ昂進あるいは世界的**スタグフレーション危機下の非常時だ**」と宣言し、**政策転換**を早めに図り、できる限りの物価対策を行うことが本来は適切だった。

2022年度のインフレ：逸したタイミングと采配ミス

結局、2022年度のインフレは秋頃まで資源や食料など輸入価格中心であり、国内生産の付加価値部分の物価を表すGDPデフレーター変化率はゼロ近傍であった。これだけをとれば2％インフレ目標に達しておらず、**不況下の利上げ**はできないという主張はもっともだったと考えられるかもしれない。しかし輸入インフレを増幅させ、所得流出を2022年度に招いたのは日本銀行であった。

輸入物価指数は日銀から二本立てで発表されており、たとえば原油をドル建てで契約しているなら、海外でのドル価格高騰（**契約通貨ベース**）に加えて、為替が円安なら**円ベース**で国内原油が増幅され

図4-2　円ベースと契約通貨ベースの輸入物価指数

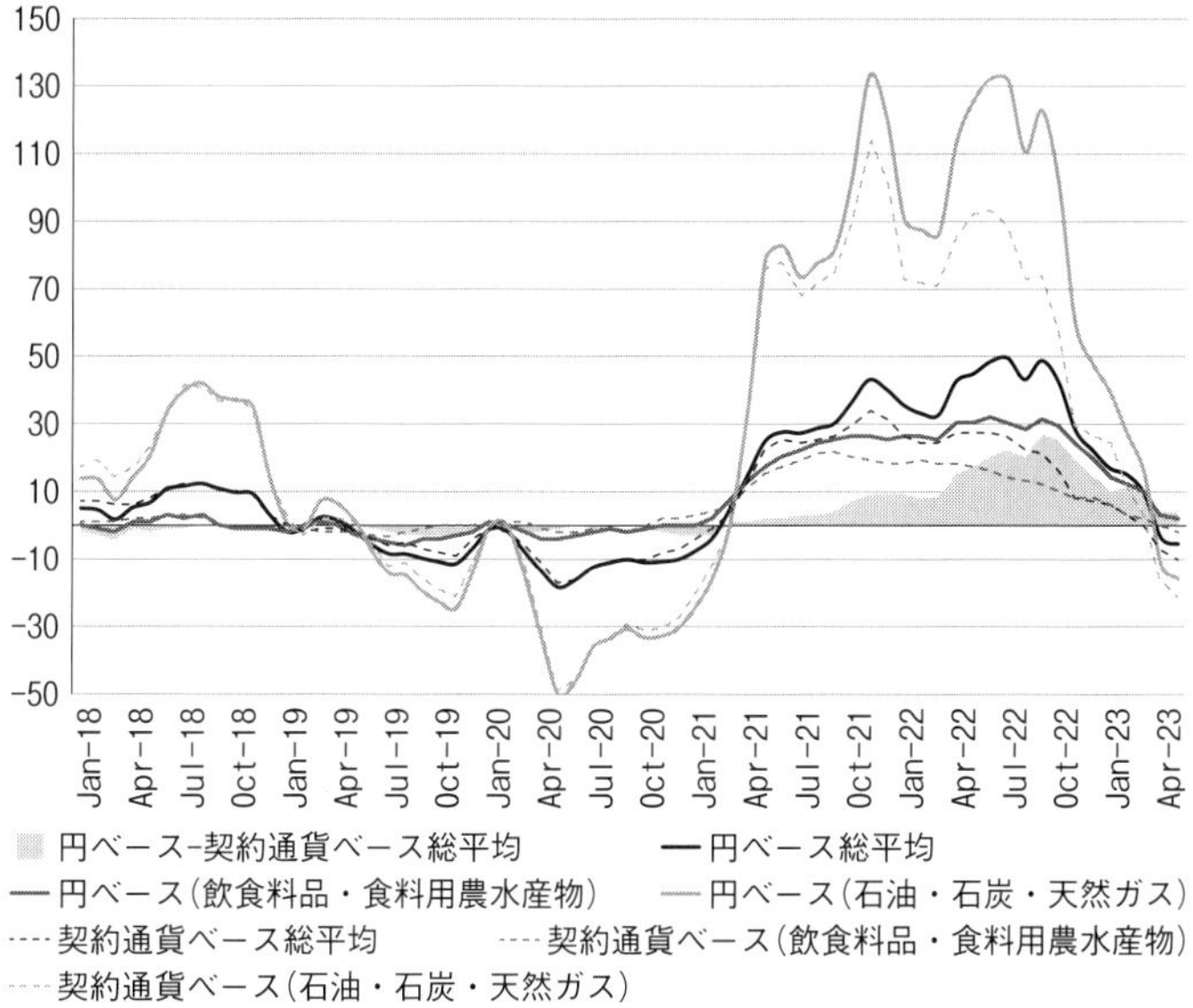

データ出所：日本銀行

た価格となる。両者を比較すると、金融緩和政策から生じた2022年度の円安が輸入物価をかさ上げして実はインフレ率を倍増させていたことがわかる（図4-2）。円安でなければ2022年のインフレは半分で済んだと言ってよい。

より詳しく物価高騰の要因を分解すると

［1］ドルなど契約通貨ベースでの資源食料価格の世界的な高騰
（この部分は［1a］世界景気（需要要因）と［1b］産油国プラスロシア（供給要因）次第）

［2］日米の名目金利差による円安増幅部分
（この部分は金融政策の［2a］米国要因と［2b］日本要因次第）

になる。つまり**物価高騰には4つの要因**があり、確かに国際的要因が大きいものの［2b］の円レートに影響を与える金融政策あるいは為替介入などは日本が独自で対処できる要因だ。ところが日銀は利上げはできないが、賃上げは望ましいと言っていた。企業にとってコスト上昇要因である賃上げが可能なら利上げも可能なはずだ。

アベノミクスの置き土産とは言え、世界経済の激変に機敏に対応しない日銀を放置した政府や、金融政策に対してあきらめムードの世論の責任も重かった。中央銀行の独立性は尊重すべきだが、批判をしてはいけないとか、政労使の負担を黙って我慢しなくてはならないことはない。特に労働者や組合は金融政策の弊害による家計疲弊をもう少し批判すべきだった。

三方一両損の23年賃上げ状況

結果的に２０２２年度の貿易赤字は22兆円弱にも達し、政府は物価高対策として15兆円もの財政支出増大（『日本経済新聞』２０２３年３月22日の記事による）ならびに円安阻止方向の為替介入（２０２２年９月22日）を迫られた。総じて見れば労使の痛み分け、財政を加えて**政労使三者の三方一両**

損に終わったという結果ではないか。

確かに2023年3月の春闘は物価高の下、久しぶりの大幅賃上げに沸いた。政労使の意見交換会も3月15日の集中回答日には開かれ、賃上げを目指す日本経済のそれなりの一体感も醸成できた。ただし残念ながら、賃上げ率は不充分なものに留まった。大手企業の高回答は**定期昇給**分が含まれており、かさ上げされている。連合の集計では**ベースアップ**分は2%程度であり、直近の**物価上昇率**4%弱（2022年度3%）には届かない。連合HPに記載されている第5回回答集計結果（2023年5月14日発表）で、定期昇給と区別して賃上げ分が明確にわかる2518組合の「賃上げ分」は6047円・2・14%である。結局、**実質賃金は下落**してしまったのである。

現状は極めて複雑な状況だ。日銀の本音と建前の違い、世界経済環境の激変、さらに日本経済の過剰な企業貯蓄という異例な3要因が絡み合っている。本章ではまずアベノミクス期の平穏な状態の下で金融政策を検討し、次章でコロナ禍と経済危機の下での金融政策正常化について検討することにする。

4.2

金融政策と為替レートを巡る3つの建前

このように2022年度からのインフレと超円安は多大のショックを日本の家計に与えた。なぜこんなことになったのだろうか。日銀はなぜ金融緩和に固執するのであろうか。まず議論が錯綜する主因である金融政策と為替レートを巡る「本音」と「建前」の違いとも言うべき3点を考慮しなくてはならない。

［A］**経済学の教科書**上の一国モデルや、より高度な動学モデル上の中央銀行が行う金融政策は効果がある。

マクロ経済学の教科書には金融政策という章があり、名目価格や賃金の硬直性の下で金融緩和を進めると、一国の産出量やインフレ率が増加するプロセスを学習する。しかし

［B］**日本経済の状況**は多くの教科書が扱う状況とは異なる。

その理由はいくつかあるが、筆者は特に以下の2点が重要であると考えている（脇田［2019］）。

●グローバル市場での各国の**実質利子率収斂化**傾向

世界の金融市場は一体化しており、日本一国が金融政策で実質利子率を（大きく永続的に）下げて投資を刺激することは不可能である（金融危機時にジャパン・プレミアムが存在したように、日本だけが高い利子率に直面することはあり得る）。標準的な実質金利（**自然利子率**や実質中立金利、r-starなど呼び方はさまざまである）は、世界市場で決まると考えることがようやく一般的となってきた。大きなGDP世界シェアを持つドル圏やユーロ圏の経済学者が、自国は自律的な金融政策が可能として、**一国モデル**で分析を行うことは、まだまだ「世界標準」かもしれないが、小さくなった世界シェアの日本の中央銀行が、巨額の資本流出入が存在する下で自律的な金融政策が本来可能か、という根源的疑問を持つ必要がある（近年の議論ではObstfeld［2020］やDel Negro *et al.*［2019］を参照されたい。また日本のグラフ等は脇田［2024］参照）。

実際、2000年代には金融緩和にもかかわらず日本の実質金利が高いという議論がなされたが、当時は世界の実質金利も高く、国際金融市場の裁定を通じて日本に波及していた。2010年代は世界的にも低金利であり、異次元緩和を側面から援助したと思われる。

●日本企業の**貯蓄主体化**

本書を通じて強調しているように、日本企業は金融危機が生じた1998年以降、貯蓄（資金余剰）主体であり、「お金を貸す」立場である。これを反映して国民経済計算における非金融法人企業の受取利子は支払利子より多い。2023年12月には日銀は研究者を招いて多角的レビューを開いたが、そこでは金利が低下したとか、銀行貸出が増えた、などが金融緩和のメリットと主張されているが、問題はその後である。お金を借りやすくしたり、支払利子と同時に受取利子も低下させる金融緩和は平均的な企業にとって意味があるのか、という根源的疑問をやはり持つ必要がある。

この状況の下で、はじめから国内向け金融政策の効果は限られている。一方で為替レートを通した金融政策の効果は（小国であってもマンデル＝フレミング理論のように）存在はするものの、以下の事情がある。

［C］政府高官は為替レートに言及せず、金融政策は為替水準を目的としない不文律が存在する。

従来から為替レート水準は市場実勢にまかせることが望ましく、政府高官の発言や金融政策の使用は慎重であるべきとされてきた。**近隣窮乏化**をもたらす国際的な為替切り下げ競争を防ぐためである。輸入インフレや円安を巡る議論が佳境に入ると、金融政策の枠組みのなかで本来為替レートを議論すべきでないとか、市場の実勢に任せるべきだ、との議論継続を拒絶する「正論」が、日銀幹部や政治家から出されて議論が終了してしまう。また多くの日銀の公式的文書では為替レート誘導の側面は注意深く排除されている（2023年12月の多角的レビューでも触れられていない）。筆者はこのような「建前」をふりかざしていては議論も理解も進まないと考えており、そこに学術研究の意味があると考えている。

以上の3点をまとめると、金融政策においてはマクロ経済学の教科書と日本経済の現実はかなり異なるうえに、為替レート誘導政策・発言は公的には行いにくい不文律が存在するという入り組んだ状況になっており、その結果、政府部門では政策意図を説明・分析することすらままならない。

金融緩和に親和的な国際金融の研究者

もともと為替レートは金融政策変更に反応が速く、国際金融畑の研究者・実務家はリフレ派的緩和志向に親和的な人が多かった（こういった状況をドーンブッシュ型オーバーシューティングというモデルは捉えていた）。今から考えると、国際部門を統括する財務省財務官であった黒田前総裁は就任当時から「本音」は円安誘導だが、「建前」としてリフレ派等が主張するインフレ目標を主張したのであろう。このため公式発言は、金融政策を国内向けに行った結果の**副産物**として、為替レートが円安となり国内輸出企業に恩恵があったとの論理構成をとっている。ところが副産物が**副作用**に変化し、円安で中小企業や家計は弊害が大きいことが現状である。

4.3 金利差：このままでは円安は続く

次にどのような政策をとったか、経緯を簡単に見てみよう。経済学の理論モデルで考える為替レート決定理論には以下の2つがある。

- **金融商品の裁定関係**を考える短期の**アセット・アプローチ**
- **財サービス価格の裁定関係**の長期的影響を考察する**購買力平価説**

日本銀行の超金融緩和が理由で円安となった（アセット・アプローチ）としても、国際的な一物一価をもたらす財サービスの貿易により、円安はじわじわと是正される（購買力平価）方向にあるはず、というのが両者を併せた考え方になる。実際にも、コロナ禍以前はそうなっていたが、以後はそうはなっていない。購買力平価説の妥当性は第3章で検討したが、実は内閣府の「企業行動に関するアンケート調査」による企業の主観的採算レートは超円安期以前は1ドル100円程度であり（ジェトロ2022年度 日本企業の海外事業展開に関するアンケート調査では110円台）、国際通貨研究所が計算している輸出財の購買力平価は70円程度であるという結果が得られている（第2章図2‐1、図2‐2参照）。民主党政権時の1ドル100円割れの円高期には上記の主観的採算レートより円高で企業側は**六重苦**と称していたものの、その後為替水準に大きな不満は生じていなかった。実際にも海外進出企業には膨大な差益が発生し、それが（海外子会社配当を計上する**営業外収益**を通して）株価に反映していたとみられる（第3章）。

日米金利平価とインフレ率格差

アセット・アプローチで使われる**金利平価式**に即して、異次元緩和と為替レートの関係を振り返ろう。金融資産市場で為替レートが決まるという意味は、米国の資産の収益率と日本の資産の収益率が、予想為替レート変化率を考慮したうえで同じにならなくてはならない、ということだ。つまり日本の金融資産を買っても米国の金融資産を買っても同じだけ儲からなくてはならない。そこで金利平価の関係式は

$$i_J = i_A + \hat{e}$$

〔日本の名目利子率〕＝〔米国名目利子率〕＋〔（円建て）ドル円予想変化率〕

となり、**フィッシャー方程式**で分解すると以下のようになる。

$$r_J + \pi_J = r_A + \pi_A + \hat{e}$$

［日本実質金利］＋［日本予想インフレ率］＝［米国実質金利］＋［米国予想インフレ率］＋［ドル円予想変化率］

実質金利が両国で変わらないとすると、日米のインフレ率格差が名目ドル円を決定する主因になる。実際、バブル崩壊後のトレンドの動きとして米国のインフレ率が日本より2～3％常に高いのがこれまでの基本的な傾向だった。一定のドルで購入できる財サービスが常に減少していることになり、ほぼゼロインフレの日本円の価値が本来は高くならねばならないことを意味している。

次に、インフレ率格差を受けて**日米名目金利差**も同程度あったことである。日米のインフレ率の差と名目金利差がほぼ同じなので、両国の実質金利はあまり変わらない。日米のインフレ率格差・名目金利格差・実質金利格差を図解するとアベノミクス期まで実質金利均等の下、安定的な格差が生じていたことがわかる（図は脇田［2019］図8-1、2、113頁などを参照されたい）。

実質金利を計算する場合に注意すべきことは、予想インフレ率を得ることが難しいため、足元のインフレ率、つまり現在得られる前年同期比で代用されていることが多いことであり、これが誤解を招きやすい。米国の場合、インフレ連動国債と通常国債の金利の比較から直接得られた予想インフレ率のデータはまだ信頼性が高いが、日本では不安定であると認識されている。

アベノミクス後の円安と金利平価の状況の変化

コロナ禍までのアベノミクス期の資産市場において、ドル円の名目値を支配している変数は（a）本来代用であるはずの**足元のインフレ率**を使った、（b）米国のみの**実質金利**であった。日本の金利変数を入れて名目金利差と為替レートの相関係数を見ると、かえって低くなってしまうほどだった。この点は日銀の円安誘導という本音のもくろみが極限まで成功して市場参加者が無視するようになったのか、あるいは日本経済の存在感が小さくなったためかは解釈が分かれるであろう。

ただし米国のインフレ率が高くなれば円高となる関係は金利平価と整合的だったのだが、現在では（足元のインフレ率を使った）ドル実質金利は大きくマイナスであるのに円安に振れている。この点は日米の金融政策の方向性を巡る「予想」の違いと解釈されており、先述したようにインフレ率の予想と代用が影響している。まとめるとドル円を巡る**状況は以下のように異なってきた**。

- コロナ禍以前の2％未満時期のインフレ率上昇は（インフレの意味通りに）**ドルの購買力低下**、ド、ル、安、円、高をもたらしていた。
- コロナ禍以後、米国FRBはインフレ制御に失敗したため、目標値2％を超えたインフレ率上昇はさらなる**政策金利利上げのシグナル**となって、ド、ル、高、円、安をもたらすように変化した。

さらに現在の米国はインフレ期待を抑えるため、かなり高い政策金利の継続が予想されており、この場合、高金利がさらなる円安をもたらした。

4.4 消える円安メリット

この円安に対して当時の黒田総裁は「トータルで円安は日本経済にプラス」と発言し続けていた。為替レートは相対価格の1つであり、モノの値段を下げろと言えば供給者が困り、上げよと言えば需要者が困るように、立場の違いによりメリット・デメリットが異なる（たとえば脇田［2024］参照）。ドル高円安はドルを手に入れ、円に取り替える輸出企業に本来はメリットがあるように、誰がドルを入手しているか、誰が支払いのためにドルを購入しているかを考えることが必要である。

たとえば実質実効為替レートと第3次産業活動指数の中の国内旅行業者の取扱高の推移を図4-3で見ると、円安につれて国内居住者の海外旅行の取扱高が減少し、その代わりにインバウンド需要が増加したことがはっきりと見てとれる。インバウンドが悪いとは言わないが、日本国民が海外旅行を高価に感じては、ますます日本貧困感を加速する。

図4-3　海外旅行衰退・インバウンド需要増大・為替レート円安

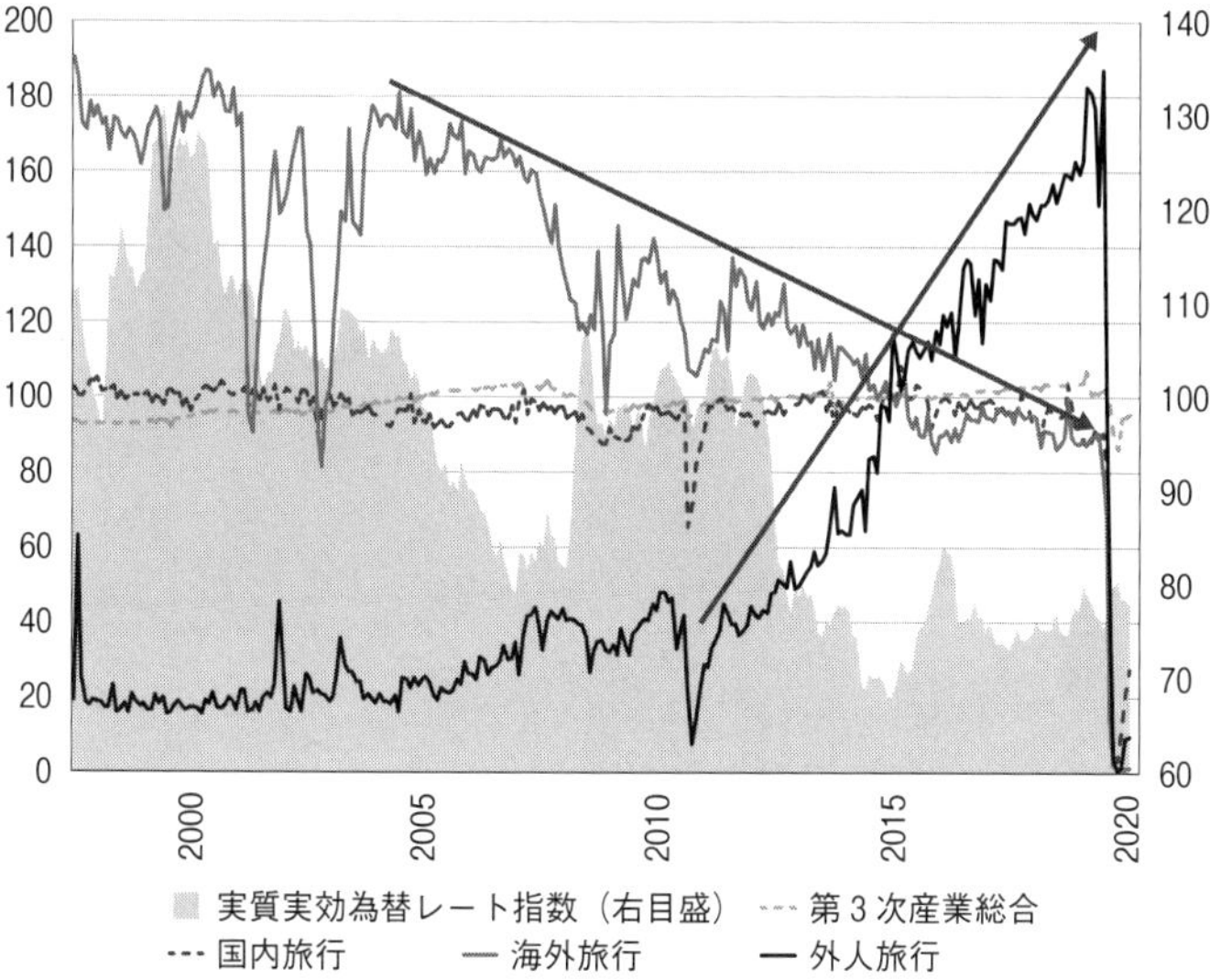

注：第３次産業活動指数の旅行業項目は、旅行業者の状態を反映している。
実質実効為替レートが円安になるほど、外国人旅行が増え、邦人の海外旅行（からの業況）が減少することがわかる。

大規模計量モデルの結果

さて黒田発言の主たる根拠はいくつかの計量分析の結果のようであった。まず２０２１年３月日銀公表の「より効果的で持続的な金融緩和を実施していくための点検」（「点検」）では、大規模計量モデルによる分析の結果が提示されている。そこでの主要なルートは**円安株高**である。

計量モデルの中で基本となる想定は、

国債の日銀保有割合の増加 ⇒ 国債金利低下 ⇒ 円安株高

という関係だ。「点検」では１９９７年１月から２０１３年３月までのデータを元に、もし国債の日銀保有割合が高まらなかったら、2013年4月以降のマクロ変数の動きがどうなっていたかという分析（カウンターファクチュアル・シミュレーション）を行い、物価や実質GDPが政策により押し上げられたことを主張している。また「点検」ではVAR分析の結果も補足され、需給ギャップへの波及経路は、資金調達コスト低下を通じた「企業金融ルート」の効果が33％に対し、株価は36％、為替が20％として56％が金融資本市場を通じた「円安株高」の結果と分析している。

もちろん日銀の異次元緩和政策が金融市場と製造業の企業利潤に大きなインパクトをもたらしたことは明らかである。しかし計量分析は1997年から2013年までのサンプル期間の平均的傾向が永続的な構造であるとして、異次元緩和開始後の時期にも継続して当てはまり、その上で政策効果を見るという手法であるため、異次元緩和開始以降に存在したはずの**波及経路の構造変化**を捉えていない。企業利潤へのインパクトが企業の設備投資や家計の消費など実物的側面に波及せず、マクロ経済の改善につながらなくなってきたこの10年の事態の変化（図4-4、4-5、4-6）を無視しているのである。

黒田日銀時の円安メリットの主張

そこで2022年1月公表の「経済・物価情勢の展望（「展望」）」、特にBox 1, p.40では2010

年代以降の実質GDPなど主要な変数と実質実効為替レートの連動が分析されている。図4-4(a)でわかるように、実質実効為替レートの急上昇と急落はまるでマジックのようであり、第2次安倍政権の登場が為替市場と株式市場に一種の**レジームチェンジ**をもたらしたことが確認される。ただしこの円安は黒田総裁就任が決定する以前から始まったものであり、実は具体的な金融政策が材料視されたわけではない。第1章で述べた通り、日本の経済データはノコギリ型形状をしており、どこでサンプル期間を分断するかにより、結果をかなり左右できる。また**バズーカ**と言われるように、その後は政策的に大がかりなことをしないと為替レートが動かないことも、データがいずれも階段状の形状をしていることからも図4-4(a)の楕円印から確認できる。

さて「展望」の主張する円安のメリットを3つに分けて、それ以外の統計の結果も付け加えてマクロ経済変数の推移を再検討しよう。

[1] 価格競争力増大による財・サービス**輸出**の拡大(図4-4(d))

まず輸出の増大は異次元緩和開始後に確かに認められるが、これまでさんざん批判されてきたように、円安のかさ上げ効果がほとんどで**数量は微増**である。また輸入の増大を無視している。異次元緩和期以降の過半の時期は純輸出は負であり、円安による交易損失を考慮していない。ただし「展望」の計量分析においても、実は輸出の効果は統計的に有意でないと述べており、この点はメインの主張点ではない。

(b) 言及のない消費と為替レート

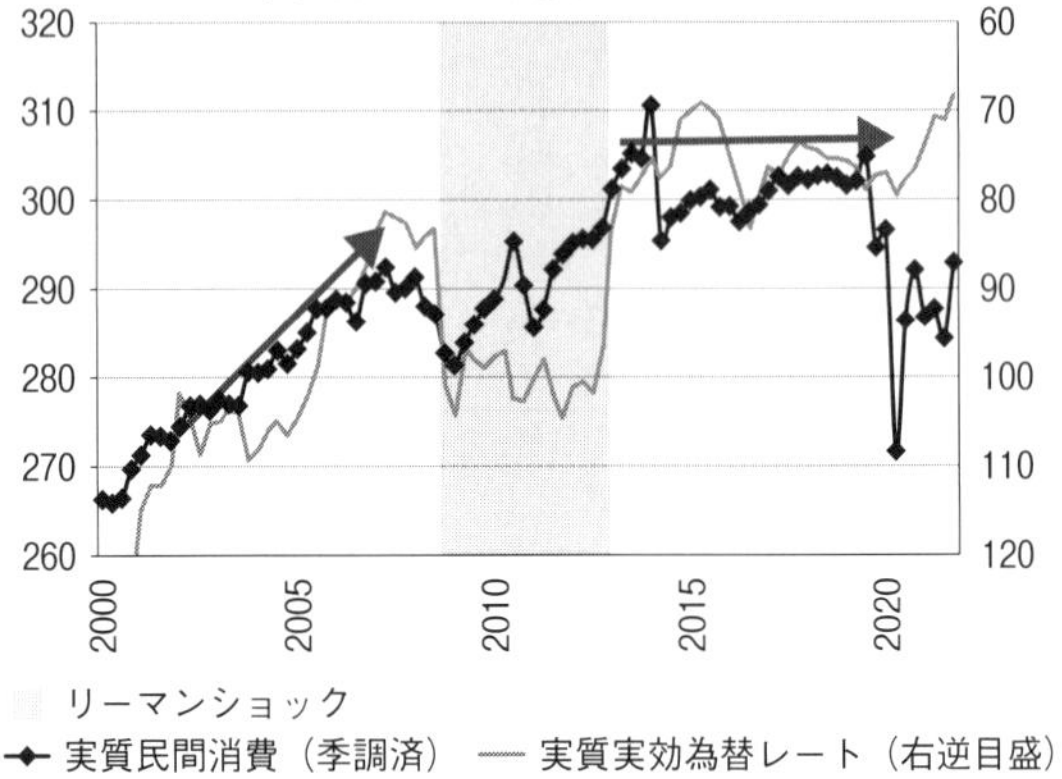

(d) 相関なしとされた輸出と為替レート

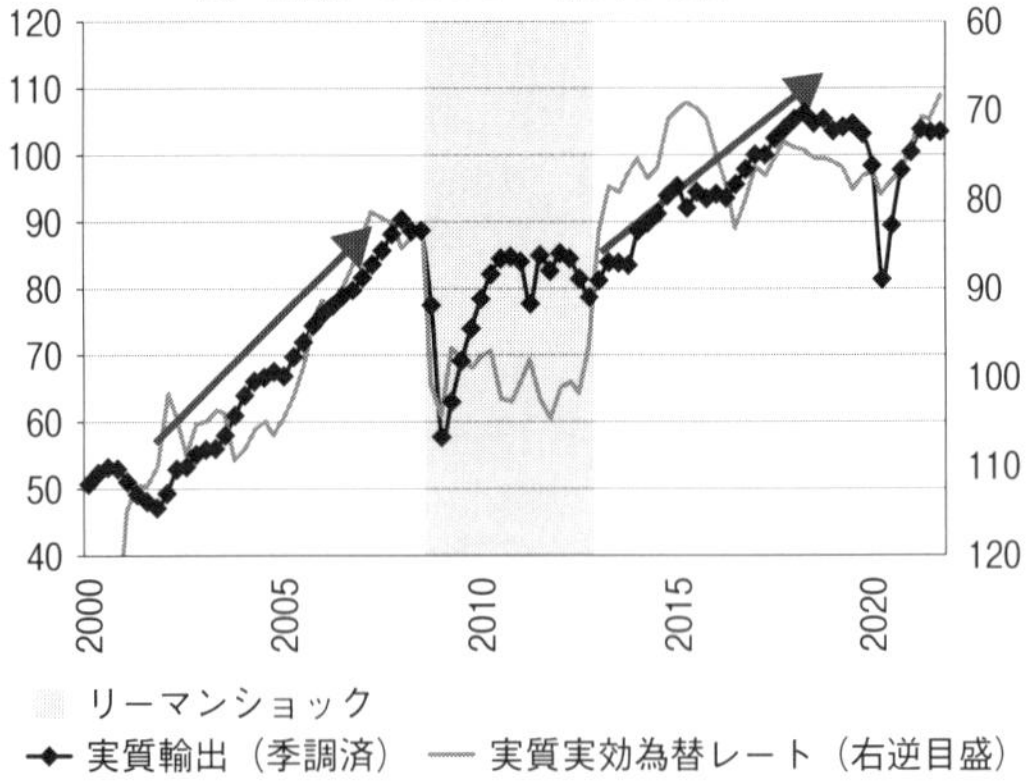

図4-4　円安の効果

（a）実質GDPと実質実効為替レート

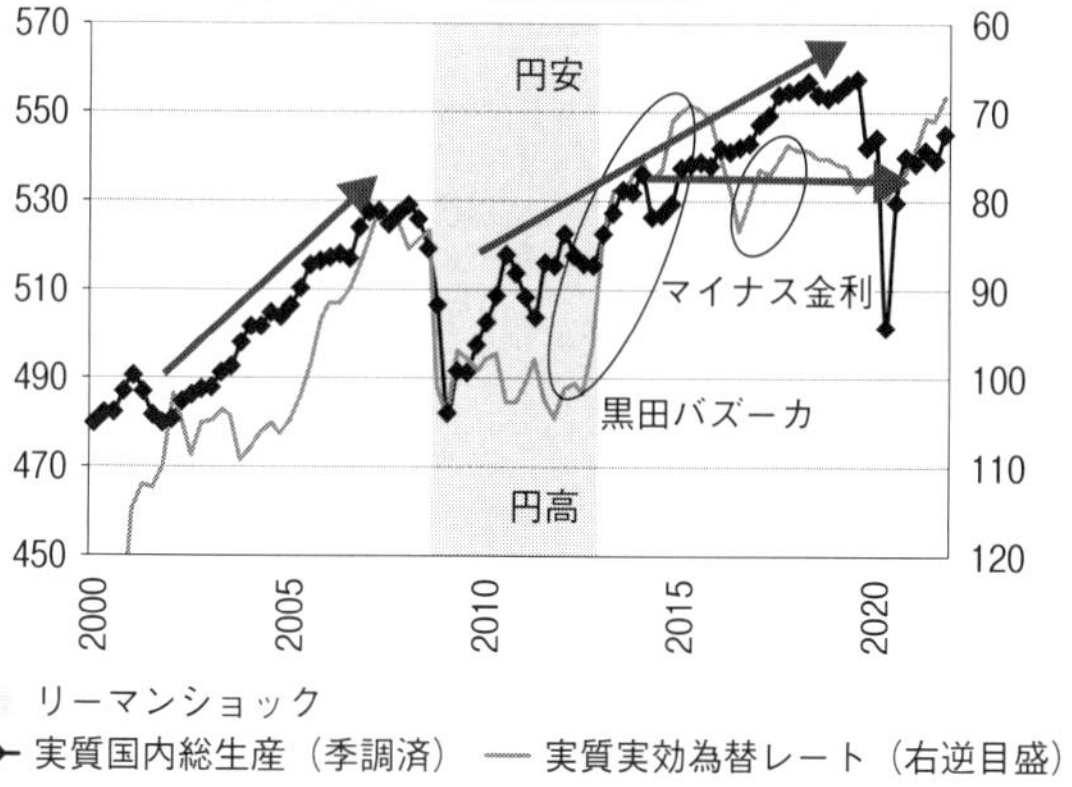

（c）相関ありとされる設備投資と為替レート

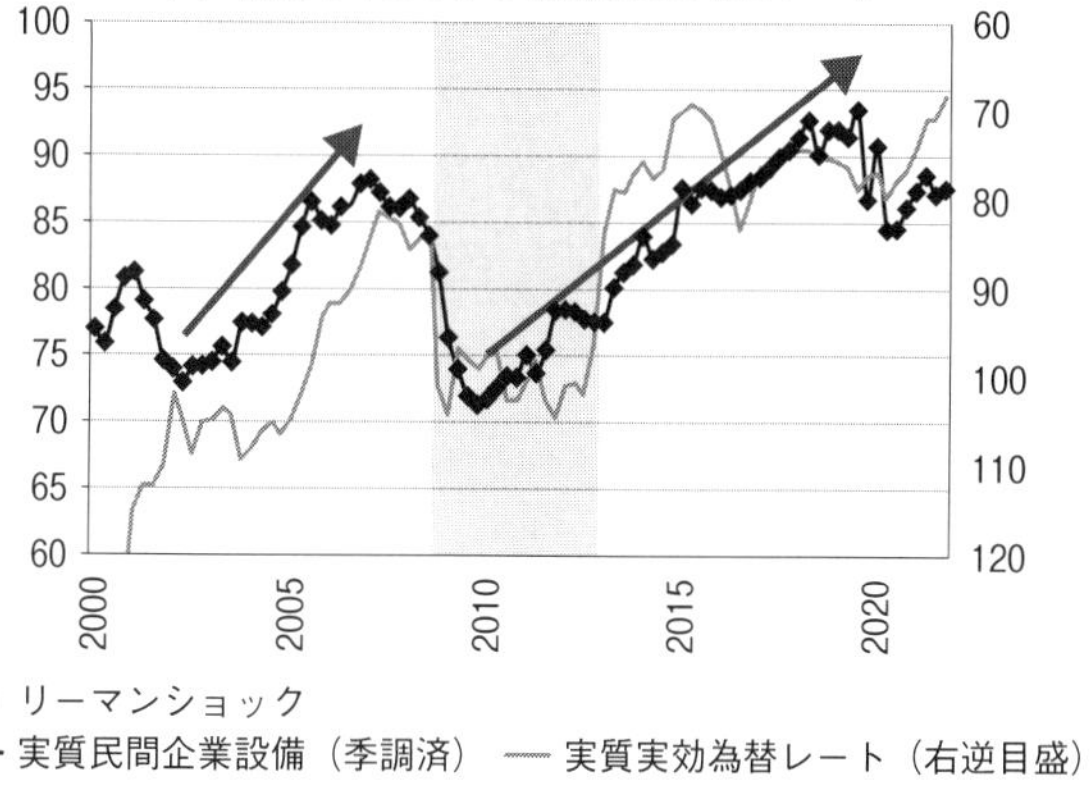

データ出所：国民経済計算、日本銀行

［2］円建て輸出額増加による**企業収益**の改善

輸出数量の増大は緩慢であるが、円建て輸出額は確かに増大し、その結果、法人企業統計で見る限り製造業の企業収益も営業外収益を通して改善した。しかしこれまで述べてきたように、これらの輸出額増大から、企業収益を通して国内経済にメリットが波及しているとは考えにくい。

［3］企業収益改善から**設備投資や雇用**の増大

まず設備投資は異次元緩和開始の前より増加している（図4-4(c)）。確かに設備投資全体は増大しているものの、需要に反応し増加しているのは（円安メリットがほとんど無いと思われる）非製造業である。図4-5は国民経済計算上における設備投資（民間資本形成）を法人企業統計における製造業・非製造業の比率を使って分割し、製造業の設備投資が輸出、非製造業のそれが消費と以前は明確に相関を持っていたことを示したものである。ところが製造業設備投資と輸出の変化率で見た相関は消えつつあることが見てとれる。

水準で見ても2010年代には経済産業省集計の生産能力指数（図4-6）は低下している。さらに第2章で示した通り、（バラッサ＝サミュエルソン効果をもたらすような）製造業から非製造業への**賃金波及**もこの時期は見られなくなっている。

図4-5　輸出と製造業投資、消費と非製造業

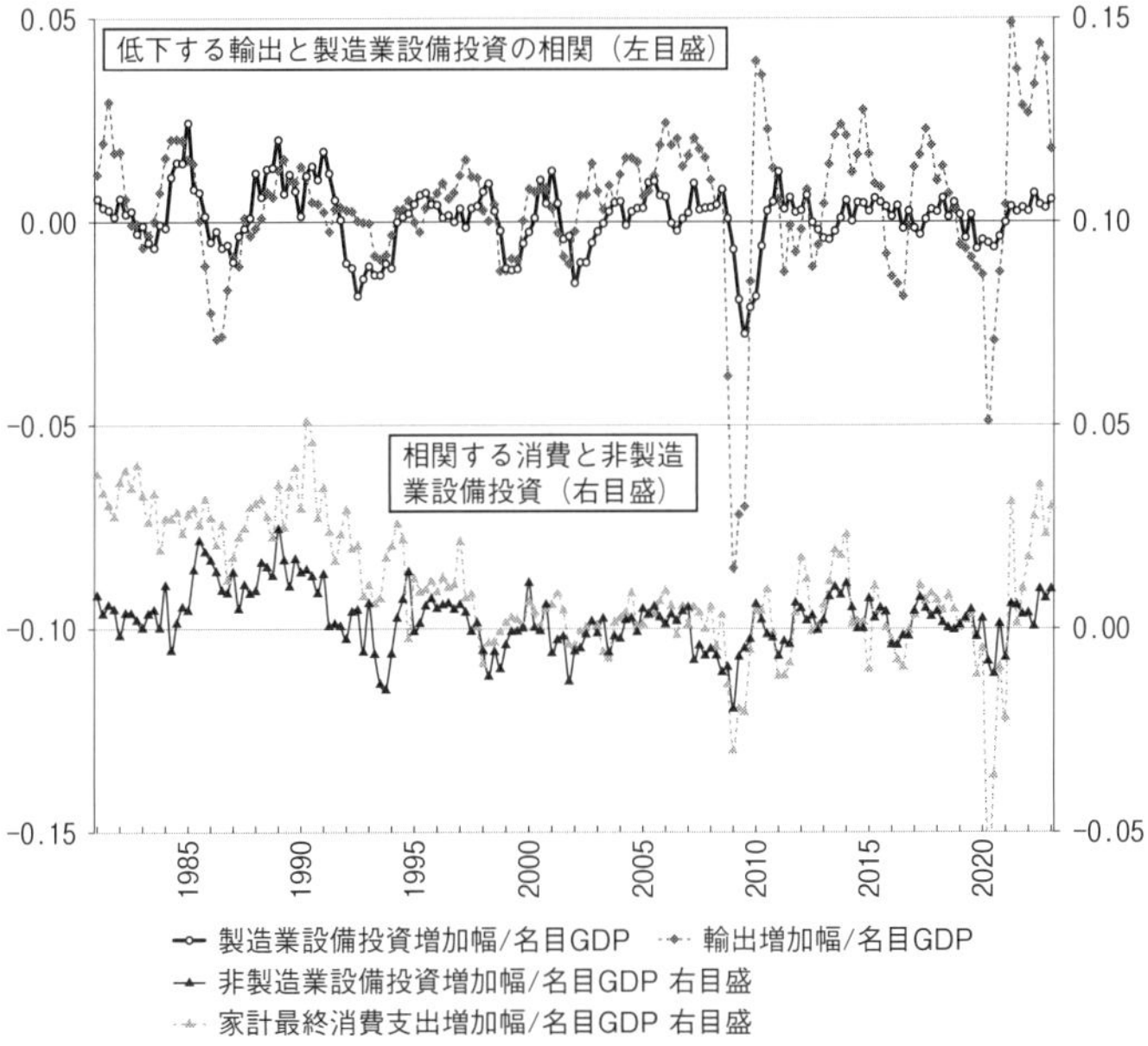

注：法人企業統計季報より、製造業と非製造業の投資比率を求め、それに国民経済計算の民間企業設備を掛け合わせて製造業と非製造業の設備投資を求めている。
データ出所：国民経済計算、法人企業統計 季報

輸出数量がアベノミクス期の円安にもかかわらず上昇しなかった点はこれまでも指摘されてきた。**輸出数量が伸びず、設備の稼働率が伸びず、したがって製造業の設備の拡大がなされなかった、という3点は実は一体**である（図4-6）。リーマンショック直前の2000年代後半には円安による稼働率の上昇が設備水準にまで波及した。この経験が日銀の黒田前総裁が大規模金融緩和に乗り出した理由ではないかと思われる。しかしアベノミクス期には円安が進んだにもかかわらず、設備水準は伸びず海外移転が加速した。今時、

図4-6　リーマンショック後下がり続ける製造工業の生産能力指数

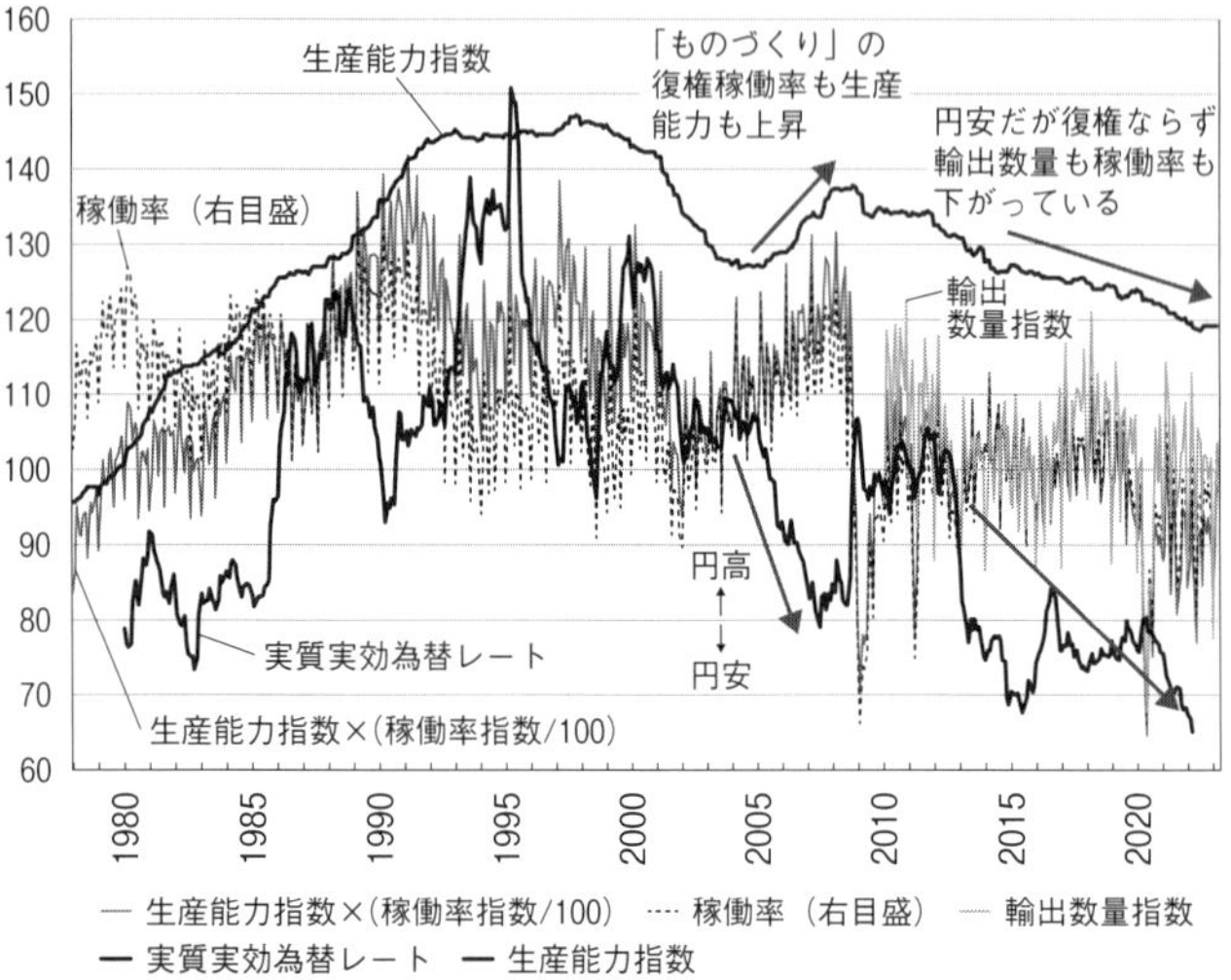

データ出所：経済産業省、日本銀行

稼働率が上昇しているとは言えないので、設備・輸出ともに期待はできない。

なお比較のため、図4-4(b)では「展望」では言及が少ない実質消費をプロットしたが、全く停滞していることを示している。

以上をまとめると、コロナ禍とウクライナ侵攻までのこの10年、円安メリットは国内に還元されなくなってきたと判断できる。

付け加えるべきデメリット

以上の分析はコロナショック前の実質GDPの構成要素を中心としたものであった。しかし今後は為替レートの大幅な変動より交易利得や海外所得受取の変動を加えて、以下のように円安誘導の成果を考えなくてはならないだろう。

●実質ＧＤＰに**交易利得・損失**を加え、**実質国内総所得（実質ＧＤＩ）**を推計

２０２２年度の年換算では交易損失は既に20兆円にも上っており、これはＧＤＰ総額５５０兆円の４％弱、消費税収（22兆円弱）に相当する。

●実質ＧＤＩに「海外からの第一次所得の純受取」を加え、**実質国民総所得（実質ＧＮＩ）**を推計

（これらの関係の詳細は内閣府解説ページ https://www.esri.cao.go.jp/jp/sna/seibi/kouhou/93kiso/93snapamph/chapter2.html#c6参照、また理論的な国民経済計算と成長モデルの関係にはWeitzman［1976］の著名な研究があるが、これらは閉鎖体系の分析が中心で、開放体系に向かうより環境経済学的な側面に向かった）。

図４-７は①実質ＧＤＰや、②実質ＧＤＩ、③実質ＧＮＩそして④実質ＧＮＩから海外からの第一次所得受取（日本に環流しているとは考えにくい企業の直接投資収益がほとんど）を引いたものをプロットしている。④は２０１６年がピークであり、実質雇用者報酬やそれに家計の実質財産所得を加えたもの（図４-７上では面グラフ）は２０１８年にピークを打って、その後横ばいである。

図4-7 実質国民総所得と海外からの所得受取

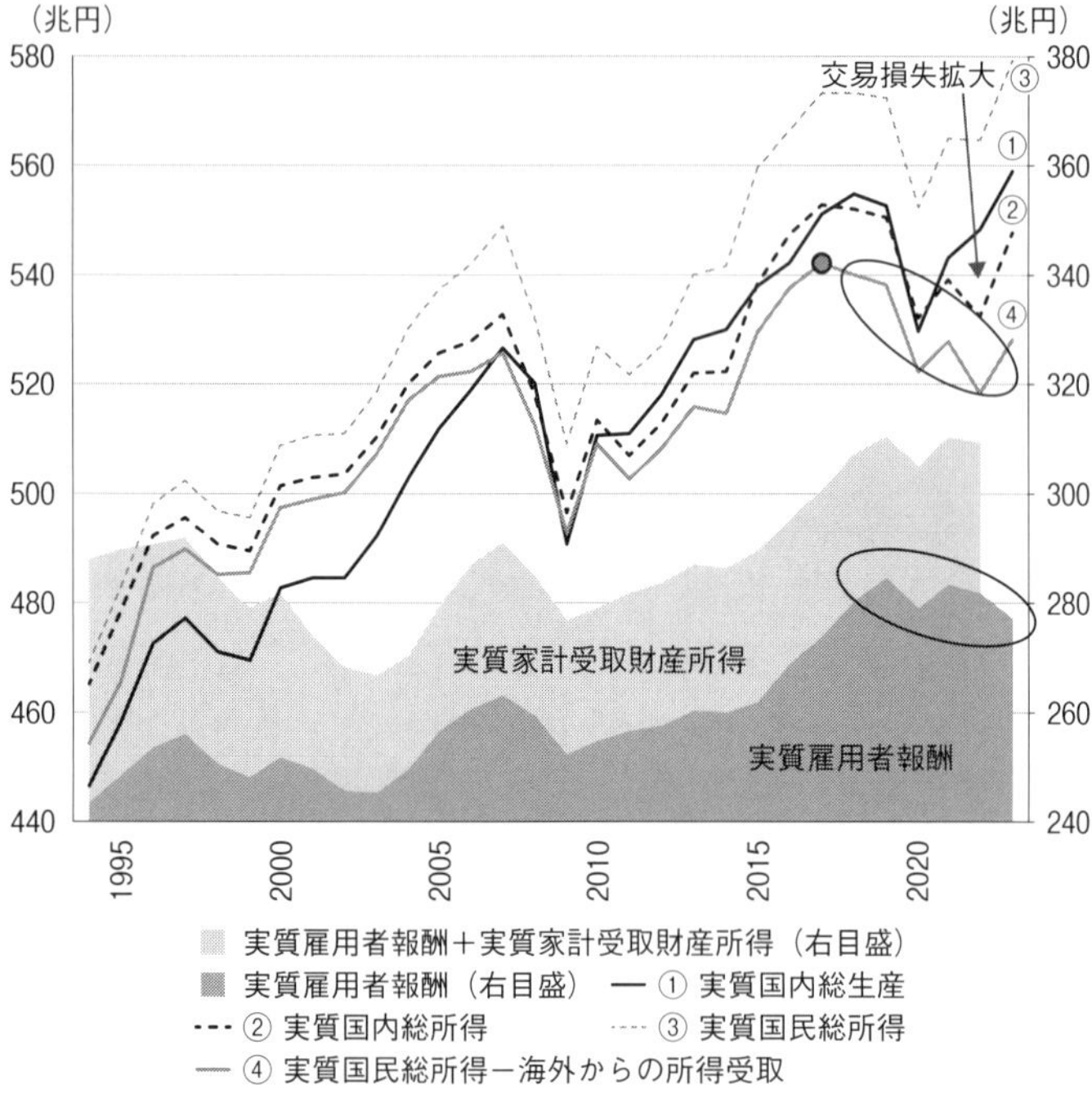

注：①実質国内総生産（実質 GDP）に交易利得・損失を加え、②実質国内総所得（実質 GDI）を推計。2022年の交易損失は16兆円弱。
実質 GDI に「海外からの第１次所得の純受取」（33兆円）を加え、③実質国民総所得（実質 GNI）を推計。
海外からの受取（47兆円）はほとんど国内に環流せず、④「実質国民総所得（実質 GNI）－海外からの受取」（赤線）を計算すると、2017年がピーク。

データ出所：国民経済計算

もともと国民経済計算における企業は、家計と同様に**居住者概念**で集計されており、本社や事業所が領土内に存在しているという意味である。したがってGDPでは株主の構成や国籍を考慮するところまでには至らない。外国人株主の比率が大きくなり企業所得が海外流出している現状では、日本の家計の窮乏化は高まることに注意したい。

さて輸出入と交易条件の関係を検討しよう。

●［4a］輸出数量指数の変化がないことはよく知られているが、**輸入数量指数**もまた変化がない。IMFは為替レート変動に対して経常収支の半弾力性を推定しており、それによれば日本は先進諸国間で最低の0・13であり、為替の変化に対して（少なくとも短期的には）反応はかなり小さい（服部他［2022］）。第5章で鉱物性燃料輸入代金がGDP成長率を左右することを述べるが、80年代や90年代における輸出入GDP比を見ても、輸出比率は10％以下で大きかったわけではない[1]。輸入が少なく純輸出が大きかったわけである。生産基盤回帰を通して輸出増加、輸入減少を図るのではなく、**輸入代金を減らす円高**を考えるべきだ。

●［4b］輸入物価ほど**輸出物価指数**は注目されているわけではない。しかしこの指数はこのところ円

［1］たとえば、脇田［2019］98頁参照。

図4-8　円ベース／契約通貨ベースの輸出物価指数

(円ベースの輸出物価指数総平均/契約通貨ベースの輸出物価指数総平均)-1(右目盛)
— 実勢レート
— 採算円レート（内閣府企業行動に関するアンケート調査）

注：自動車を輸出する場合、現地ドル建て価格を据え置いても、円安で円建て輸出金額は増加し、円高なら減少する。円ベースの指数を契約ベースの指数で割ったものは企業の価格付けの有利不利を表すと思われる。

ベースで上昇率が高く、ドル建てなど契約通貨ベースではより低く推移している（図4-8）。これはドル建てで値上げしなくても円換算での売上が確保できているということを意味し、いわゆるPTM行動（現地市場の状況に基づいた価格付け）を表している。**輸出企業には差益**が存在して、円高「許容度」、耐久力があるということになる。

交易条件悪化を国力低下、不可避のものと立論する向きもあるが、それは金融政策の円安誘導を無視した一面的な見方である。確かに円安には輸入物価高騰のデメリットだけでなく、輸出や海外投資収益がかさ上げされるメリットがある。交易条件の分母である輸入価格は広範囲に影響を及ぼすが、分子である輸出価格はいつかは動くにせよ、特定大企業に影響が集中し企業貯蓄をもたらす。しかしながら

●［5］円建ての**所得収支**の増大は実質ＧＤＩの成長はもたらすが、以下の問題点がある。

・海外投資収益は日本全体で年間20～30兆円なので、円安による海外収益かさ上げ部分を最大限見積もっても10兆円は超えない。

・海外からの要素所得を集計する第一次所得収支は、実は２０１３年の急速な円安で跳ね上がって以来、２０２２年まで横ばいであった。過去に投資した株式の円建て配当金など海外で再投資される傾向が強く、国内には還流していない（第３章）。またこのメリットは帳簿上のものであり、資金が国内に環流しない以上、内需に貢献することは少ない。

円安メリットの行方

以上で述べた円安のメリット・デメリットを企業と家計部門別に考察すると、以下のようにまとめられる。

●**［企業］**円安かさ上げ効果により一部の海外進出企業は高利益となったが、国内には波及しな

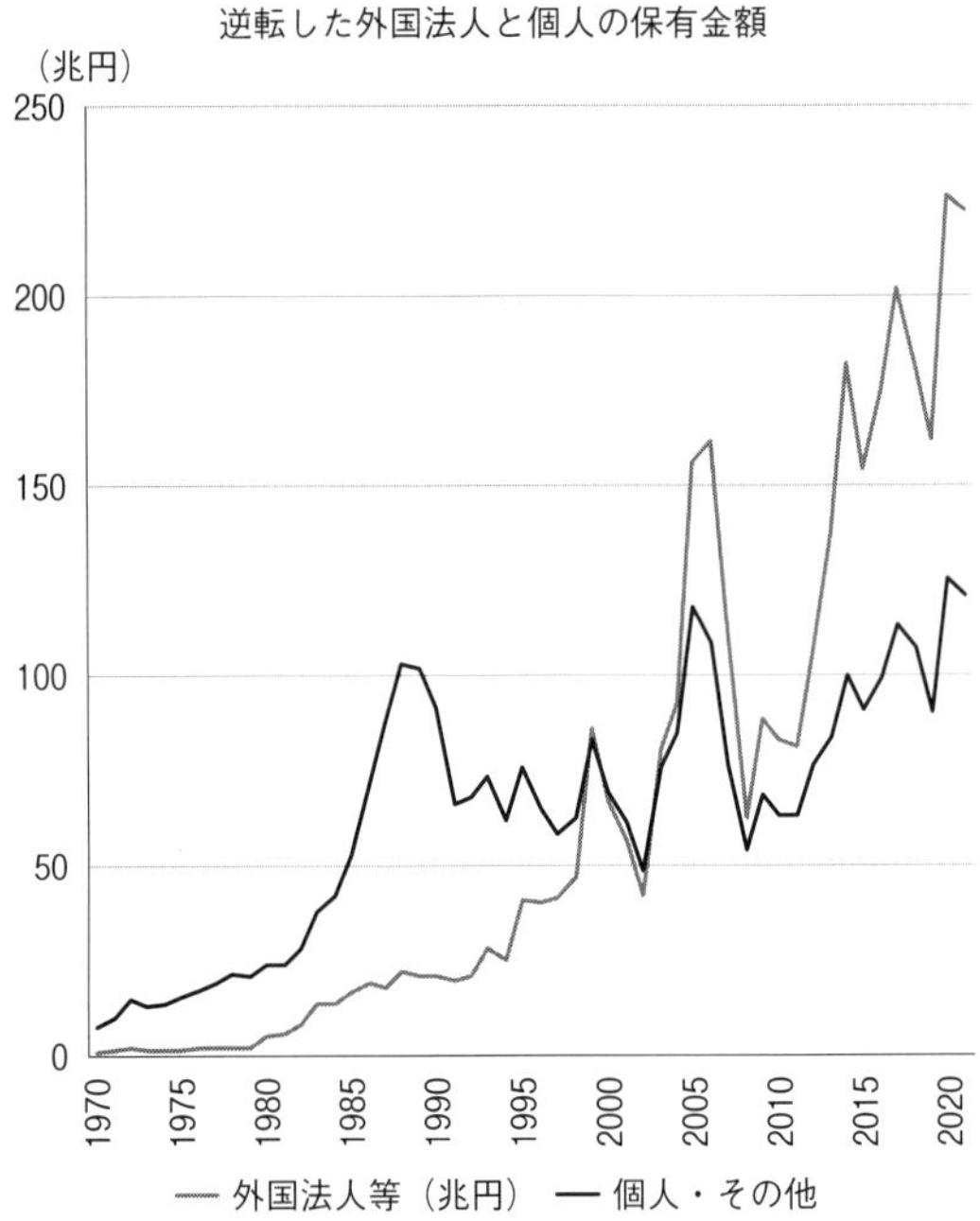

かった。

●［家計］賃上げはわずかであり、株高は株式保有比率の小さい日本の家計にメリットがなく、そもそも円安株高は外国人特定の日本株のバーゲンセール（図4-9）を意味する。

日銀の検証資料では金融政策の効果があることになっているが、どの経路を通って波及したのか、その伝達経路が具体的に

図4-9　円安株高は外国人特定の日本株バーゲンセール

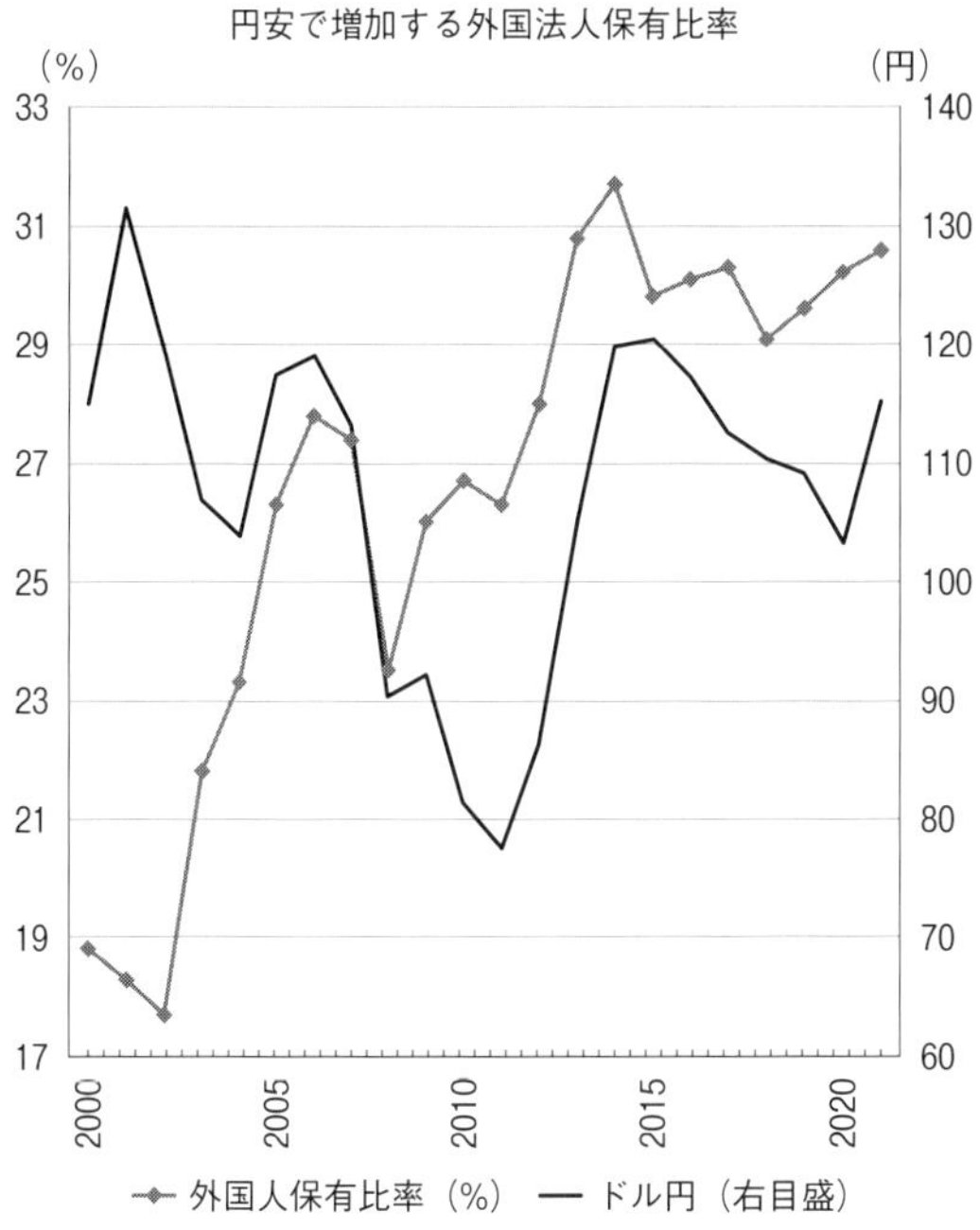

データ出所：日本取引所、日本銀行

はわからない。円安と実質GDPが大まかに連動しているから、金融政策が効果がある、と主張することは望ましくない。

もちろん円安のメリットがないわけではないが、デメリットを上回るとは考えづらい。さらにメリットは特定の海外進出企業に集中し、賃上げでそれら企業で働く労働者に還元されるとしても、それ以上に広がるには時間が必要だ。家計や中小企業の光熱費が上がって困っているのに、一部の企業の海外資産が円安でかさ上げされて帳簿上の利益は大きい、と言われても多くの人々は納得できないだろう。

ただより正確に言うと、教科書的な円安メリットの存在が間違っていたのではなく、以下の日本経済の体質とその変化により、国内にメリットがもたらされなかった側面が強い。

- 家計が株式を購入しないから、株高のメリットが得られない（第6章）
- 企業が、キャピタルロスが大きい海外直接・証券投資を加速していた（第3章）

日銀は教科書通りの金融政策を行っており、そこから以上の2つの点には責任はないという「弁明」は可能かもしれない。しかしより広い立場に立てば、よく知られた日本経済の体質変化に見て見ぬふりをして、実態にそぐわない金融政策を行っていたのが問題だ。

2022年にリフレ派に替わって高田創が日本銀行審議委員に就任した。この人事は政策転換の前兆として話題になったが、高田の民間シンクタンク時代の著書（高田編著［2017］）は、異次元緩和脱出の場合の政府・日銀・金融機関への影響をシミュレーションしている。そこでは家計や企業に対する影響はほとんど書かれていないことがかえって重要である。書きようもなかったことを示しているからだ。

コラム●データ分析の落とし穴●ショック頻発の下でデータはぶつ切りに

大部で難解な既存の計量分析や理論分析が多数存在するのに、なぜ日銀や政府が活用できないのだろうか。第1章で日本経済には10年ごとに大きなショックが加わることで、データが断続的な動きをすることを見た。そしてショックの前後では円安と設備投資の関係のように量的だけでなく質的に変わってしまっている。この状況で統計的な検証を行うことは（回避のための複雑な手法が続々と考案されているとはいえ）、本来的に難しい。

中学校で習う、統計学の基本であるサイコロを振って平均値や確率を確かめる実験を思い出してほしい。単純な実験でも100回ぐらいは振ったのではないか。ところがGDPなどは四半期データであるので、サンプルは年に4つしか、10年でわずか40個しか取れない。実際、第4章で検討した日銀の「点検」における推定手法は、かなりサンプル数が少ないものと言える（外生変数も含めれば自由度不足のかなり単純なものであり、ラグが3の2変数ベクトル自己回帰分析（VAR）といわれるものである）。また2023年12月の多角的レビューにおいても伝達経路を抜いて、ブラックボックスにするために、わざわざ主成分分析という手法を使っている。

実は失業率など他の多くの経済変数の形状は第1章図1-3のデータと同様に、3度のショックに対応してノコギリ刃状の形状をしている。データ期間をどう切り取るかが重要で、リーマンショック後のリバウンド期からコロナショック直前までとすれば、何でもかなり効果はあるように見えるが、ショック直撃期を含めれば効果は消える。結局、どのようにデータ期間を設定するのかに分析結果は依存する側面は強い。これをうまく利用して自説を主張する「有識者」もいるほどだ。

4.5

円安が加速する国内軽視

ここまで円安のデメリットを考察してきた。さらに隠れてデメリットを加速させる影響として、企業内の評価基準の変化があるのではないか、と筆者は考えてきた。いま国内部門と海外部門の両方を持つ多国籍企業があったとしよう。円安は

- 国内から円建てで見れば、海外部門の利益水準は高く、
- 国外からドル建てで見れば、国内部門の利益水準は低くなる

ことを意味している。この結果、円建てでは海外進出部門の社内の比重が高まり、ドル建てでは順位など国際的な日本の相対的地位が下がることになる。生産能力（図4-6）は異次元緩和円安期を通して減少したが、海外移転が円建てで見た収益をかさ上げする側面が国内の経営判断に影響したのではないだろうか。

さらにグローバル展開する日系企業で見れば、会計はドル建てである。この場合、円高のほうがドルベースの収益に寄与すると言える。たとえば日本国内の2022年の四輪車生産台数は784万台

で販売台数は420万台、輸出台数は381万台である（日本自動車工業会HPより）。これに対し日系メーカーの四輪車海外現地生産台数は1696万台（四輪車世界生産台数は8502万台）になっており、ドルで統一した会計が便利である。

原価ギリギリの中小企業の輸出

より詳しく言えば、我が国では伝統的に

- 円高で採算が取れず生産停止に追い込まれ、雇用や**中小企業**に影響があるという状況を念頭に置くことが多い（原価がたとえば100円かかる製品の生産と輸出は90円の円高で生産・輸出不可能、110円で利益）。しかし
- **最適生産地域**を選ぶ場合、国内で国内と海外生産の利益を現在の為替レートで換算すれば、円安では海外生産を選ぶことになる（利益幅が1ドル100円の製品の生産は国内で生産すれば100円の利益だが、円安で110円となれば海外生産の利益幅は10円かさ上げ）。

つまり円安で国内生産にメリットがあるのは原価ギリギリで輸出をしている企業の場合であり、ある程度の利益を上げることが確実な製品生産の地域を国際的に選ぶ場合、必ずしも円安が国内生産に

プラスにならない。

現実にも、アベノミクス期の2012年度末から21年度までの9年間の累計で

- 海外直接投資は累積で160兆円強投資し、残高は137兆円増加（差額はキャピタルロス）
- 海外証券投資は累積で150兆円投資し、残高は270兆円増加（差額はキャピタルゲイン）

であり、企業の内部留保増加に対応する投資有価証券増加幅120兆円などの増加と連動している（第3章）。円高なら安く海外企業が買収できると考えがちだが、現実に起こったことは逆であり、円安下で海外直接投資が増加し（しかも収益率は海外証券投資より低く）、国内への投資が鈍ったのであった。

製造業縮小を前提に

資金が潤沢な企業が国内で投資をしない理由は、国内の需要がないからだ。需要がない理由は家計の所得が不充分だからだ。ただし国内の需要が飽和していても製造業は輸出ができる。先の図4-5で示したように、非製造業の投資と国内消費は相関するが、製造業の投資と輸出は相関しなくなってきた。資金供給も円安も製造業の設備は伸ばさなかった。ところがもう一方で日本企業の利益も株価

も騰がっており、若年層を中心に構造的な人手不足が今後続くと考えられる。
このような製造業縮小にはこれまで2つの要因が指摘されている。

［a］消費市場に近いところへ生産基盤を移し、そこで海外現地生産を行ったとする**最適地域選択要因**
［b］人口減少や生産性上昇率の低下から、**潜在成長率**が下がったとする実物国内要因

筆者は［a］の海外直接投資・最適地域選択説が正しく、白川方明元日銀総裁時代からの説明である［b］は大まかすぎると考えている。国力が減退して投資が進まないなら、非製造業においても同じく投資が進まないはずだが、図4-5が示すように非製造業の設備投資は消費需要に明確に反応して増加しているのである。また交易条件悪化は金融緩和と円安の結果であり、国力低下、生産性低下を表すという考え方には賛成できない。これではなぜ利益や株価が好調なのか説明できないからである。

筆者の意見は既に移行した現地生産基盤はやむを得ないので、それを前提として新しい産業・商品の準備を考えるべきではないか、というものだ。超金融緩和路線の背景にある「資金供給で設備投資を刺激する」、「円安にして輸出を増やす」、「製造基盤の国内回帰を果たす」、という**「ものづくり国家」の勝利の方程式**はあまりに一本調子だ。既存製品でもう一度勝利を目指すことが可能なのか、犠牲は大きすぎないか、考える必要がある。円安で生産基盤国内回帰を果たしたとして報道される企業

は、家電I社が多く、意図的な宣伝としてやっているとしか思えない。

このように端的に書けば、それは今さら無理だ、と多くの人が経営現場で考えるだろう。しかしマクロ経済政策を抽象的に議論する場では、具体的に政策が何を意味するか、何を目的にしているのかを理解せずに話が進んでいることが多い。

4.6 抜け出せない「ぬるま湯」だったインフレ目標

金融政策正常化のタイミングを決定する場合、製造業の国内回帰が難しい以上、インフレ目標が達成される可能性はあったのだろうか。本章で平時の場合を、次章で現在の激動期に即して考えよう。

インフレ目標は達成されるのか

インフレになる理由は**需給と信用**に3分できる。

［1：**信用**］貨幣の信用毀損に基づく**ハイパーインフレーション**
［2：**需要**］**デマンドプル・インフレーション**（消費加熱・賃金高）

［3：供給］コストプッシュ・インフレーション（資源高・賃金高）

まず**貨幣の信用毀損**を自らが招いてインフレを促進するMMTのような政策は当然望ましくない（第1章コラム参照）。

物価賃金スパイラルと日本型フィリップス曲線

次に自国の需要過熱による**デマンドプル・インフレーション**はどうだろうか。これは永年生じていないし、異次元緩和以前より予想されたことである（脇田［2014］）。物価版フィリップス曲線を念頭に置いて説明すると、かなりのところまで失業率は下がってきたものの、大きなインフレは生じなかった（図4-10）。その理由は正規労働者の賃金が上がらなかったことに加えて、現在の日本経済は**低賃金・短時間労働者数が増加**しているためである（第1章図1-9）。就業者数は増えたが、就業者一人当たりの労働時間は減ったため、総労働時間（就業者数×労働時間）は横ばいで、所得は消費に回らず（家計調査）需要超過にはなかなか至らない。賃金版フィリップス曲線は比較的、良好に計測されるので問題は物価と賃金の間にある。また厚生労働省の外国人雇用状況の届出制度における登録者数（2021年10月で173万人）は21年度の失業者数（188万人）に匹敵するため、かなりインフレ圧力は緩和されている。

図4-10　時系列で見たオークンの法則とフィリップス曲線

(a) 2003年ごろ変化する（もともとの）オークンの法則：大きく反応する失業率

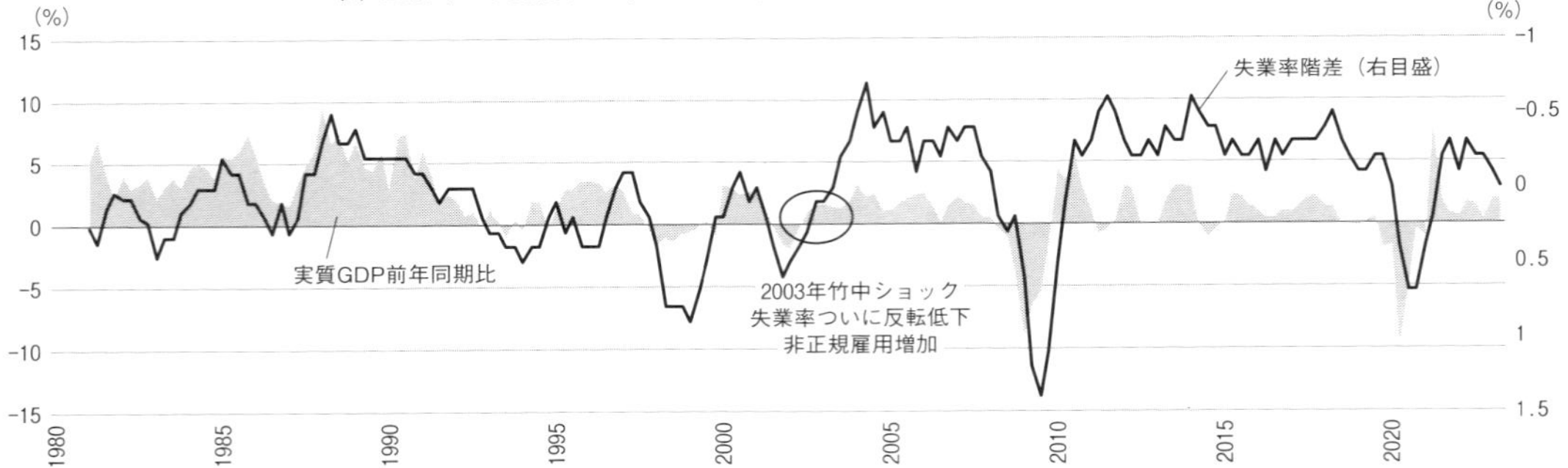

(b) 2003年ごろ変化する（時系列で見た）フィリップス曲線: 反応しなくなったインフレ率

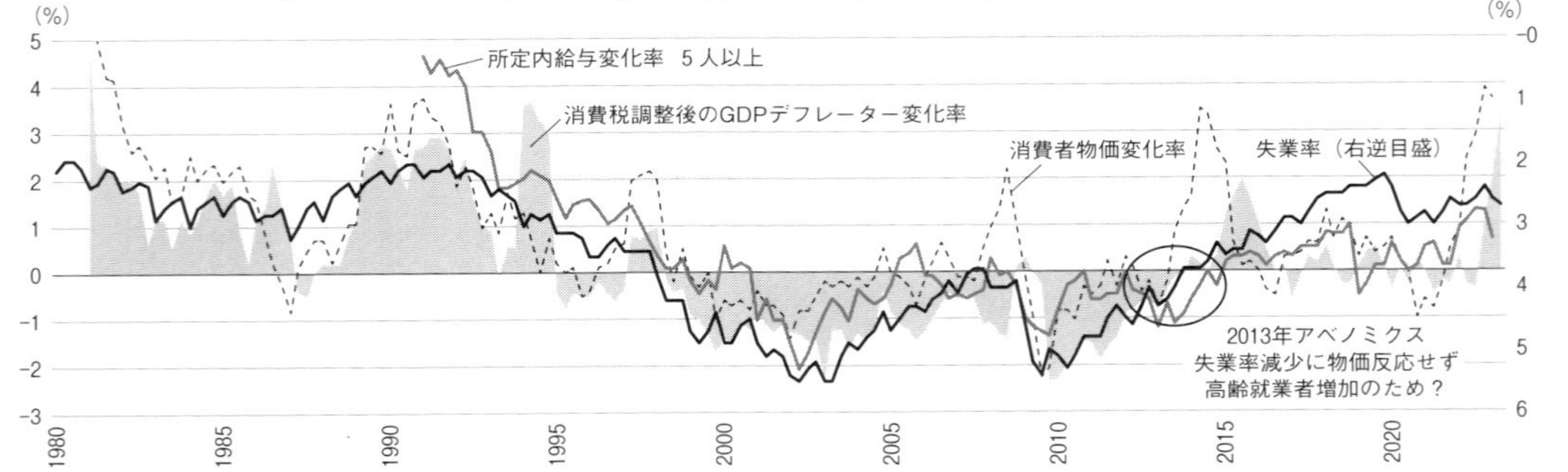

データ出所：国民経済計算、総務省

このような労働者の構成の変化はマクロ経済の経験法則にも影響を及ぼしている（図4-10）。**オークンの法則**において実質GDPのわずかな変化にも2003年以降、失業率は敏感に反応するようになった。実質GDPと失業率はきれいに連動しているのである。一方、**フィリップス曲線**は2013年以降、失業率4％割れにもかかわらずインフレは上がっていないものの、形状は右下がりで成立している。しかし日本では超金融緩和により、フィリップス曲線上を行き来して、当局がマクロ経済をコントロールできるわけではない。米国当局が金融引き締めを行えば現実にデータは変動する。だからモデルが実用に耐えるのであって、日本のようにいつか変数が動くという考え方ではすぐに10年経ってしまい、有効な政策とは言えない。

世界的デマンドプルの日本のコストプッシュ・インフレ

そこで、残る可能性はコストプッシュ・インフレーションである。本章4.1節の議論とも関連するが、日本経済にとってはまず以下の2つを区別したほうがよい。

- 世界経済の拡大に伴って**世界的デマンドプル**で資源高などが生じ、一次産品輸入国である日本にとって輸入インフレであるコストプッシュ・インフレが生じる時期（グレートモデレーション期など）

● 資源高などが産出国の都合で一方的に生じ、**世界的コストプッシュ**・インフレが日本のコストプッシュ・インフレをもたらす時期（70年代の石油危機や今時のウクライナ侵攻などスタグフレーション期）

まず前者から考える。2％のインフレ目標は米国FRBとユーロ圏が掲げているので、目標を下ろせば急激な円高になると言われていた。しかしこの2％インフレ目標と、これまで経験的に得られている日米インフレ率や名目金利の格差2％と組み合わせて考えてみよう。

● 世界景気や世界インフレ率は**連動**しており、資源価格高騰時には米国がインフレの時は日本も小さめではあるがインフレである[2]。
● この連動は世界経済全体の資源への**需要**圧力により生じている。
● ところが米国がインフレ2％に達して、引き締めにかかるとき、日本はやっとインフレ率がプラスになったにすぎない（日本は産出量当たりエネルギー消費量が少ない）。
● 米国引き締めの結果、世界景気は暗転して日本のインフレ率は2％にはとうてい達し得ない。

つまり日本銀行の2％インフレ目標は世界的なコストプッシュが生じても、実は安定的な2％日米インフレ率格差のもとで、永久に2％インフレに達しないはずであった。異次元緩和時は言わば**「ぬ**

る**ま湯」状況**にあった。ところが大きく状況が変わったのが現在であり、次章で検討する。

4.7 構造改革が生んだリフレ派

円安のメリットはなく、平時にはインフレ目標達成の可能性もほとんどなかった。それではなぜこのような政策がとられたのだろうか。黒田日銀の支持母体であった「**リフレ派**」の政治的社会的影響なくしては考えにくい。もともとリフレ派は上から目線の「**構造改革派**」と対立し、いわゆる左派に人気があったが、結局その円安政策は**家計にしわ寄せ**をすることになった。リフレ派は紙幣を刷ればすべて問題解決と考える**ポピュリズム**と見なされてきたが、現実の結果はもっと好ましくない。円安で海外進出企業の利益を計算上かさ上げするために家計を圧迫しているのである。また家計の我慢は一時的であり、（高度成長期の人為的低金利政策のように）最終的に製造基盤が国内回帰して報われればよいという**パターナリスティック**な考えは当初はできなくもなかったが、実際には報われることなく経済は停滞し続けた。その**政策は最終的に失敗**と言わざるを得ない。

［2］ 脇田［2019］図8-5を参照。

日本経済はバブル崩壊と不良債権問題を小泉構造改革で最終処理した。そのなかで主導イデオロギーとなったのはリストラ中心の**構造改革派**であった。バブル生成や崩壊過程の責任には目をつぶり、**成果主義**の名で整理を断行したのである。不良債権処理は当時においては必要な作業ではあったが、縮小均衡一辺倒の考え方に異議を唱え、反対論の受け皿になったのが（不幸なことに）**リフレ派**であった。日本銀行の金融緩和が足らないため、マクロ経済が縮小している、とするその教義は事実に基づかないと筆者は考えてきたが、もともと日銀が悪かったという（バブル生成期を考えれば必ずしも間違いではない）主張は一部で熱狂的支持を集め、政治家を動かし、国際金融畑の総裁を戴いた日銀体制に至った。

ただリフレ派が間違っていたからと言って、リストラと増税一辺倒の構造改革派の**緊縮路線**が正しかったとは言えない。多くの構造改革派は「合成の誤謬」をもたらすマクロ経済の循環不全を見過ごしたり、あるいは見て見ぬ振りをして、**企業貯蓄**の問題をリストラという誤った処方箋で解決しようとしていたにすぎない。また財政出動の要求をそらすために、金融緩和を唱えて「庭先をきれいにした」という側面も官庁出身のエコノミストにはあるように思われる。

大多数の家計はバブルと不良債権生成に責任や知識があるわけではなく、言わば理不尽なマクロ経済の変動に経緯の説明抜きに直面し、不良債権処理でも成果主義の名で労働者はしわ寄せを受けた。何かおかしい、何か隠していると思うのが当然ではないだろうか。筆者は**構造改革一辺倒の政策が、かえって鬼子としてリフレ派を生んだ**と考えている。

日銀は**中央銀行の独立性**を逆手に取られて、審議委員を政府から次々と送り込まれ、内部はリフレ派の植民地となった。岸田内閣以後、さすがに体制は一新されつつあったが、一度死んで生まれ変わるところまでには達せず大失敗となったのである。

ニューケインジアンを極端にするとリフレ派になる

なお白川体制と黒田体制で金融政策に対する態度は180度変わるように、思われたり書かれたりする傾向が強い。しかし筆者の意見はそうではなく、黒田体制は白川体制の延長線上にある極端なものと考えている。白川元総裁は世界的な経済学の潮流に敏感であり、日本銀行のスタッフ自体も高度な研究を行っている。しかしそれがかえって日本の抱える問題から目をそらせることにつながった。世界標準の考え方はインフレになるまで金利を下げて景気浮揚を図り、インフレになれば引き締める、という米国FRBやニューケインジアン経済学であるからだ。このニューケインジアンを極端にすると、バズーカをぶっぱなせ、2倍2倍で行け、というリフレ派になる。本書を通して強調したように、日本のかかった病気は貨幣数量やインフレといった平均**数量の**問題ではなく、企業の貯蓄が政府や海外に流れる**方向性の**問題だからだ。以前にある評論家はリフレ派の考え方は詰まった水道管に大量の水を流して、ゴミの目詰まりを取る、と表現したが、大量の水は企業貯蓄という穴から横にそれてしまうので流れないのである。

世界標準であったはずの考え方が、インフレを引き下げるべきインフレ目標政策を逆に引き上げる方法として使われ、避けるべき賃金物価の悪循環を好循環と言い出すまで、わずか10年しかかからなかった。

日銀はうまく曲がれない

もともと日本銀行は日本経済の曲がり角である以下の時期に大失策を行った。

- 高度成長期の終焉と石油危機時（1973、74年）の**大インフレーション**であり、
- **バブル期**と**不良債権生成**である。

来たるべき危機を予測し、予防的に貨幣量を増加させたものの、石油危機時をきっかけとして**大インフレ**を招き、プラザ合意後には円高不況を恐れて**バブル**を招いた。バブル期には国際協調の美名から利上げが遅れ、それを挽回するためにあわてて行った急速な利上げは巨額の**不良債権**をもたらした。運転資金・設備投資資金を提供していたはずが、投機資金を提供してしまい、その後には投機資金を回収するはずが運転資金・設備投資資金まで回収してしまったのである。

このような失敗の理由は、少しずつ変わらなくてはいけなかったのに、無理に現状の枠組みや秩序

を維持しようという力が内部で働くからだ。黒田体制は10年続き、同質的な思考の下で、(リフレ派に追随してきた)自分たちに都合のいい議論ばかりを行っていたのではないか。今時、石油価格高騰や国際協調によるウクライナ支援など不穏な言葉が飛び交うなか、インフレ目標など既存の枠組みを維持しようとして、失敗が繰り返されたのである。

コラム●モデル早わかり●信長と秀吉の「茶の湯」金融政策

織田信長が茶の湯を奨励し、茶道具を領地や恩賞の代わりに秀吉など部下に与えたことは「茶の湯御政道」としてよく知られている。経済学のバブルの定義は価値の裏付けのないものであるが、貨幣をバブル的資産と見なすことも多い(呑み込みにくい点ではある)。信長が権力をもって、茶器を資産とするならば、貨幣を自ら発行してシニョレッジ(貨幣発行特権)を享受したようなものだ。こう考えると、秀吉が千利休に切腹を命じた理由に新たな経済学的解釈を付け加えることもできるかも知れない。秀吉のあげた利休の罪状には、利休が茶器の値付けを恣意的に行ったというものがあるが、茶の湯経済圏において利休は中央銀行総裁の役割を果たし、貨幣価値を左右して独裁者秀吉の怒りをかったとみることもできる。

通常の言葉遣いでは、金ピカの茶室を好んだ秀吉はバブル的であり、朝鮮の雑器で侘び茶を好んだ利休は「清貧」かも知れない。しかし経済学的に言えば、錬金術師よろしく雑器を高価な茶器として売りつける利休のほうがバブル的なのである。

蛇足　石高制が世界最古の先物市場を生んだ

世界最古の商品先物市場は江戸時代の大坂堂島米市場だ。だからと言ってコメ先物市場を現代の大阪に復活させる試みが成功するとは限らない。何万石のお大名と言われるように、江戸時代は言うまでもなく石高制であり、武士の俸給は米の数量で測られていた。もし給料が米で支払われていたらと想像してみてほしい。かさばる米で日常品を購入したりはできない。必然的に米の引換券が発達することになる。また生活が苦しく米が実るまで待てない状況はどうか。青田刈りや予約が必要となってくる。つまり先物予約が必要となり、そしてそれを交換する市場が出現する。必要は発明の母なのである。

［第5章］

円高阻止から円「防衛」へ：微害微益の終了

「しかし星よ、あまりにもきみの生きかた、ものの考えかたは、すべてかゼロか極端にかたよりすぎとるぞ！」

梶原一騎・川崎のぼる『巨人の星』

5.1

金融危機の前にエネルギー危機が来た

崩れた平時の関係

第4章では安定期の金融政策と為替レートの関係をまとめてきた。事実上の円安誘導を続けるのか、という政策課題に対し、コロナ禍以前までの黒田日銀の対応は

- 円安メリットは既に消失しつつあったものの（海外生産増大・進出企業の利益還流せず・残るメリットは株価に反映）
- 米国FRBが世界インフレを制御した状態で、超緩和政策は脱却しにくい「ぬるま湯状態」と
- 国債保有や名目金利をバズーカ的に大きく動かさないと為替レートは動かないという政策手段の事情の下で、漫然と継続した

とまとめられる。

ところが第4章図4-1からも明らかなように、コロナ禍後の米国インフレとロシアのウクライナ

侵攻で状況が変わってきた。今後は資源高のため、世界的**スタグフレーション**の可能性も考えなくてはならない。

コロナ禍とウクライナ侵攻：後始末どころかショックを増幅

輸入インフレ勃発の2022年度に日銀がインフレを放置し金融緩和を続けた理由は、以下の3点となる。

［1］従来からの**インフレ目標堅持**やアベノミクス推進派のメンツを守る。
［2］**金融危機の再来**に備えたが、まず**エネルギー危機**が生じてしまった。
［3］**危機時の円高**に備えたが、逆に**超円安**が生じてしまった。

過去の危機（石油危機・98年の金融危機・リーマン危機）と比較して、［2］と［3］のポイントが重要である。リーマンショック後にはその後始末のために、財政危機である**ギリシャ危機**が生じた。コロナショックの後始末に財政を使い、その財政の後始末にさらなるショックが生じたわけである。コロナ禍の終了後には世界経済の言わば「入院費用」が必要であり、それを巡って途上国などで**金融・通貨危機**などが生じると筆者も含め多くは予想していたが、今回はそれより悪かった。コロナ禍終了以前にロシアのウクライナ侵攻が生じて、**エネルギー・食糧危機**が先に生じることとなったのである。

コロナ禍が厳しかったユーロ圏ではドイツが経済力を生かして、たとえば第2次世界大戦後の米国マーシャル・プランのように鎮火と後始末を率先することが必要であったはずだ。ところがロシアのウクライナ侵攻によりドイツがエネルギー危機に直面してしまった。**消防署が火事**という状況である。欧州各国はさらに困窮することは明らかであるから、ロシアの粘り勝ちという状況である。この後、戦争の後始末が始まれば欧州は経済危機に直面し、それを乗り切れるのかどうか、威勢のよい欧米側戦争報道からは明らかではない。また経済的に伸びしろが大きくエッセンシャルな財である食料・エネルギーの輸出国であるグローバルサウスの国々とG7など老大国の対立は、今後前者が優位に立つ可能性が高い、ということは充分に念頭に置いておきたい。

この世界大戦前夜とも言うべき現在の緊張状態がどの程度続くのかという問題は、筆者には手に余る。ただしこれまでの経済危機は、以下の2例のように選挙民の反対を恐れるあまり有効な救済政策を取れなくなって政府が進退窮まり、長引いたことは認識しておきたい。

- 日本の不良債権問題：バブル崩壊後、当時の宮澤喜一総理は銀行への公的資金注入の必要性を理解していた。
- リーマンショック：不振投資銀行の救済の必要性を、米国首脳はもともと理解していた。

石油エネルギー危機の復活と内閣支持率の低下

２０２２年のエネルギー価格高騰と円安は石油危機並みのインパクトをＧＤＰに与えた。原油など鉱物性燃料輸入以外の部分を抜き出して計算すると、２０２２年の日本経済の名目成長率は４％に達していた（図５-１）。しかし**燃料輸入価格高騰を円安が加速し、**コロナ禍後の本来続くべき**リバウンド的成長を失速**させ、２０２２年の成長率は２％に留まったのである。

この点から現在の低成長当然視に疑問がある。適切な政策対応がなされたなら４％成長が可能だったのに、無謀な金融政策継続のため、原油代などＧＤＰ比２％もの10兆円を余分に他国に支払ってしまったことで成長の果実を失った、という認識が必要だ。

ＧＤＰのマイナス要因となる貿易赤字は原油価格と密接に関連しており、円安を放置すれば貿易赤字と為替がスパイラル的に悪化する可能性がある。賃金と物価の好循環どころではない。円安と貿易赤字の悪循環なのである。このためかつての70年代のようにエネルギー価格と経済成長、そして為替レートや金融政策との関連に関心を払う必要がある。

１９７０年代は石油危機、２０００年代前後は金融危機の年代と見ることができる。コロナ禍のもとでのウクライナ戦争は日本にとっては**石油危機の再来**であって、エネルギー価格高騰の影響を官民で遮断しなくてはならないはずだった。ところが２０００年代を中心に頻発した金融危機（１９９８

図5-1　鉱物性燃料輸入額の名目GDP比と成長率

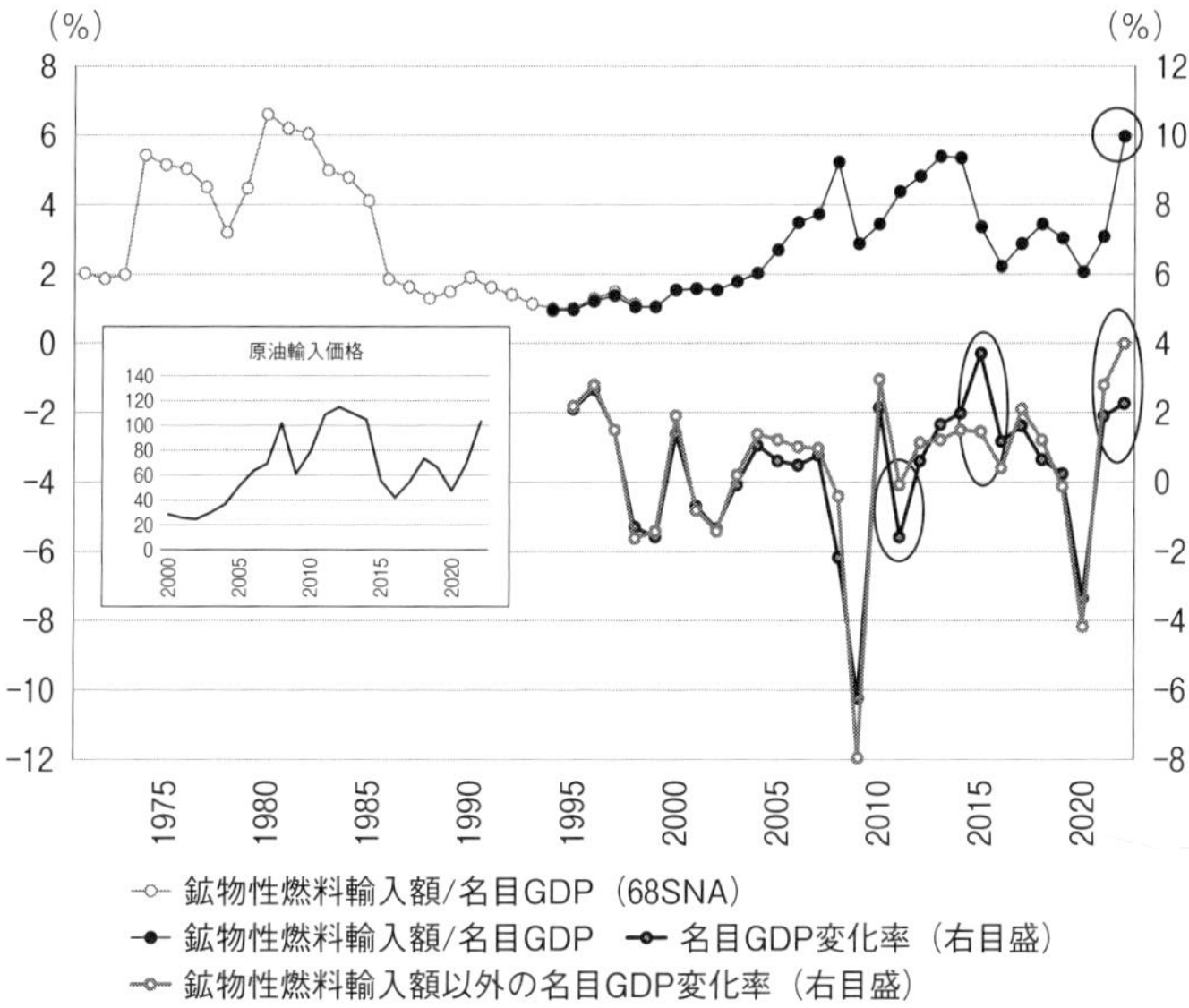

注：2022年の燃料輸入額の名目 GDP 比は第 2 次石油危機時に次ぐ5.96% に達した。また前年からの変動幅も 3 % 近く、第 1 次石油危機並みである。この比はほとんどが原油輸入価格の変動によるものである。2000年代より、燃料輸入額の変動に名目 GDP 変化率が大きく影響されている。2015年には燃料輸入額減少により名目 GDP 変化率が大きく増大したが、2022年には燃料輸入額増大により名目 GDP 変化率は 2 % 近く大きく減少した。大まかに言って原油輸入価格20円の下落で名目 GDP は 1 %上昇する。
データ出所：国民経済計算、JETRO

年、2000年、2003年、2008年。図5‐4も参照）対応の金融緩和を日銀が続けたことが裏目に出た。**五度目の正直**（短い時期なのでグラフでは表れないが東日本大震災時も含めれば六度目）で流動性危機と危機時の急激な円高を克服したが、それはかえって円安と物価高をもたらして家計に犠牲を強いるものだった。

岸田内閣の支持率低下はマイナンバーの不手際や減税政策の不評、そして裏金問題のスキャンダルにあると報道されるものの、背後には物価高騰と実質賃金低下への不満がある。かねてより賃上げを推奨してきた筆者のような立場からは残念だが、2022年の輸入インフレを事実上放置し、賃上げ推進一本槍の政策には無理があった。やはり一種の**采配ミス**と言うべきであろう。

繰り返す怖れのある円安方向の輸入インフレとエネルギー危機

今回生じたエネルギー危機に伴う輸入インフレは、今後も繰り返されるだろう。以下の3点に即して注意が必要である。

［1：**円安**］**危機時の円高と円安による製造業国内回帰の終焉**

［2：**資源高**］**米国の原油輸出国化**は今後も資源高ドル高円安をもたらすだろう。過去に何度も生じた原油価格高騰はエネルギー消費量の相対的に大きい米国景気悪化を招き、米国金利引き下げからドル安円高を招いたという傾向があった。ところが米国はシェール革命で2018年には原油輸出国に転換し、純輸出国になろうとしている。ドル安円高が打ち消すこれまでの傾向が逆転し、今年は緩和的な金融政策から円安が逆に資源高を増幅した。

［3：**高金利ドル高**］米国の高金利はインフレ抑制のためであり、インフレは米国内の構造的な人手不足と住居費高に起因すると指摘されている。

本章末尾でもう一度議論するが、近年の消費者物価指数の上昇はほとんどの場合で輸入インフレによるコストプッシュが先行している。今後は輸入インフレを遮断するためにも「**円防衛**」の発想が必要だ。そのためには石油危機を増幅した金融緩和として、2022年度の経験を記憶する必要があるだろう。

5.2 潤沢な運転資金供給がレパトリ円高を阻止した

ボトルネック克服が裏目に：需給ギャップとフィリップス曲線

これまで金融危機など大きな経済激動期には急激な円高が生じていたが、今回は生じていない。それはなぜだろうか。企業へ多くの項目のアンケート調査を行っている日銀短観を見ると、マクロ経済で何が**ボトルネック**になっているかが理解できる（図5-2）。

過去のショック時は広範な金融危機が生じ、企業は流動性危機に見舞われた。日銀短観の「資金繰り」・「銀行の貸出態度」は負となって、**海外からの資金環流（レパトリエーション）**が生じる。同時に円キャリー取引の巻き戻しが広範囲に起こって、ダブルパンチと言うべき「**危機時の円高**」が毎回生じた（図5-3）。ところがコロナ禍後の今時には企業の運転資金が潤沢なため資金環流が生じなか

図5-2　資金繰りを克服し成長のボトルネックは労働

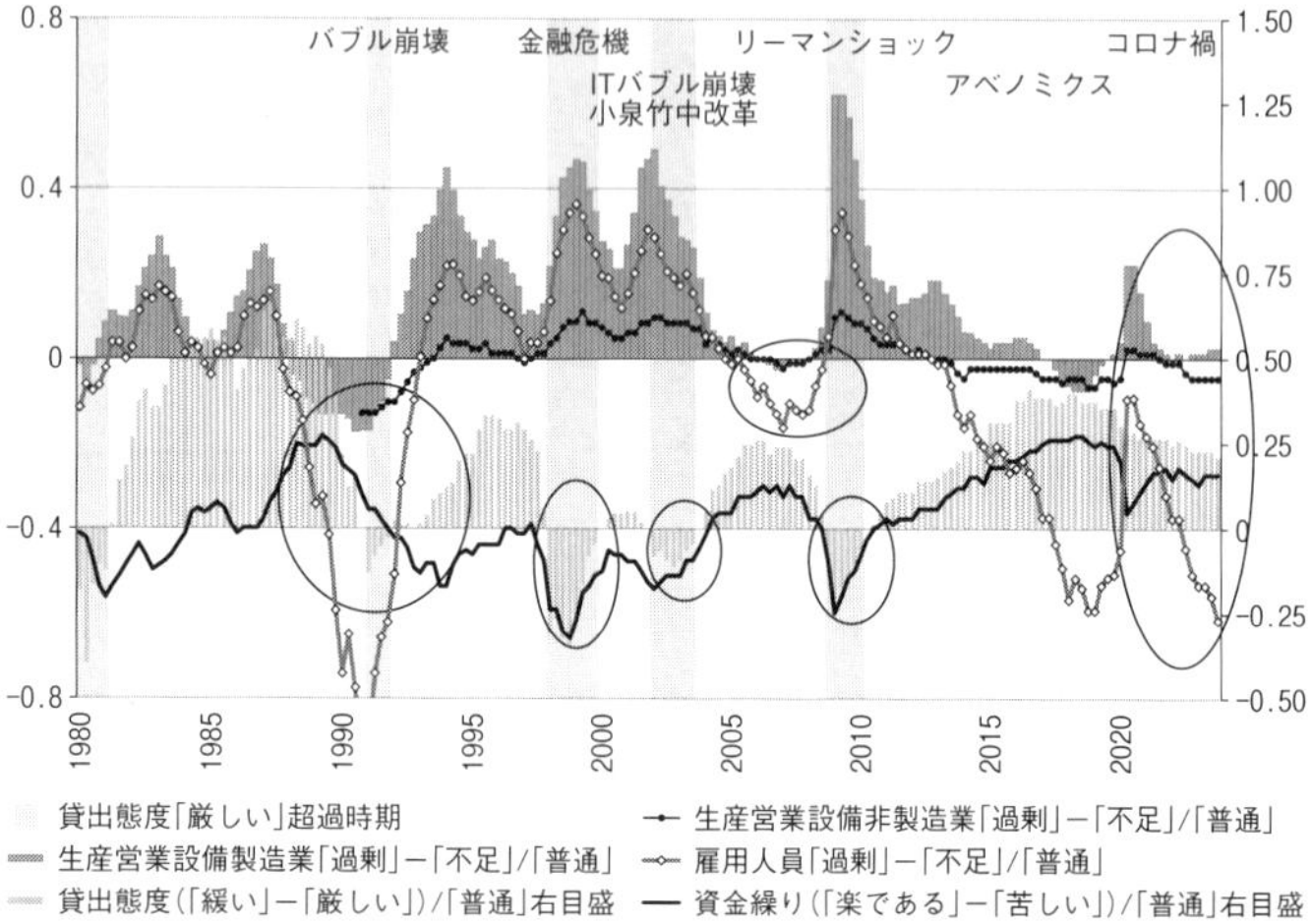

注：ほとんどの時期で「設備」は過剰。金融危機時以外は「金融機関貸出態度」は緩い。これまで「資金繰り」は楽。レオンチェフ生産関数で考えると、ボトルネックは人材であり資金繰りや設備不足ではない。
リーマンショック時は貸出態度は厳しいが、コロナショック時はそうではない。好況期の人手不足観は激しいが、設備不足観はそうではない。
データ出所：日本銀行

った。かえって金融緩和継続による円安が家計消費への打撃を増幅した。実際、リーマンショック期は円高となったため、輸出や生産は打撃を受けたが、消費は実は堅調であった（図5-4）。

なお2023年7月5日に日銀が発表した**需給ギャップ**は総合（労働と資本の加重平均）でマイナスである。労働はプラスだが、資本の大きなマイナスが打ち消している。設備はフル稼働未満だが人手は足りないという結果となっている。短観の設備や雇用水準判断を見てもこの状況は続いており、機械で代替はできないから、第1章でも述べたが、金融政策では解決不可能な若年層の人手不足の状態になっていると解釈できる。何が生産にボトルネッ

図5-3　なぜコロナ禍で円高は生じなかったか

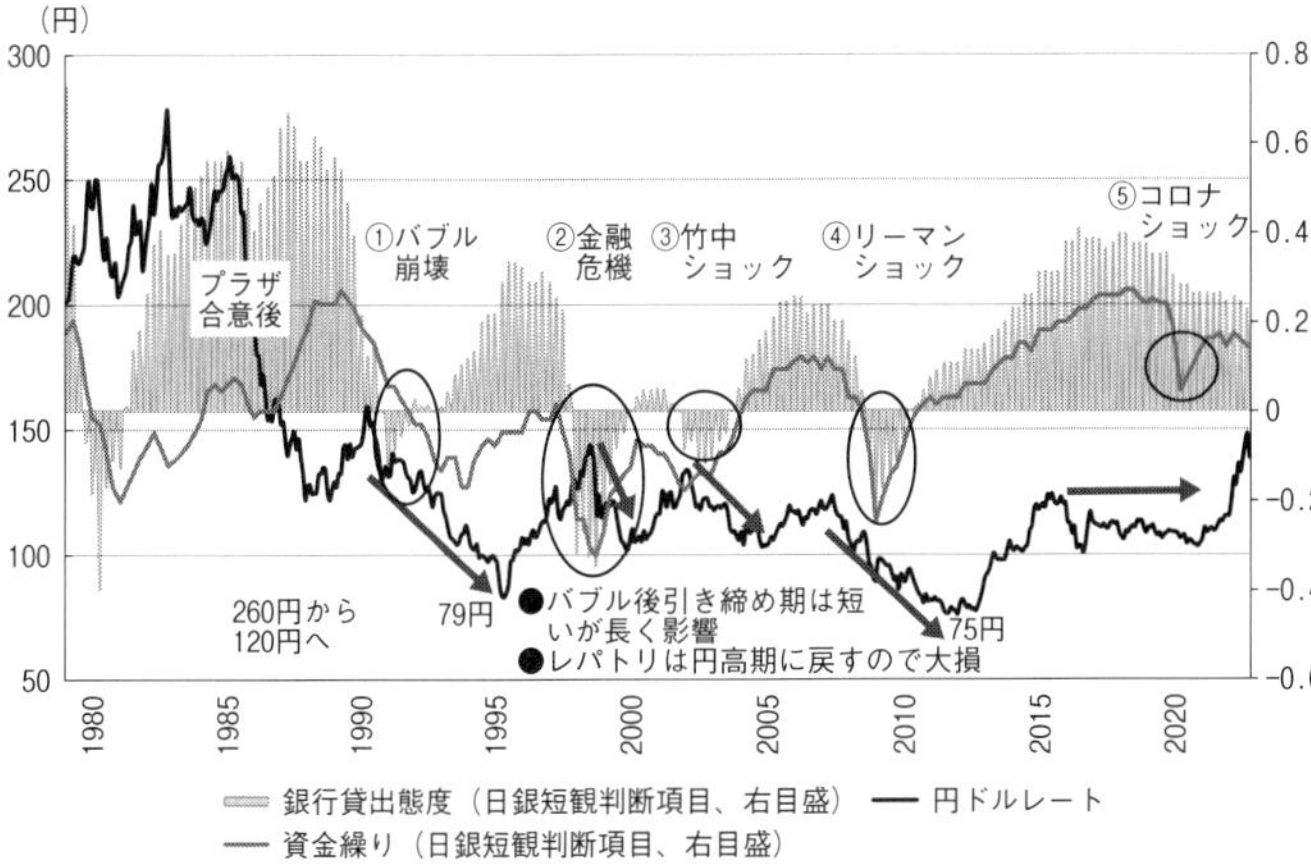

注：日銀短観に銀行貸出態度や資金繰り項目と為替レートを合わせてみた。流動性危機時には資金繰り不安から海外に投資していた資金が還流（レパトリエーション）して、円高を招いた（①〜④）が、コロナ禍時（⑤）はそうではない（これがかえって円安物価高を招いた）。
データ出所：日本銀行

クか、という観点から、人手不足のプラスを重視すべきではある。

日本銀行は従来より物価と失業率の関係を表すフィリップス曲線を使わず、独自の計算に基づいた**需給ギャップ**を判断材料としており、そのなかで２０１７年以降、景気循環ごとにトレンドが異なるという計算手順が導入されている。日本経済には失業率が４％を割ると物価上昇が始まるというきれいな関係があるのに、それを需給ギャップとして使わない理由は、異次元緩和開始時の２０１３年には既に失業率は４％近くになっており、そこから一直線に低下した。それでは消費者物価とは全く相関がなくさらなる金融緩和の必要性が主張できないためと思われる（図４-10）。２０１４年には官製春闘が始まったように、失業率

図5-4　ショックと実質GDP需要項目

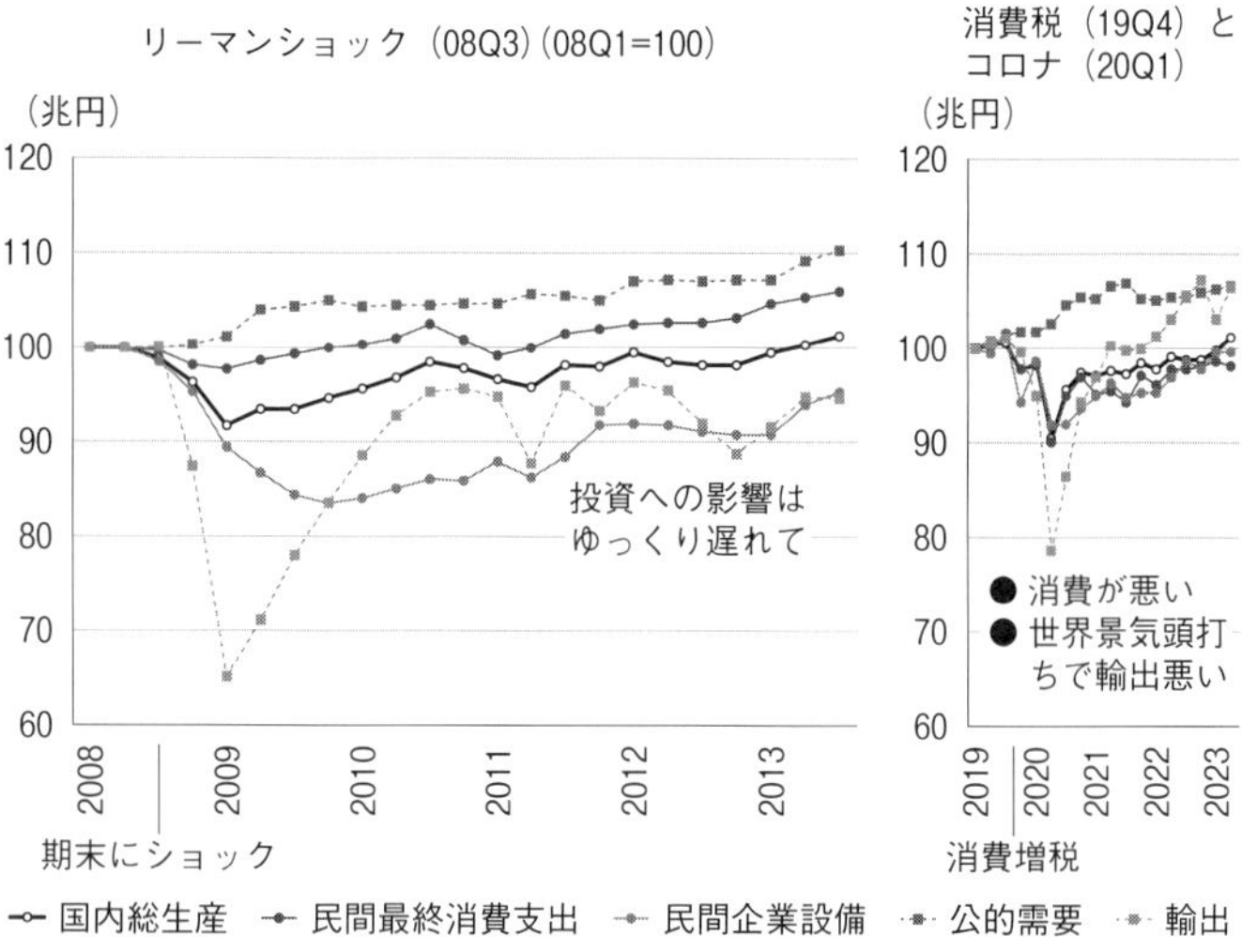

データ出所：国民経済計算

は充分下がったという金融緩和への抵抗も可能だったはずだ（脇田［２０１４］）。

銀行貸出は伸びたのか

金融緩和策が**銀行貸出**を増加させている、と日本銀行関係者が時に説明することがある（２０２３年11月の多角的レビューでもそう説明された）。２０２３年６月１日付『日本経済新聞』の記事によれば

「日銀がマイナス金利の銀行経営への影響を推し量るため、注視していた指標がある。銀行の融資残高の変動率だ。仮に融資が減り始めれば、収益が悪化した銀行がリスクをとれなくなった証左となる。だが、実際

には融資は増え続けた。ある日銀関係者は「結局、金利は（緩和効果を副作用が上回る）リバーサルレートの水準までは下がらなかった」と総括する。」

しかしこの説明には以下の問題がある。

［1］資金循環統計で見て、確かに**グロス**の銀行貸出量（預金取扱機関の貸出）は日銀の国債買い取りにつれて増加しているように見える（図5-5（a））。しかし銀行間の相互貸出（預金取扱機関の負債）を引いて、**ネット**の貸出量を見ると横ばいである（図5-5（b））。

なお日銀発表の資金循環参考図表の部門別の金融機関の金融資産・負債残高はグロスで記述されており、かつ〝バランス〟していない。図表は〝イメージ〟と但し書きがあるなど、どのように整理されているのか疑問が大きい。資金循環統計全体として提示の整理が必要と思われる。

［2］**設備資金**貸出量（貸出先別貸出金の設備資金新規貸出額）はもともと少なく、過半が住宅・不動産関連であり、総額は2016年（YCC導入年）以降減少に転じている（図5-6（a））。住宅関連以外の貸出量はもともと年間10兆円台で推移していて、企業は内部資金内で投資をしているという他のデータ（国民経済計算や法人企業統計）と整合的である。

［3］企業への貸出量（参考係数の金融仲介機関部門別の預金取扱機関貸出残高）は増加している

(b) ネットでは増えていない銀行貸出

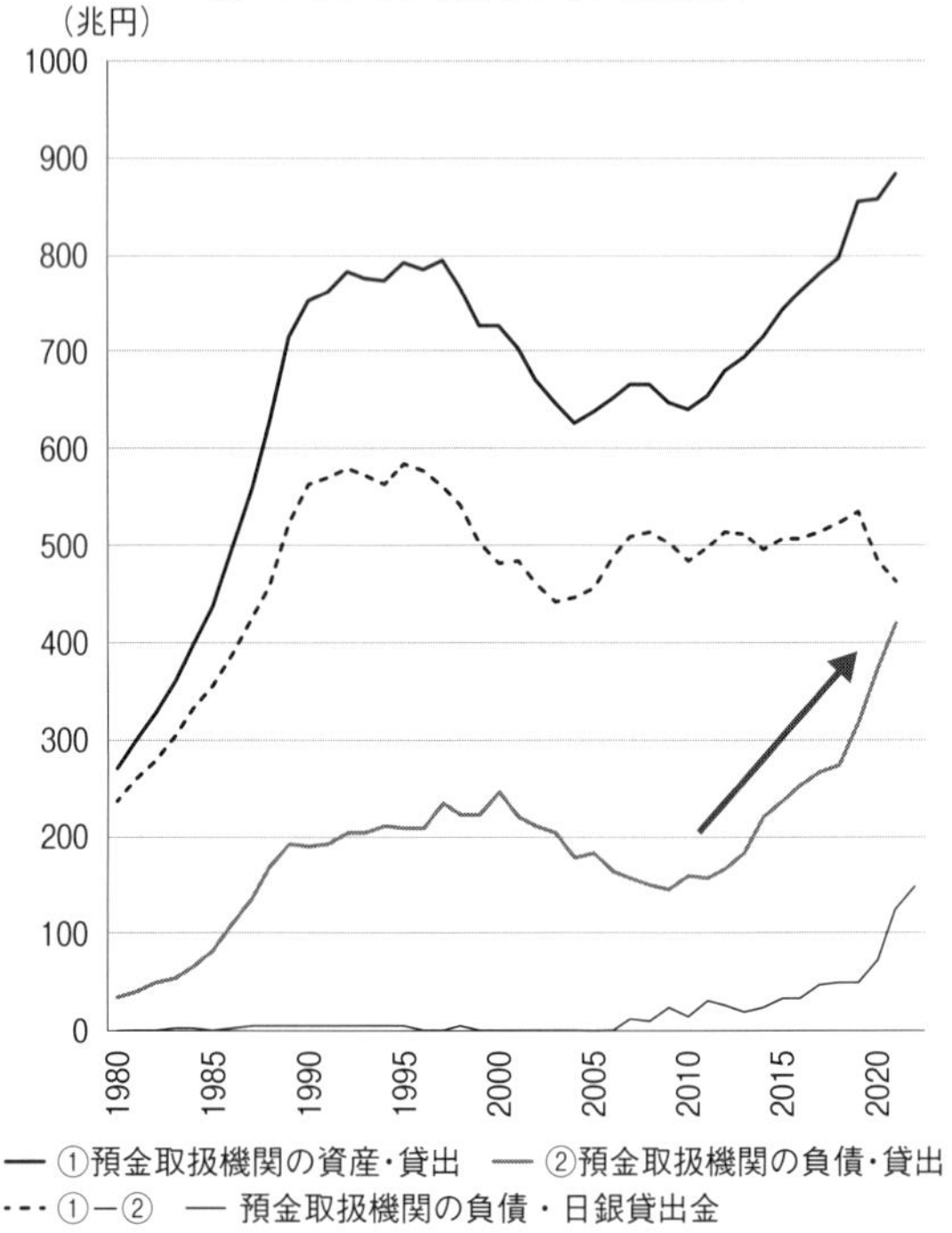

が、内部留保の構成要素でもある**預貯金量も同様に増加**して貸出量を超えるまでになっている。預金取扱機関以外からの貸出もあるものの、平均的には実質無借金企業となっていると言えよう（図5-6(b)）。

以上をまとめると、銀行貸出増加は企業の預貯金（内部留保の一部）を増やし、「**運転資金**」を潤沢にはした。この点は企業倒産が減った、という推移と整合的でもある（脇田［2019］52頁）。収益率の低い設備投資が促され

図5-5　資金循環からみた異次元緩和

(a) 異次元緩和政策と国債保有主体

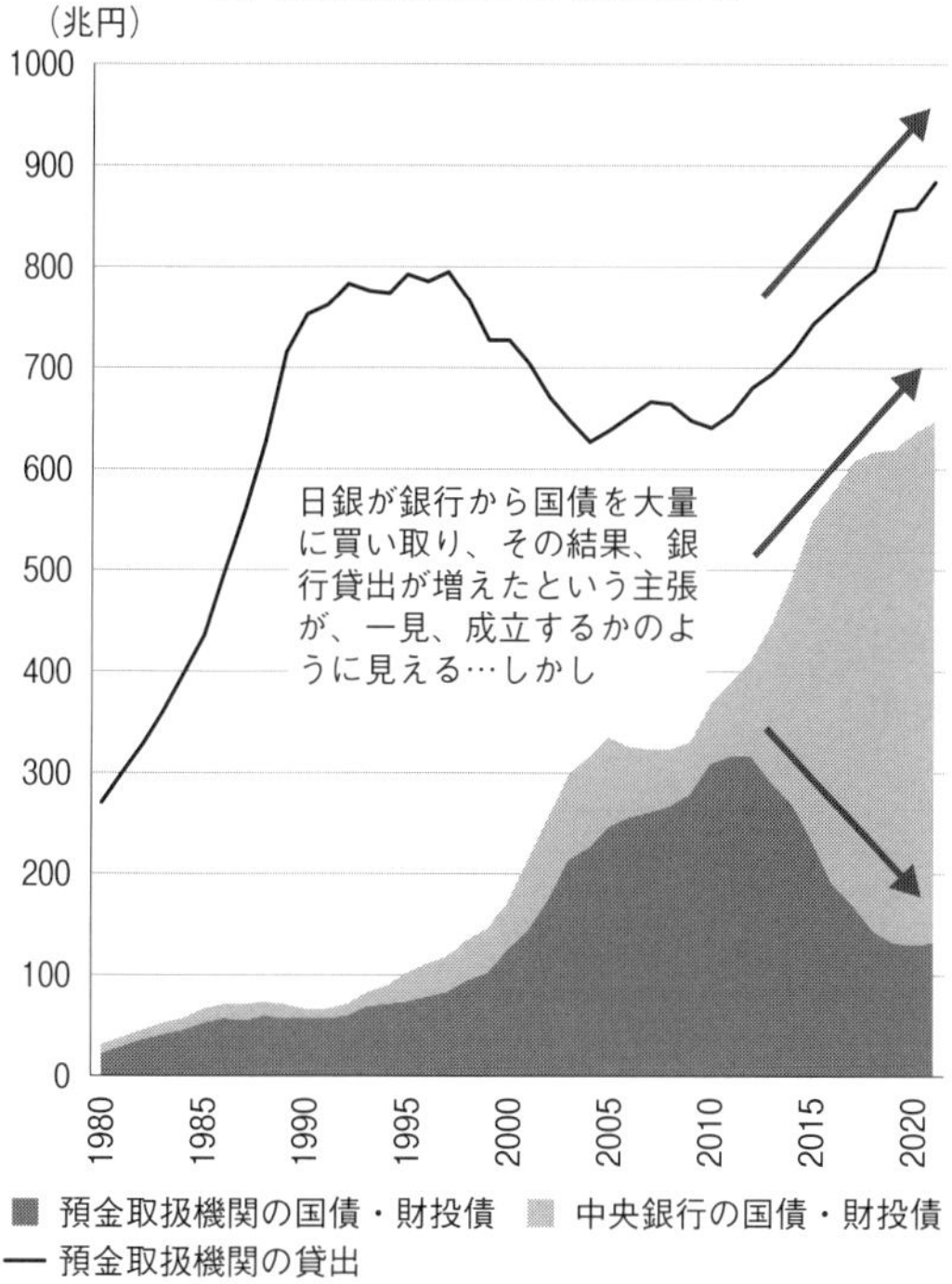

たというより、企業に資金が滞留している状況である。量的緩和は日銀の当座預金に「ブタ積み」と言われたが、ブタ積みは企業の預貯金にも存在するのである。

異次元緩和が長らく「微害微益」で済んだ理由は、企業が投機も投資も賃上げにも積極的でなかったためと解釈できよう。超金融緩和はバブルも過剰投資も誘発せず、実体経済に波及しなかったため、インフレにもならず、そのため国債価格も暴落しなかったのである。

日銀首脳は不況下に利上げ

(b) 企業の預貯金が伸びて平均的に無借金企業に

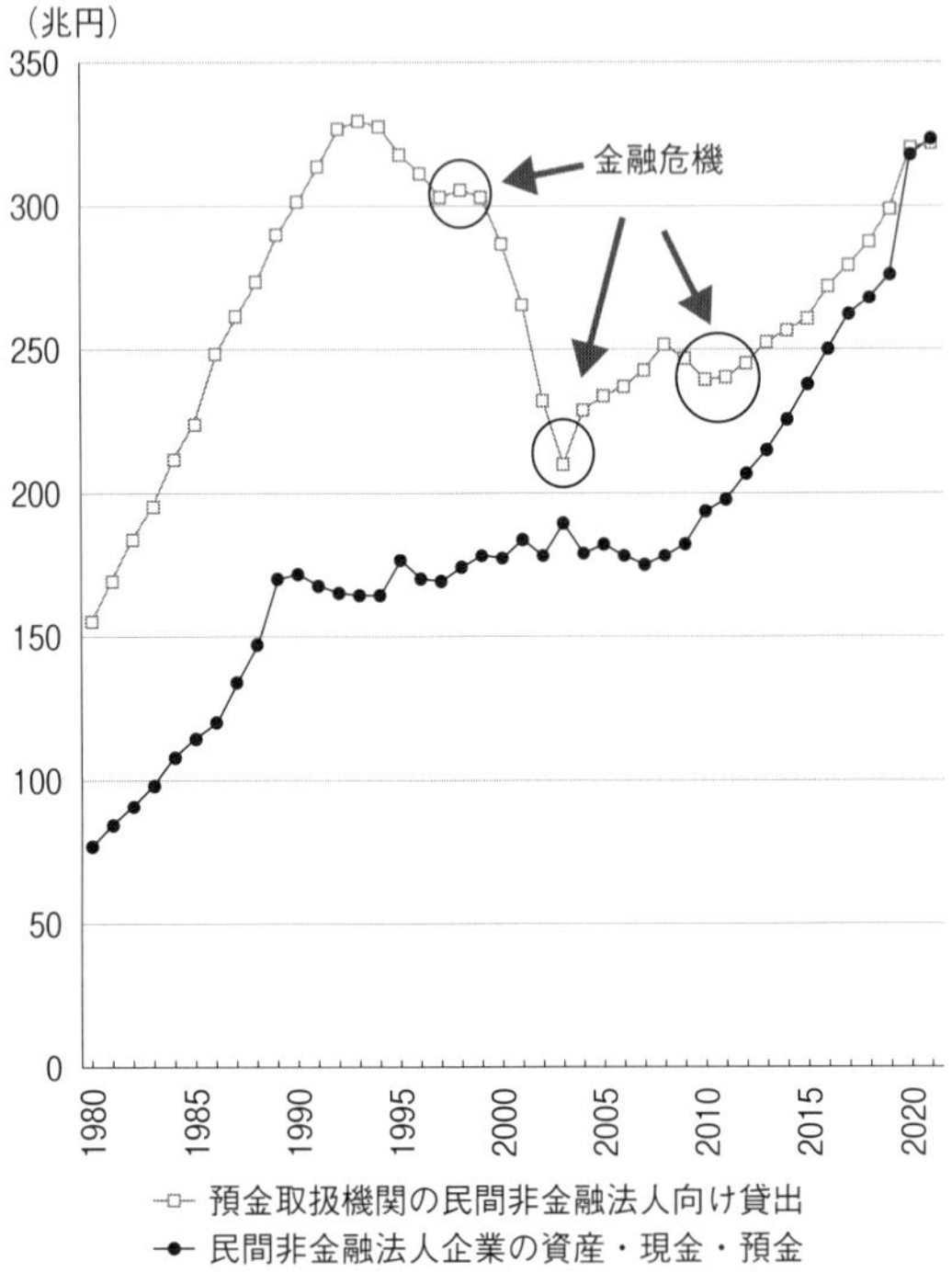

や金融引き締めはできないと繰り返してきた。しかしたとえ銀行融資が減少したとしても、それは平均的には実質無借金である企業セクターの、（YCCが対応する長期の）設備資金ではなく、もともと過剰な**短期運転資金**であることを認識する必要がある。この点は日本銀行スタッフも認識しており、総裁講演などの日銀公式文書でも「運転資金を潤沢にした」と述べられている。

さらに言えば、産業別や集計値で見る限り、企業の預金額と借入額には相関がある。

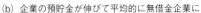

図5-6　設備資金貸出と無借金企業

(a) 設備資金新規貸出はYCC後減少

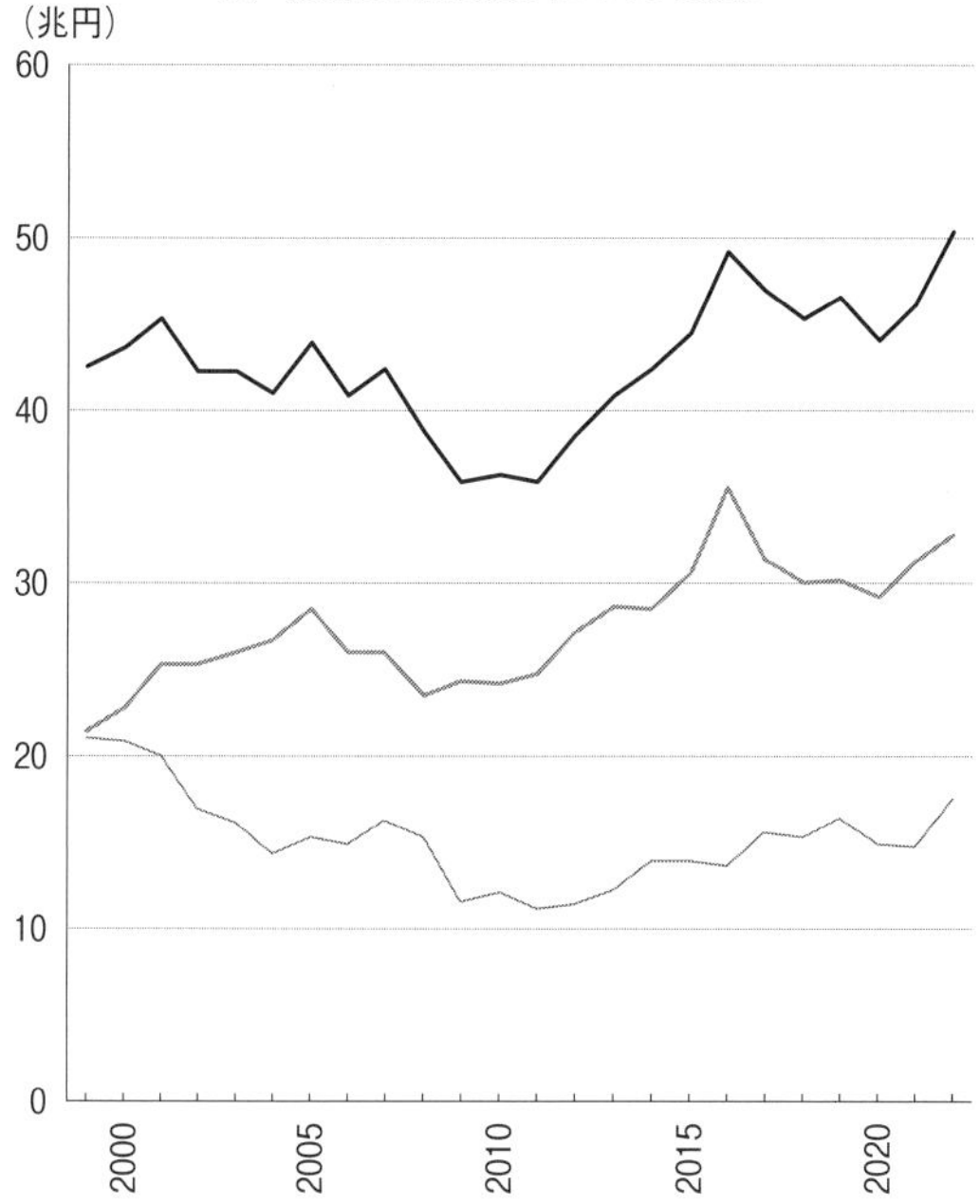

— 設備資金新規貸出（年度、兆円）
— 住宅関連（住宅・消費（割賦返済分）・個人による貸家業・不動産業）
— 住宅関連以外

協力預金と言われるように銀行の決算を助けるために、融資先企業が預金を行っている場合や、取引先に対して必要以上の額を融資したうえで、余った分を同行に定期預金させる「歩積み両建て」と呼ばれる不適切な古典的融資手法もある（実際、2018年7月には金融庁は東日本銀行に対し業務改善命令を行っている）。金融政策の効果と言われるものが協力預金的なものでないか、今後は精査が必要だ。

リバーサルレート論の実際

一般に金融政策の有効性について、「ひもは押せない」とか、「馬を水飲み場に連れて行くことはできても、馬に水を飲ませることはできない」などと言われてきた。このボトルネックは、（a）銀行が貸さないのか、（b）企業が借りないのか、（c）企業が投資しないのか、というものがある。伝統的に「水」は銀行の融資やマネーストックを指していたと思われる。しかし日本の経験では、**銀行融資は一応伸びたが設備投資を伸ばさず企業預貯金を伸ばした**ので、「水」は設備投資ということになる。

いわゆる**リバーサルレート論**（Abadi *et al.* [2023]、原論文は2016年に発表）では、民間銀行の供給制約が貸出増加を阻むストーリーになっているものの、それとは異なり日本では企業の設備投資拡大が起こらず金融緩和が効力を失っていることになる。内需面でのボトルネックは家計の所得不足が企業の投資不足をもたらしていることになり、本書の各章の主張や企業の直面するボトルネックを表す図5-2と整合的である。

邦銀の国内融資と海外融資

なお国内融資拡大がなされないことは、銀行の体力が阻害要因ではないという証言もある。202

3年1月24日付『日本経済新聞』のインタビューで、みずほFGの木原正裕社長は

これまで長い間、円の金利がないためにドルを調達してドル債で運用するようなことをしてきた。金利が戻ってくれば、貸し出しをやった方がいい。

と述べている。これは低金利が国内融資縮小を助長したことを示唆しており、価格規制下の供給抑制に近いものとも解釈できる。実際邦銀の海外融資は4兆ドルを超えて世界一の巨額である。コロナ禍時に邦銀はむしろドル不足に直面し、円安の要因の可能性もある。当時の米国FRBは緊急対応として、海外機関向けにドル資金供給策を行っていたが、邦銀の利用が突出していた。

内部留保から内部留保へ

失われた30年の経緯を金融面に着目してまとめると、企業の内部留保の穴埋めの財政拡張から始まり、企業の預貯金という内部留保を増やす帰結に終わったと言える。

図式化すると以下のようになる。

異次元緩和開始までのプロセス

内部留保（企業貯蓄）増大⇓ 不況対策による財政拡大＝国債発行（第1章図1-3）

⇓ 銀行国債買取＝銀行融資減少 ⇓ 日銀国債買取（本章図5-5）

企業貯蓄（内部留保）の増大という「資金の流れ方」の変化に目を向けず、資金「量」の拡大や利子率の低下といった伝統的な量的指標を増やすことだけに目を向けてきた金融政策が、輸入インフレを生み、それを即座に是正しなかったため金融政策正常化のタイミングを逸したと言えよう。日本経済のかかった新しい病気に、旧来の処方箋を拡大した結果である。家計にダメージを与えるプロセスも以下のようにまとめられよう。

金融緩和がかえって家計にダメージを与えるプロセス

異次元緩和 ⇓ 企業の運転資金潤沢（内部留保）⇓ レパトリ起こらず円安

⇓ 家計消費減少

5.3 金融政策変更のチェックポイント

真のトレードオフ

それでは今後の金融政策正常化のチェックポイントはどのようなものになるだろうか。金融緩和が直面するメリット・デメリットは

［**建前**］伝統的経済学では**フィリップス曲線**に表される失業とインフレのトレードオフであり、

それを金融政策遂行の「建前」とすると「本音・実態」は円安誘導であり

［**本音**］アベノミクス期の円安志向では家計消費を一時的に犠牲にしても①輸出が伸びて、②**製造業が国内回帰**すれば結果オーライというものであった。

先に説明したように、失業率はアベノミクス開始時期に既に4％近くまで低下していたし、伝統的

製造業の生産基盤はもはや国内回帰しそうにない。このため建前のみならず本音の考え方すら適切でない。

現状の企業の利益水準は高く、若年労働者は人手不足であることから、金融政策正常化が直面するメリット・デメリットを日本経済の実情に合わせて考え直すと、次のようなことが言える。

［**実際**］利上げのデメリットは無借金がほとんどの企業の**運転資金**の費用を高めることであり、メリットは円高を通してＧＤＰ比４％にもなった**貿易赤字**（22年度）や**交易損失**を減らすことである。

ただしこのトレードオフは大きな外生的ショックがこれ以上生じないという前提に基づくものであり、いくつかのショックを検討しなければならないだろう。5.1節で先述したように、大まかに分類すれば

- 円高を招きがちな金融危機
- 円安を招きがちな実物（エネルギー）危機

の２つである。

2022年、23年で言えば、世界的に見てもコロナ禍におけるモノへの巣ごもり需要は終わり、中国輸出は大幅に減少、米国の財のインフレ率は負になっているほどだ。しかし米国のサービスのインフレ圧力はもう少し続くだろう。株価や不動産価格は過熱しており、今は言ってみれば戦時下であるものの、ウクライナやパレスチナの戦争が終わればいずれ金融危機や通貨危機も迫ると筆者は考えている。これらの点も日銀が金融政策正常化を渋る理由だろう。後掲する表5-1に示されるように分類するのが適当と思われる。ひとつひとつ説明しよう。

円高方向の3つの金融危機は生じるか

2022年のエネルギー・食糧危機が諸外国のインフレを誘発すると、名目金利上昇を主因として、たとえば以下の危機が生じる危険性があった。

［**海外**］途上国の**通貨危機**（世界銀行は具体的な国名は伏せつつ12カ国の途上国が債務危機に瀕していると2022年4月に警告）

米国が金融引き締めでドル高となるとき、途上国のドル建て債務はかさ上げされる。このため途上国債務危機が生じやすい。悪いことに債務危機から流動性危機が生じる可能性は強く、諸国の中銀はインフレ抑制と危機回避のための流動性供給の袋小路に陥ってしまう。

［銀行］限界的な**地方金融機関**（2022年5月13日に、きらやか銀行は金融機能強化法に基づく公的資金の注入を申請）ただし不振金融機関では高配当から利益の上がる危険な外債に依存したものが多く、この場合円安がかえって損失を拡大し危機を加速してしまう。

日銀は2016年9月にイールドカーブコントロール（YCC）で、16年1月よりマイナスに沈んでいた**長期金利をゼロ近傍に引き上げた**。銀行保護のため長短金利差を作ったのである。その結果、銀行貸出金利は低下せず、銀行経営は一息ついた。かなり状況は異なるものの、利上げがこれまで全くなかったというわけではない。

［財政］**財政危機**（日銀当座預金の付利問題）

国内では財政も心配だ。ここまで超低金利で利払い費総額は微減するほどであったが、銀行危機と財政危機の関係は複雑である。長期金利を上げると、国債を保有した銀行は期間収益が上がる一方で、政府は利払いが、日銀は当座預金の付利が増えてしまう。

なお政府財政には国債利払い負担に匹敵する**財産収入**（国債金利に連動する財投機関債や為替介入の結果である米国債の高金利収入など）が存在する。米国債を時価で評価すれば元本は毀損しているが、円安と利上げで利子収入は増加し、2022年度の一般政府の純財産所得はついにプラスとなった。今後検討される**金融所得課税**等や資産価格変動を考えて、政府の（財産）収入がネットで大きく負にならないように、資産と負債の両建てで政府資産を持つことが望ましいだろう。

表5-1　経済危機と為替レート

	円高を招きがちだった金融危機	円安方向の実物危機
海外高金利要因	・途上国の通貨危機 ・各国の財政危機	・米国労働市場逼迫によるインフレ収束のための高金利
海外発物価高要因		・米国資源国化と産油国による資源高円安
国内要因	・国内地方銀行危機 （・国債利払い増大） （・中小企業）	・レパトリ円高の終焉

金融危機というと、金融機関をめぐる環境は「絶対安静」でなくてはならないし、金融機関が危機にあると言うわけにもいかず政策意図は「絶対沈黙」をもたらす状況であるかもしれない。前章と本章では**円高・円安のメリット・デメリット**を中心に考察してきたが、これらの危機対応に関しては本来の金融政策の影響である**利上げのメリット・デメリット**を考察しなければならない。国際的危機で考えれば、日本は（バブル前の国際協調期やアジア通貨危機など）海外危機誘発に備えて低金利維持をするほどの大国ではもはやない。国内危機に関しては、利上げが黒田体制下で金輪際なされなかったわけではない。政府には利子収入中心の財産所得がかなり存在する（脇田［2019］183頁）ことから考えて、財政危機を招くため利上げができないという議論は一面的だ。

コストプッシュ型所得流出と円防衛

以上をまとめると、表5-1のように示すことができる。

［1：診断］海外コストプッシュ要因である輸入インフレは金融緩

和による円安が増幅したが、

［2：治療］日銀は、国内は不況として金融緩和を継続した。金融緩和が国内経済に及ぼす直接的な影響は小さい一方（たとえば第4章図4-5が示すように、設備投資は増えていない）、円安メリットは一部の海外進出企業に集中し、それ以外の家計や中小企業はデメリットに苦しんだ。

［3：副作用］為替変動は日銀の管轄外として、輸入物価高と海外への所得流出を考えず説明を展開している。

［4：現状］安定的なインフレ基調を待つ、賃上げを期待すると言って、実質賃金低下見守りを続けるだけである。

つまり本来、日銀は対外要因を考慮したオープンエコノミーモデルや第4章で考察した国民総所得などの概念で国民の家計状況を考えなくてはいけないのに、日銀の［診断］や［治療］策は国内要因のみ抜き出した一国モデルで説明し、（本来は本丸と言うべき）対外要因を［副作用］として軽視している。繰り返しになるが、以下を区別して考えることが重要である。

●国内要因のみの一国モデルで考えると、製品価格上昇は企業利潤の上昇を通して賃金上昇など好循環を生み出す。

●オープンエコノミーモデルでは、輸入物価起点の物価上昇は対外所得流出や企業利潤削減がまず起こり、ここからマクロ経済好転が生じるとは考えられない。

円安のメリットは生産拠点回帰や投資収益かさ上げにあると言われるが、子細に検討すると、それはもはや不確かである。資金余剰主体である非金融企業に利上げは平均的には悪影響をもたらすとは考えにくい。赤字の中小企業は税制上の問題が大きい。アベノミクス期の企業は銀行借入増加額より預貯金増加額が大きく、ゼロ金利導入後の新規設備投資貸出額は屈折して減少（図5-6（a））している。つまり運転資金は潤沢になったが設備投資には向かっていない。金融機関の外債投資による損失は円安でかさ上げされる。

このようにひとつひとつ考えていくと、なぜ金融政策の正常化を進めないのかわからない。中小金融機関への影響や海外発金融危機とタイミングがかぶると良くない、という理由があるだろうが、それが数十兆円ものデメリットを正当化するだろうか。日本銀行の使命の第一は「通貨価値の安定」であり、それは輸入物価の上昇を防ぐことも含んでいると考えるべきだ。そうでないと2022年のように三方一両損をもたらした失敗が繰り返されるだろう。

5.4 構造的賃上げと賃金と物価の「好」循環

構造的賃上げと伝統的労使関係

本節では2022年より、政府・日銀から盛んに言われた「構造的賃上げ」と「賃金と物価の好循環」について検討する。結論から言って、筆者にはさまざまな疑問がある。

まず**構造的賃上げ**である。この議論は構造改革的な賃上げから、改革という言葉を抜いたものであり、雇用を流動化すれば生産性上昇が生じて賃上げが可能となるという主張である。しかし第2章で説明したように、生産性上昇率に追いつかない賃金上昇率こそが従来からの問題であり、両者の差が企業利潤や内部留保の源泉である。この点は永らく労働（組合）側が言いくるめられてきた点であり、誤解しないようにしたい。

経営者がリストラしたい中高年労働者の転職の多くは1割以上の減収となり（雇用動向調査）、その行き先の多くは低賃金職種・産業である。このように雇用流動性が高いからと言って、賃上げがなされているわけではないことは、中小企業セクターや介護業界を見ればわかる。

このように構造的賃上げというスローガンは既存の労使関係から見ても問題がありすぎる。多くの経営者が賃上げを行う理由は自社の従業員を定着させるためだし、企業内で出世を願う既存の従業員は高給で引き抜かれてきた上司を歓迎しない。そもそも（労使）交渉とは固定的な両サイドの交渉者が存在して、初めて成り立つものである。

賃金構造基本統計調査では年齢・勤続別に所定内給与が公表されており、星野［２０２３］が指摘したように、同一年齢層で勤続の長い労働者と勤続ゼロ、つまり転職者の賃金を比較できる。そこで本書では２０２１年のデータをグラフ化してみると、図5-7から以下が読みとれる。

●平均的な労働者の給与は転職後、1、2割減少する。
●大卒男性の勤続ゼロ労働者の給与は、年齢に沿ってある程度上昇しているものの、転職後は月額10万円程度は給与は減少する。
●大卒高卒女性や高卒男性は、転職すれば給与は振り出しに戻ってしまう。

つまり労働者一般に転職を奨励すると、給与は下がってしまうのである。

現在はＩＴの活用により、現場の作業を組み替え、効率の上昇を計る時期であることは確かだ。しかしそれは第2章でも述べたように、外部からやってきた転職者の仕事だろうか。仕事の本質を熟知すべき経営者や長期勤続者がなすべきことだろう。伝統的な理論モデルでは転職や引き抜き合戦は技能形成を阻害すると考えられてきた（Wakita［1998］, Moen and Rosén［2004］）。

官庁エコノミストは（財政出動論への波及を怖れるためか）新古典派的な政策提言を好んできた。しかし現状の日本経済は名目価格・賃金硬直で、（家計貯蓄ではなく企業貯蓄だが）民間貯蓄過剰という**ケインズ的特徴**を持つ。ところが本書で取り上げた内部留保や賃上げについても、古い世代のエコノミストや官庁ＯＢはまったく無視という人がほとんどだ。そういう人たちの発想や議論は人海戦術でデータを整理し、グラフを書くのも方眼紙に書いたという時代の勝利の方程式からあまり変わっていない。

●成長余力を低く見積もり、財政金融など政策効果が無いことを主張し

●構造改革として、**雇用流動化**を主張する

という決まり切ったパターンだ。この点と賃上げ気運の公約数が構造的賃上げという不思議な議論になったように思われる。

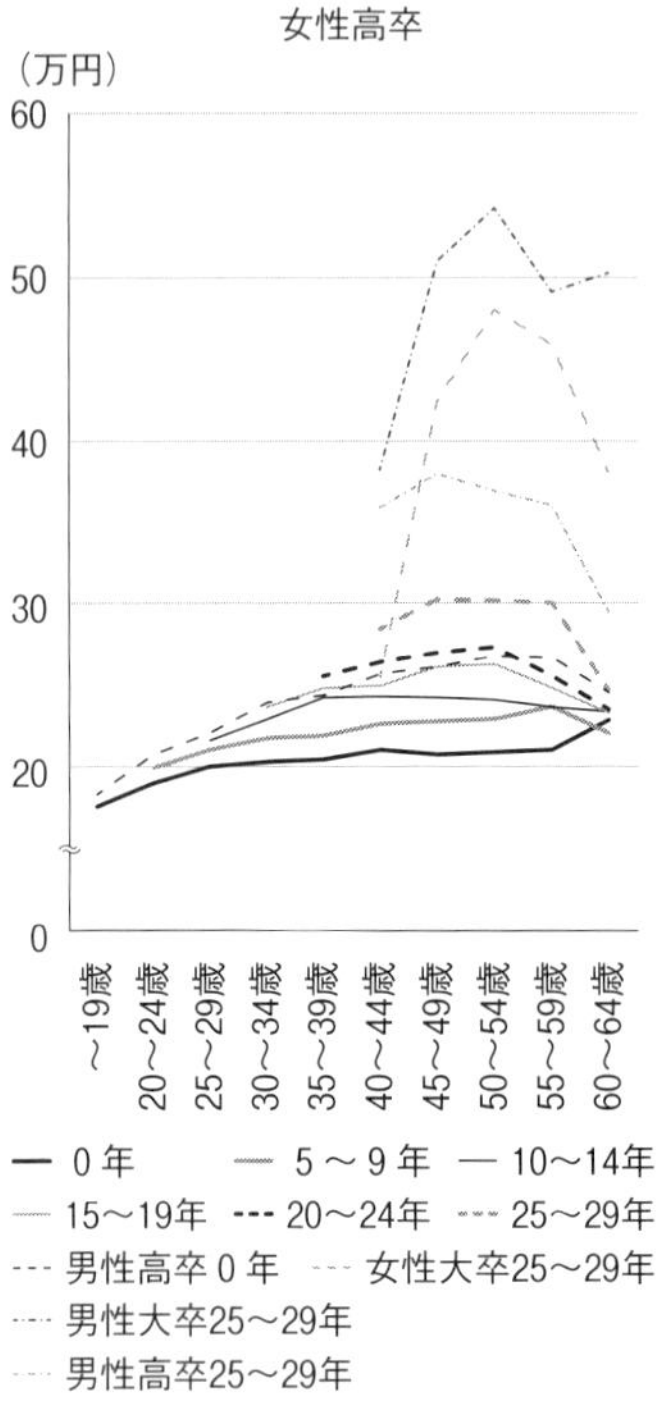

図5-7　年齢・勤続別正社員所定内給与の転職下落額

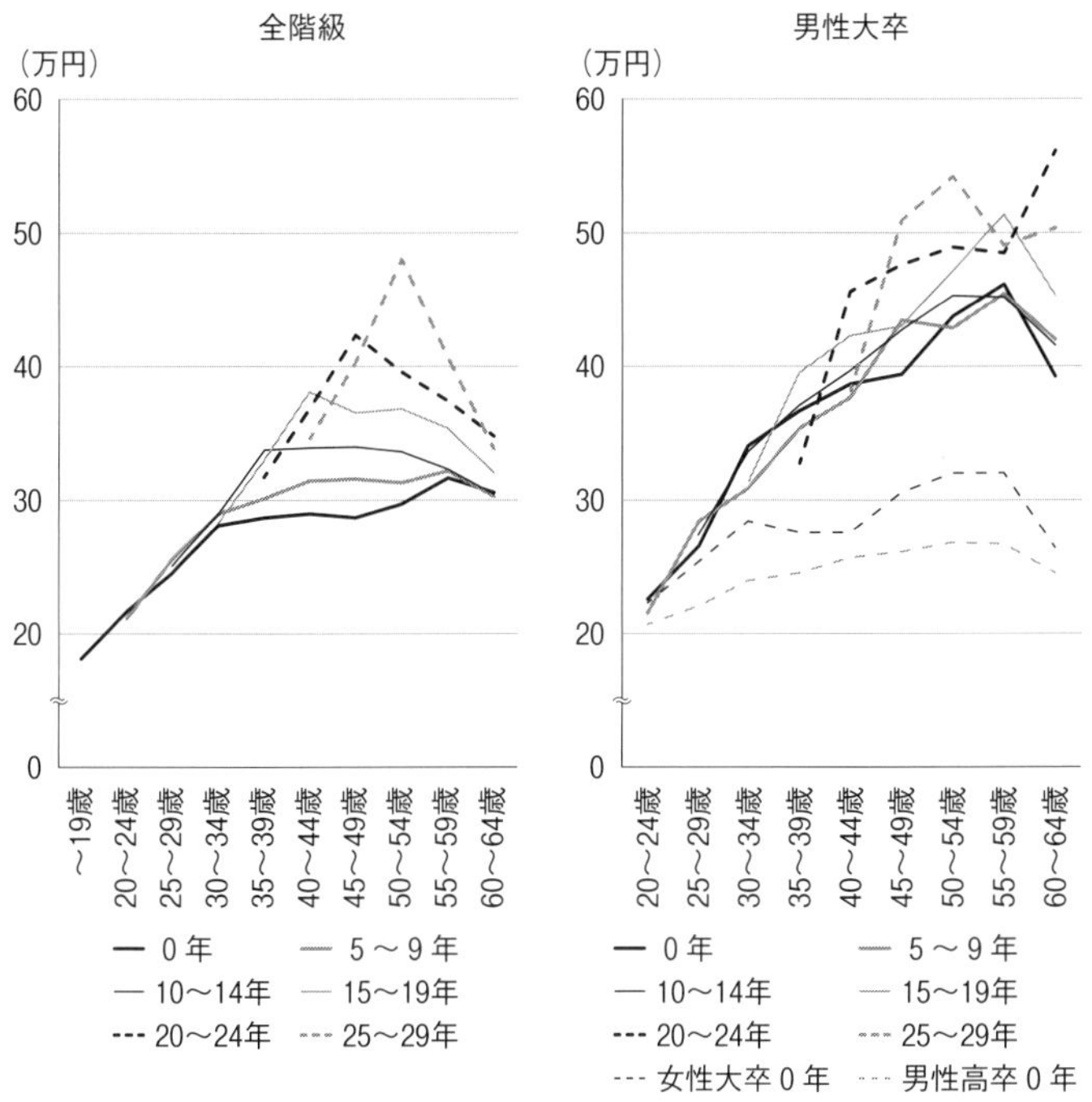

データ出所：賃金構造基本統計調査

春闘とボーナスのディズニーランド型賃金設定システム

もともと春闘とボーナスからなる日本の賃金設定システムは、以下のような特徴を持つ（脇田［2003］）。

［1］寡占的な産業構造と雇用が企業に固定的な下で、経営側が賃上げを渋る**買い手独占**的な傾向があるため、労働組合側が企業横断的に連帯し、「お手々つないで」賃

上げを要求して始まった。

［2］その後60年代のインフレの下で、実質賃金目減り分を春闘で**あとから埋め合わせる形**が形成された。70年代の第1次石油危機時には、金融緩和状態の下での輸入インフレを大規模賃上げが加速しマクロ経済が混乱したものの、第2次石油危機時には引き締め気味の金融政策の下で、賃上げも緩やかであった。このインフレを押さえ込んだ第2次期の成功は、80年代の日本経済の繁栄につながっていく。

［3］ボーナスによる**利潤分配**は、リーマン危機まで旧日経連・経団連も推奨しており、個別産業の収益のでこぼこをならす形で支払がなされている。

ディズニーランドは入園料と個別のアトラクションの値段は別々になっていた。電気や水道の公共料金も基本料金と従量料金は別だ。このような料金設定システムを**二部料金**という。賃金も［2］と［3］を組み合わせて考えると、全体部分（基本料金）を春闘で調整し、個別にばらつきのある利潤分配部分（従量料金）をボーナスで調整するという二部料金の特徴を持っていた（Wakita [2001]）。このきれいな形は1998年以降崩れている（脇田［2016］）ものの、前年度のインフレや利潤上昇を参考にして、あとから賃金を決めるという基本的な形は残っている。つまり春闘はインフレを促進する制度ではなく、過去のインフレによる実質賃金低下をあとから埋め合わせて**インフレ抑制を図る制度**である。過去のインフレ率以上の賃上げを求めるならともかく、不充分な埋め合わせの状況でインフレが高まるわけもない。また雇用流動化を労働組合や経営者に要請することは筋違いだ。

米国ではバラバラに賃金設定がなされるため、今後のインフレを見込んでA社で高目の賃金設定がなされ、それを参照したB社があとから賃上げをして、さらにインフレをもたらすというように悪循環が生じてしまう。そこで米国ではインフレ期待を低下させるため、一定期間、インフレ率以上の高率な金利の継続が不可避とされている。この点がFRBの矢継ぎ早の利上げの理由である（図5-8）。2023年の利上げプロセスは今のところ成長を阻害していないものの、以前の利上げは米国経済に大きな痛みをもたらした。研究者は春闘・ボーナスシステムを何か昔の日本の古くさいものと無視することが多いが、それは望ましくない。

なお、インフレ期待は計測しがたい指標だが、日本でも23年春頃に高まらなかったわけではない。各地域の労働局（ハローワーク）は職業別求人・求職賃金状況を発表しており、この時期のデータを見ると、求職者は高い賃金を要求しており、これはインフレ・賃上げ期待のためであったと思われる。しかし企業側の提示賃金は変わらず、払う原資がないことを示している。このデータは業務用であり使用に注意が必要だが、当時の賃上げムードに乗って労働者の高賃金要求は裏切られ、内閣への失望をもたらした一因と考えることもできよう。

図5-8　求人数·求職者数から日米の労働市場とインフレ率を考える

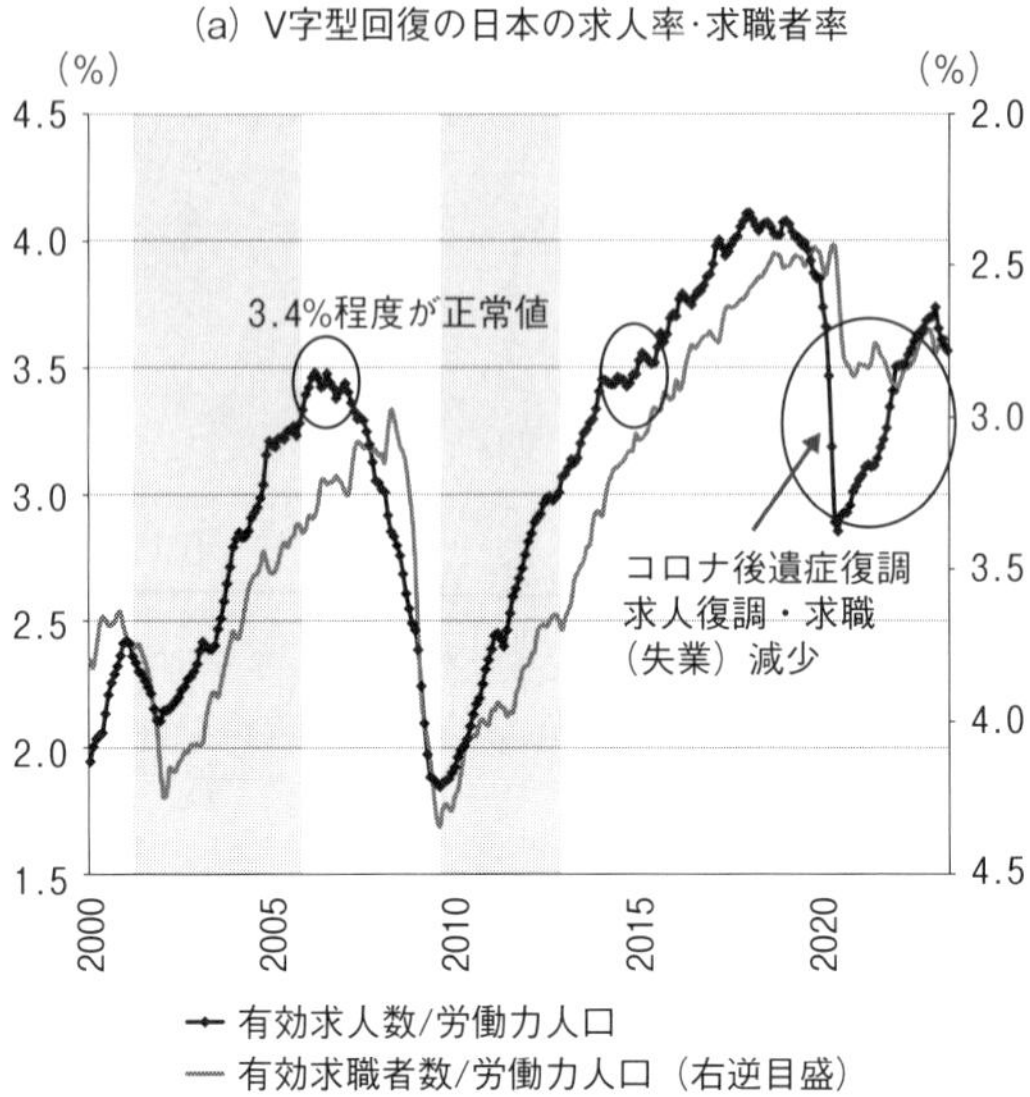

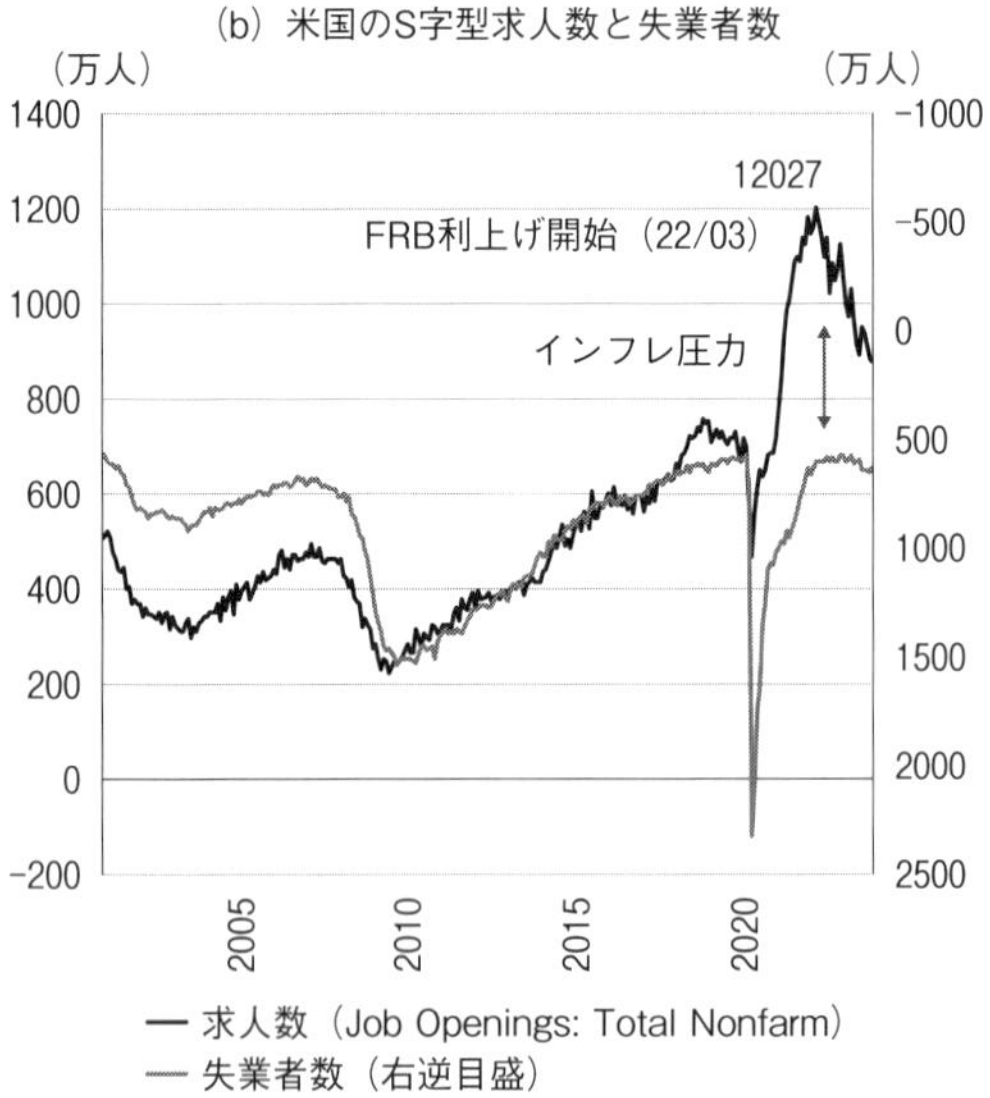

注：求人（黒い線）が増えると採用者が増え、求職者（灰色の線·右逆目盛）は減ってゆく。
データ出所：(a) 総務省労働力調査、厚生労働省一般職業紹介状況
(b) FRED

名目価格体系の上方硬直性は重要か

黒田前日銀総裁の家計はインフレを許容しているとの発言が2022年6月に飛び出し、この発言は撤回に追い込まれた。その中で輸入インフレを許容して賃上げを目指す言わば「**ショック療法**」的な考え方が示唆されたが、これも適切な政策とは言いがたい。確かに日本経済においては**物価・賃金の名目（上方）硬直性**が強く、デフレとして永らく問題とされてきた。しかし物価・賃金の硬直性を打破するために、実質所得の減少をまず許容し、多額の交易損失を招いて輸入インフレを進めることで、**家計の我慢の限界を試す**という金融政策は**本末転倒**だ。

国内物価が上がって企業利益が増えるなら、賃金上昇の余裕が生まれて物価と賃金の循環も生まれると言えなくはないが、輸入物価が上がって費用が増えれば賃上げの余裕も生まれない。実際、2022年の交易損失は対GDP比4％近くにも及ぶ20兆円にも達し、財政を使った穴埋め対策費は15兆円にも上った。

賃金と物価の好循環という言葉は2023年ごろ考案されたようだ。それは聞こえはよさそうだが、もともと**賃金物価スパイラル**（Wage-Price Spiral）はスタグフレーションの元凶とされて、悪循環を指す好ましくない事態である。Google Scholar 等で Wage-Price Spiral を検索すればわかるが、直近の研究も、それを抑制するために引き締め的な金融政策を行う必要がある、などと危険性を注意喚起するという論文があるばかりだ。

初歩的な需要と供給の部分均衡図を思い浮かべてほしい。確かに「名目」価格が高止まりしている場合（**下方硬直性**という。ケインズ経済学で重視される）なら、その高止まりがインフレで打破され「実質」価格が低下するなら、過少だった取引量・生産量が増大する可能性はある。しかし

［1］日本企業は逆に価格を低位据え置きにしたのだから、**下方硬直性**の議論は当てはまらない。
［2］名目価格のみならず名目賃金が硬直的な場合、後者を前者で割った**実質賃金**が高止まりの場合、経済分析上弊害が指摘されることが多い。しかし現状の日本経済の場合、実質賃金は低すぎるからこそ問題とされてきた。また
［3］需要超過で「国内」物価が上がれば、企業は売上が増え賃金も上がってくるというロジックは一般論としては正しいとしても、22年以降には当てはまらない。繰り返しになるが「輸入」物価がまず上がって国内の所得や需要が20兆円（GDP比4％弱もの**交易損失**）も減っているのに、粘着性が打破されるきっかけとなって、賃金が物価以上に上がっていくというロジックには無理がある。

この価格や賃金の粘着性打破というストーリーでマクロ経済を考えれば、これまでの金融緩和政策が投資喚起に、円安にもかかわらず製造業の国内回帰に失敗した責任論は生じず、やっかいな内部留保の問題にも触れずにすむ。マクロ経済政策として金融緩和継続や賃上げを促すことができるのであ

る。しかし日本の現状は生産性上昇を下回る賃金上昇がデフレを招き、**家計所得の停滞が消費者物価の粘着性を招いた**ものであって、粘着性それ自体が独立に存在しているわけではない、と筆者は考える。また名目賃金の総額は停滞傾向にあることは確かだが、正規非正規を分けて時給にすれば硬直して動かなかったわけではない。結局、誰も王様は裸だと言えなかっただけだ。

相対価格は調整されている

名目価格硬直性の弊害は変動すべき相対価格が硬直して資源配分を乱すことにある、とマクロ経済学の教科書では指摘される。現状に即して例示すると、自動販売機のジュース価格変更が難しく上方硬直的なら、コンビニ販売でコスト高時も値上げすることはできない。この場合、コンビニでジュースは売られなくなると消費者利益は損なわれ、資源配分は適正ではない。しかし日本でこのような問題が広範囲に起こっているようには見えない。

コロナ禍下は対面サービスが忌避され、巣ごもり需要により財価格が上昇した。そのため世界的にサービス／財価格比は下落したが、第2章図2-5の日米欧比較のグラフで見れば、三地域では同じように1割ほど下落しており、日本だけが相対価格調整ができなかったわけではない。名目価格硬直性の弊害の大きさについては再検討が必要だ。

インフレ我慢のための春闘ではない

もはや起こってしまった輸入インフレを埋め合わせるためには、賃上げをがんばるしかないし、筆者の立場として春闘交渉中に水をかけるようなことは言いたくはない。また2023年4月にはようやく日銀総裁の交代も見込まれていた。そこで筆者は政策への危惧を最小限に留めた（脇田［2023］）が、しかし今後は別だ。「春闘で賃上げをするから家計はインフレを我慢せよ」という金融政策は2年も続いており、もはや続けていけない。

円安メリットは外貨を受け取る組み立てや販売を行う製造業大企業に集中し、中間財の取引価格や賃金をムカデ競走のように少しずつ動かしてサプライチェーン全体に染み渡らせるのはたいへんな労力を必要とする。

さらに自動車など組立型製造業のサプライチェーンと労働組合が強固な製造業はともかく、多くの非製造業は下請や系列というほど定まったサプライチェーンの形があるわけではない。2020年度の中小企業白書は広義の下請事業者（受託事業者）を中小企業全体のうち5％程度のみ存在としており、平成10年まで発行された商工業実態基本調査は製造業の半数の企業が系列下にあるとしている。下請や系列という言葉が忌避されたためだろうが、包括的な実態は明らかでない。組立型製造業をイメージするサプライチェーンの議論を労働市場全体に当てはめることは無理がある。さらに第2章コラムで示したように、多くの中小企業は法人税回避のため、役員報酬を増やしており、これらの多くは賃金に既に含まれている。

2024年に報道されている連合発表の5%以上もの賃上げ率は大変な成果であることには間違いない。しかし前年度のインフレ率3%を埋め合わせ、定期昇給分1・8%を加えると5%近くになり、実質賃金上昇は1%未満である。利益が円安でかさ上げされた最良の条件である一部大企業ですら、これが精一杯の結果である。他の企業はついて行けないであろう。連合の実質賃金確保は組合と春闘の力を示し、良かったとは思うものの、連合傘下以外の賃上げは残念ながら思わしくない。円安ショック療法は望ましくない。

2%インフレ目標の向こうに何があるのか

第4章、第5章を通じて、金融政策のさまざまな側面を考察してきた。

- 日銀の掲げる2%インフレ目標は諸外国でもともとインフレ抑制のために導入されたものである。
- 「賃金と物価の好循環」というような言葉はなく、Wage-Price Spiral は好ましくない状況である。
- 超金融緩和は微害微益と言われたが、最終的に生じた超円安は家計を苦しめている。

これらからわかるように、**本音**（円安誘導から輸出拡大）も**建前**（銀行貸出促進）も無惨な失敗をした。日本銀行はなにか間違った道に踏み込んだとしか考えられない。しかも

●日米欧の三地域を比較しても、日本のコロナ禍下の相対価格調整は悪いようには見えない。

金融政策正常化の足枷となってきたのは、リフレ派的政策を提唱した安倍元総理とその派閥にある人たちだと報道されている。社会にはさまざまな意見を持つ人々がおり、それを尊重することは必要だが、これらの人々が金融政策にもともと格別の意見を持ち、それゆえに集まった政策集団とは誰も考えない。うまくいきそうだからと飛びついた政策が失敗をしたのに、政策変更に執拗に反対していた理由は、無謬性を保ちたいというメンツのためとしか思えない。こんなことが、権威主義国家につながるのだろう。

本書執筆中の2024年3月19日、植田和男新総裁の下、マイナス金利政策は解除された。マイナス0・1%としていた政策金利を0~0・1%（無担保コール翌日物レート）に引き上げ、長期金利を低く抑え込むための長短金利操作（イールドカーブコントロール、YCC）終了も決めた。

ただしデフレ脱却を宣言することは当分はないであろう。物価上昇は遠からず、終了が見込まれるからだ。図5-9が示すように、日本の消費者物価変化率は2四半期遅れて、輸入物価変化率のわずか1割ほどの大きさで推移しており（時差相関係数は65%にもなる）、輸入物価は既にマイナスに転じている。さらに第2章図2-5の日米欧比較のグラフの元データなどで検討すると、食料価格やサービス価格上昇率のピークは米国 ⇓ 欧州 ⇓ 日本の順で10カ月程度のラグを持って推移している（日本のサービス価格対前年度上昇率のピークは2023年11月になるであろう）。人手不足が物価に

図5-9　これまでもコストプッシュ輸入インフレ

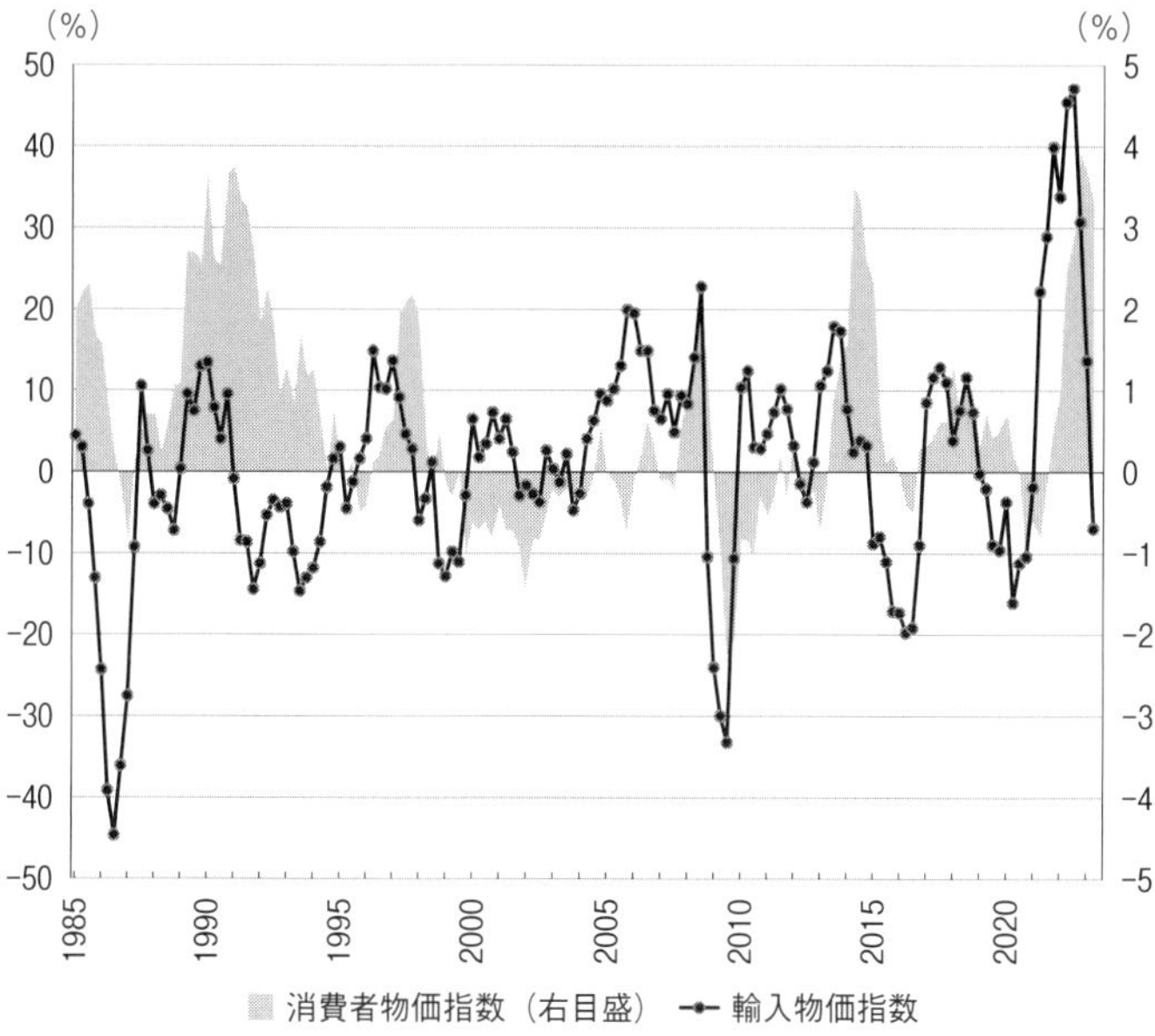

データ出所：総務省、日本銀行

与える影響は不確定であり、このところの日銀論文のいくつかもそう認識しているようである。

実は今回だけが輸入インフレではなく、50円も為替が動いて影響が明らかになっただけで、これまでもインフレの主因はコストプッシュをもたらすエネルギー価格なのである。需要側を示す物価版フィリップス曲線の説明力はアベノミクス期以降ほとんどなく（図4-10）、人手不足が顕著な分野では、配偶者控除の上限や医療介護分野の公的報酬決定など制度的阻害要因が大きく、物価上昇につながらない。結局のところ、消費者物価の過半は原油価格と為替で決まり、予測もできると言ってよい。

このように今後、消費者物価は落ちつく可能性が強いが、気にすることはない、と筆者は考える。先の関係から現実にはインフレ目標は輸入額増大を目標にしていることになってしまい、GDPや需給ギャップを引き下げる目標と言えなくもない。この状況で「物価と賃金の好循環」というスローガンがこれまでの誤りの糊塗策にすぎないからである。新総裁就任後の1年、マーケットは確かに混乱しなかったが、家計は疲弊して政治は大混乱している。もともと金融市場は実物経済を支え、究極的には家計の消費可能性を広げるためにある。今後、日銀は、右顧左眄《うこさべん》することなく、さらなる金融政策正常化と速やかなインフレ目標破棄が望まれる。

蛇足　高倉健とがまん劇

我が国には忠臣蔵やヤクザ映画など「がまん劇」の伝統がある。先頃亡くなった映画評論家の佐藤忠男氏によると、諸外国で「幸せの黄色いハンカチ」を上映すると、高倉健が突然怒りだして暴力を振るう理由がわからない、と言われるそうだ。我が国の観客にとって、高倉健が耐えに耐え、最終的にがまんを爆発させるのは、お約束だ。しかし家計のがまんを試して、賃上げを招く、という倒錯したロジックの政策は中央銀行のやることではなかった。

［第6章］ボタンをどこで掛け違えたのか：好循環再考

隠すのだ。たぶらかすのだ。外國人たちを、世界中を。

三島由紀夫『鹿鳴館』（初出『文學界』、１９５６年）

6.1 分配の3つの定義

成長と分配の好循環

「成長と分配の好循環」あるいは「分配と成長の好循環」という言葉が近年では盛んに使われるようになった。そこで問題になったのは成長をもたらす構造改革が先か、格差是正のための分配が先か、という点であった。本書の見方は再三繰り返しているように、成長も分配も原資は企業部門にあり、足らないのは内需をもたらす家計所得だ、というものであり、筆者が問題としてきたのは政府の再分配ではなく、企業が従業員や株主に対して行う分配である。企業部門の利潤や富を家計に取り込んで内需に有効に使われていたならば、日本経済は成長し、さまざまな問題は解決に向かっていたはずである。一体どのようなきっかけで、現状のような循環不全が生まれたのであろうか。

この「過去」の問題に加えて、第1章でも述べた通り今後の問題はＩＴ化・ＡＩ化・ＤＸ化により、急速な技術進歩が雇用を削減する怖れが差し迫っていることだ。現時点で大きな変容を一目瞭然に明らかにするデータはないが、それでも

●新規求人数の構成比率はＩＴ化により、販売や事務より介護やサービスに向かっている。

現状は技術進歩により仕事が失われることを怖れるばかりだが、他方で分配の原資である生産が容易に拡大できて喜ばしいという見方もできる。たとえ労働の生産への寄与分が減少して雇用と賃金に悪影響があったとしても（経済学用語で言う生産関数上の要素集約度が変容して）、より良い分配方法があれば、**家計は生産量拡大の果実を享受できる**はずだ。「働けない」状況を「さほど働かなくてよい」という状況にもって行けるはずだ。

ところが既存の論者の中で、以下の二者は次のように主張している。

［Ａ］**構造改革論者**：日本企業は苦しい。今後の成長のためには、社会保障切り下げや雇用流動化が重要である。

［Ｂ］**再分配重視論者**：年金など社会保障を充実するためには、その財源として消費増税が最も望ましい。

［Ａ］では、ますます企業部門の利潤を増やすことになり、［Ｂ］は家計から徴収して家計部門に返す、家計内の再配分にしかならない。つまり、両者の主張だけでは、結局のところ家計は潤わない。一方アベノミクスの推進者たちも格差問題を意識して、株価が上がった、企業利潤が上昇した「成果」を

誇るより、雇用が増えたと主張する傾向が強い。これらの議論だけでは日本経済の最大の問題から目をそらすことになる。そこで本章では成長と分配の好循環という歯車をどうかみ合わせるかという問題を、既存の論点とは少し異なる観点から再検討しよう。

分配の定義

まず始めに考えるべきことは、分配の定義だ。経済学における分配概念には2つの定義があり、その上に再分配の定義があって、3つも分類がある。議論が噛み合わない理由は、そこを区別しないで使っているからだ。

●**機能的分配**とは、生産から得られる所得を労働・資本・土地などの生産要素の提供者に対して分配すること、

●**個人間分配**とは、異なる比率の生産要素の所有者としての個人（や家計）に対して分配することをそれぞれいう。そして

●上記の市場によりなされた所得分配を、政策目的のため再分配することを、**所得再分配**という。

土地と資本（トラクターなど機械）と労働で農産物を作ったとする。この農産物から得られた売上を、（i）地主に地代として、（ii）トラクターの所有者（資本家）に借り賃（究極的には利子率）として、そして（iii）労働者に賃金としてどう分けるか、を考えることが機能的分配である。

土地や資本を所有しているもの、そして労働者などさまざまな生産要素所有の組み合わせの個人や家計があるが、それらを総合して所得がどのように分布しているのかを考えるのが個人間分配である。市場機構によりなされた分配のままでは、不平等・不公平なため、政府が介入して、富裕な人から税金を取り立て貧しい人に与えることは所得再分配だ。後述する厚生労働省の所得再分配調査でも個人間分配を示す当初所得と政府介入後の再分配所得の2つの分類がある。企業による分配が先行し、その後に政府による再分配があると言えばわかりやすいかもしれない。

もちろんこれらの3種類の概念は密接に関連しており、1つだけを取り出して考えなくてはいけないものではない。ただし冒頭の成長と分配の好循環という言葉に即して言えば、**機能的分配なくして成長はないが、成長がもたらす税収なくして再分配はない**という傾向が強い（各経済主体の消費性向の違いにより、再分配が成長をもたらす考え方やモデルは存在する）。最初から格差是正にあまりこだわるとパイは大きくならないし、株価や景気にこだわりすぎてパイを分けて食べないと何のための成長かわからない。本書で中心に考察しているのは企業の機能的分配である。

モデル分析の分岐点

機能的分配と個人間分配をどうデフォルメして数式で想定するかが、経済学の学派の大きな分かれ目である。ピケティや以前のケンブリッジ学派、そしてリカードやマルクスなど古典派を解釈した数理モデルでは、「持たざる」労働者は貯蓄を行わず、「持てる」資本家は財産運用しかしない**「階級」分断の想定**が最初からなされている。これらのモデルで悪循環と分断、そしてカタストロフが線型モデルの中で生じる理由である。

一方、新古典派のモデルの基本的想定はすべての家計が労働者と資本家を兼ねており、国民総株主であるばかりか一億総活躍でもある。資本収入と労働収入を足し合わせた予算制約の下で、消費などから得られる効用を最大化する存在だ。つまり**家計内では労資は共存**して、個人消費を最大化していることが最初から想定されている。そこでは資本収入と労働収入の比率は量的にはともかく質的にはさほど大きな問題とならない。本章で考えたいことは、前者のモデルのような「階級」分断から、後者の描写する「共存」方向に現実をどう引き戻すか、という問題でもある。

6.2 市場分配のミッシングリンク

まず当初の市場を通じた分配、政府の直接介入以前の機能的分配の状況を考えよう。第1章で述べた通り企業部門の利潤は増加してきたし、株価は高くなった。この利益を家計に移すことが必要だが、問題を分割すると、基本給賃上げという正攻法に加えて、①利子、②配当、③ボーナスという3ルートがある。これらのルートがバブル崩壊後「軸がずれ」て、循環の輪がつながらなくなってきた。ひとつひとつはそんなことは知っているよ、と言われるかもしれない。しかしここが力が入らない大元の理由であって、ここを何とかしなくては日本経済は好循環しない。

利子ルート：企業に借り入れてもらえなくなった銀行

企業の会計上の利潤（売上－賃金×雇用量）は

- 利子
- 配当
- 内部留保に付け加える部分（利益剰余金のフローの増加分）

図6-1 メインバンク制から株主主権へ: 配当·利息·留保

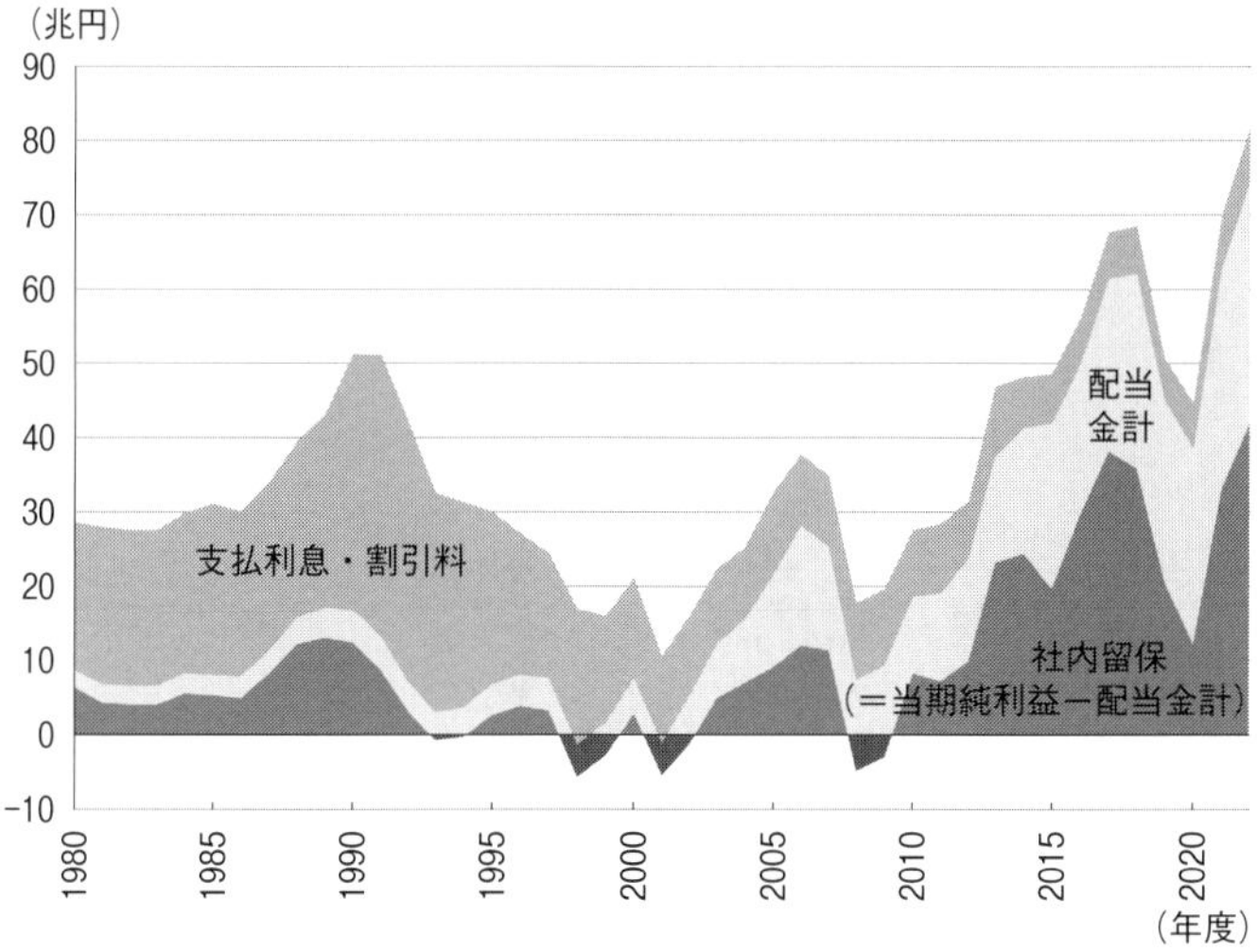

注：本グラフは積み上げグラフであり、足し合わせた高さは「税引き後純利益（配当金計＋社内留保)」+「支払利息・割引料」を表す。
データ出所：法人企業統計 全産業（金融保険業除く）全規模

と法人税に分かれる。この推移を図6-1で確認すると、バブル期までは固定配当の時代であり利子支払が多かったことが見てとれる。この時期は**メインバンク制度**の絶頂期であり、世界の株式市場で時価総額ベスト10に日本の都銀ばかりが入っていた。銀行が実際にどの程度の役割を果たしていたか、あるいは不振企業を助けていたかは議論の的だが、この時期は銀行貸出利子率も高かった。日本銀行集計の銀行貸出約定金利で見ると、2〜3%の低インフレ下にもかかわらず、7%を超えるほどであり、銀行貸付は疑似エクィティと呼ばれて株式同様の事実上の利潤分配を受けていた。

ところがバブル崩壊後、企業は不良債権問題に苦しむ銀行を見切り、内部留保

（利益剰余金）の増大からなる自己資本を積み増した。一方で日本銀行はバブル崩壊後ほぼ一貫して金利を下げ、金融緩和を進めて借入を企業に促してきた。第5章で検討したように、企業の預貯金と借入はある程度増加はしているものの、合理性の観点から言えば、**超低金利で断然有利であるのに借入をさほど増やさない企業行動**には問題があり、これはメインバンク制度とその崩壊のトラウマが影響していると言うしかない。

配当ルート：株式保有をしない家計

この巨額の銀行貸出利子は家計にも恩恵があった。国民経済計算で見ると、バブル期には家計の財産所得のうち利子所得は40兆円近くにも上っていた（図6-2（a））。ところが金融緩和政策の下で、**預金など安全利子率は下がり、危険利子率や企業利潤ならびに株価は上昇する構造**に企業部門が変化した。この点は日本で顕著だが、世界的にも観察され今後は議論が高まるだろう。しかしこの変化に日本の家計はついて行っていない。高収益なのに家計の株式保有比率は高まっていないのである。株式市場には後述するさまざまな問題があるものの、家計が預金者から株主へ役割変更するよう、株式購入をＮＩＳＡ等でさらに促すしかないだろう。

そうは言っても現在（２０２４年３月）株価はバブルではないのだろうか、という疑問が頭に浮かぶ。筆者の環境で利用可能なものは事後的な集計に基づく公的な公表データのみであり、証券会社等がよく使う「独自に集計した」企業の予想データではないという限定付きで言えば、2023年末まで経常利益と株価はかなり比例しているものの、その後の急上昇はバブル的である（第1章図1-2）。コロナ禍以前の株高傾向は企業の高利益の反映であり、当時言われた日銀の株価維持策の効果ばかりではない[1]。ただし利益と株価は乖離した時期もないわけではない。また2024年からの高騰で日本の株価は割高と見ることができるし、米国など諸外国からのショックの伝播も心配だ。

ボーナスルート：利潤分配を労働者にしなくなった企業

以上の利子を通ずる企業利潤分配ルートの他に、実はボーナスを通じて、企業利潤は労働者に分配されてきた。旧日経連から経団連に統合された時期を通じて、**ボーナスの業績連動方式**は推奨されており、その採用比率はリーマンショック時まで経団連のホームページ上で掲載されていたほどだった。ところが現在ではボーナス比率は大きく低下しており、このルートは細くなっている（図6-3）。実はボーナス比率は大企業ほど高く中小企業はその比率は低い。支払うよう政府は促しているものの、非正規労働者には支払われていない場合がほとんどだ。現状でのボーナス増加策は格差拡大的である

[1] なお株価は将来の利益の割引現在価値ではあるが、それは投資家が危険中立的な場合であり、動学的な一般均衡モデルにおいて、効用関数が標準的な対数型である場合、現在のリターンのみで株価が決まる。

(c) 減少した家計への分配比率

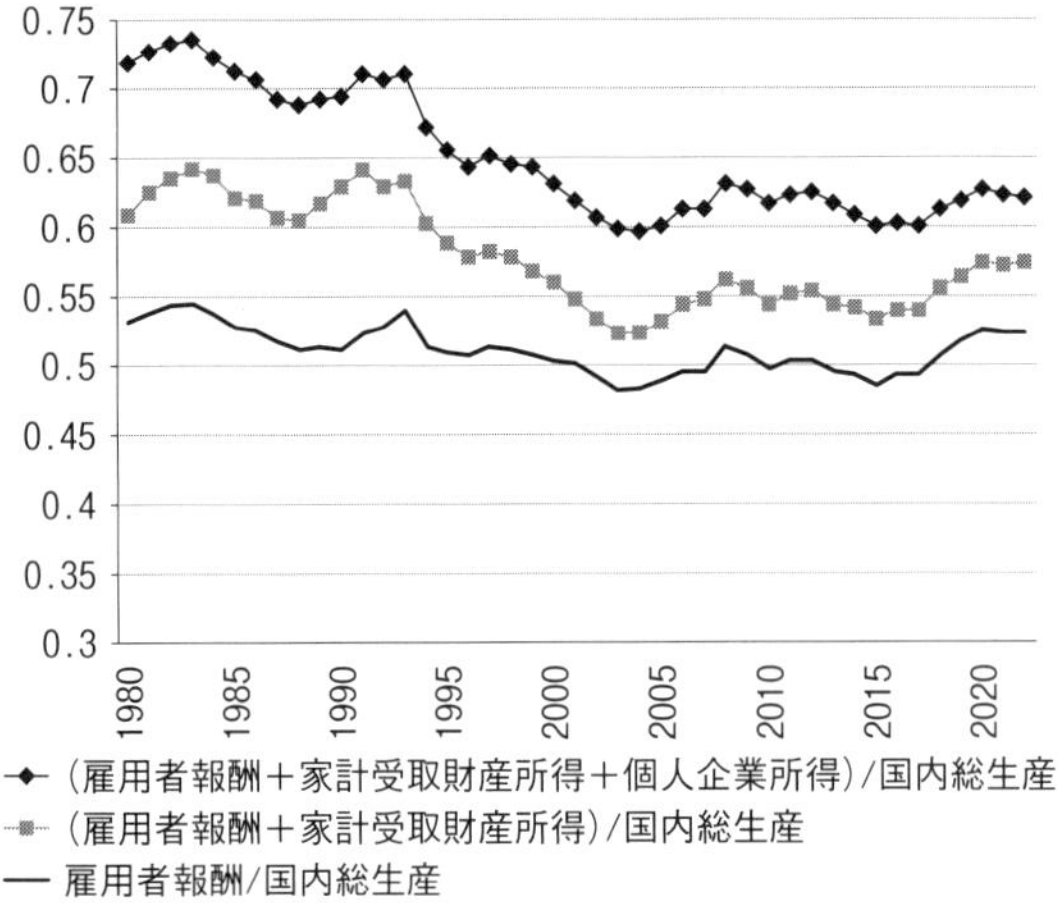

(d) 支払利子より受取利子が大きい非金融法人企業

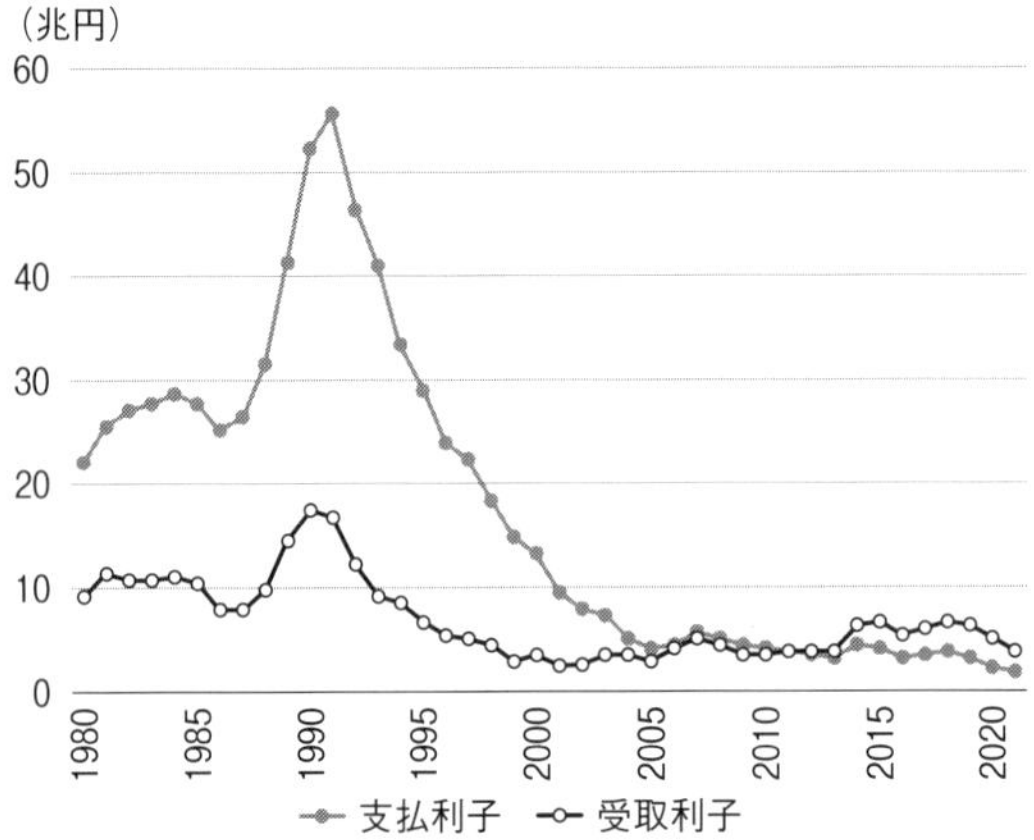

図6-2　家計と企業の財産所得

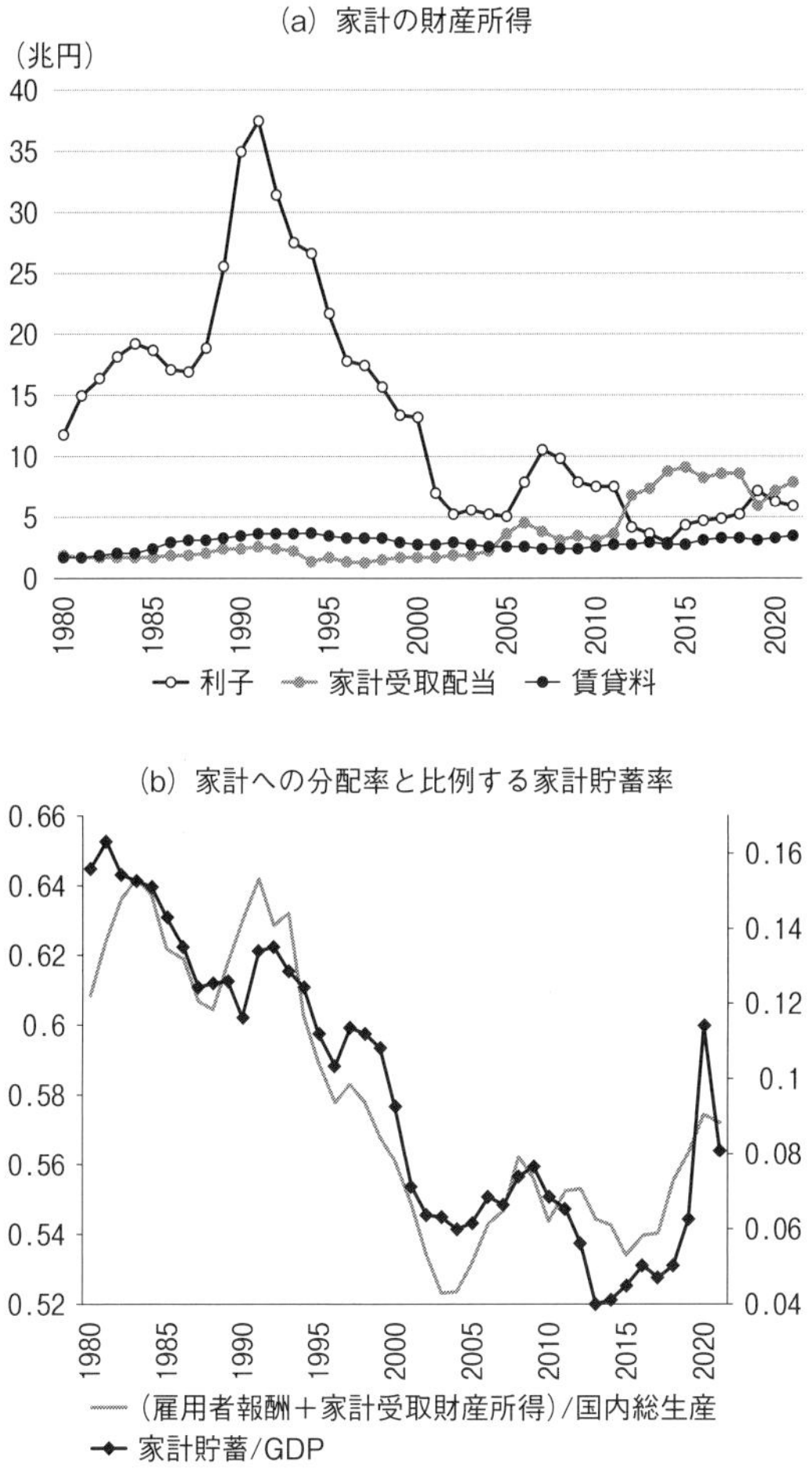

データ出所：国民経済計算

図6-3　所定内給与とボーナス（平均月額）

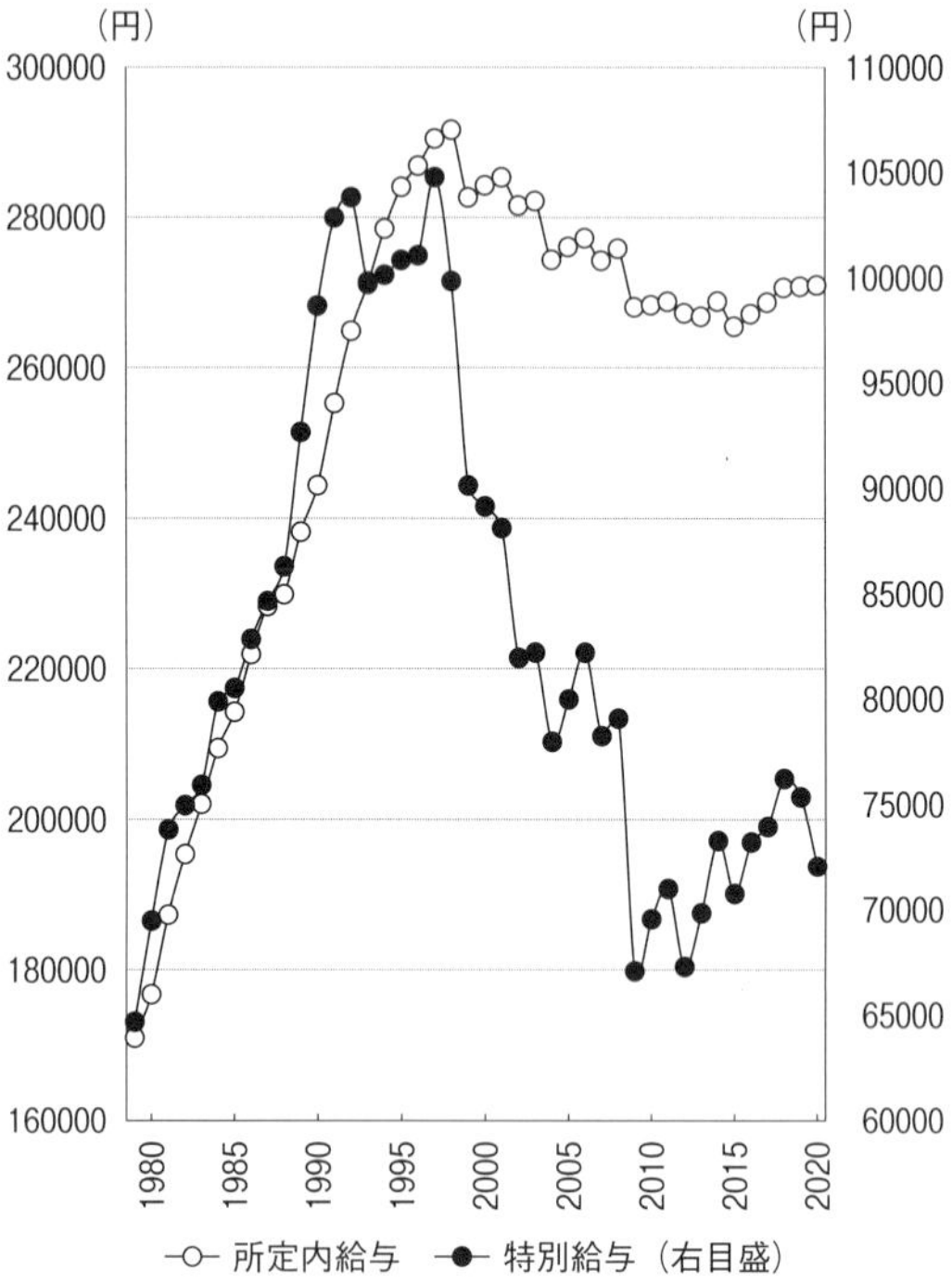

データ出所：毎月勤労統計

ことには注意が必要だ。しかし定期給与に比例して「○月分」支払われるボーナスは機動的で効率的な利潤分配制度であり、非正規労働者を支払対象に含めるなど手直ししてより活用すべきだろう。

変容の背景：「日本型」資本主義の敗北

以上の3点はバブル崩壊による「日本型」資本主義の敗北から由来したものと言えるだろう。日本型とは何であったか、とはいろいろ議論があるが、さしあたりメインバンク制度を主因とした「疑似株式」資本主義と終身雇用制を特徴とする労働のあり方に代表されるだろう。故青木昌彦教授はバブル崩壊後、メインバンクと長期雇用制の「**制度的補完性**」を説いた。メインバンクが不況期にも融資し、瀕死企業を救済するから終身雇用制を維持できるとし、逆に銀行が崩壊していくなら、長期雇用制度は維持できないと予測した。

実際に起こったことは、メインバンク制の衰退の一方、企業防衛のための巨額の内部留保蓄積（企業貯蓄）であり、定年延長・再雇用による長期雇用の強化であった（脇田［２０１９］１５７頁の図は、男性、大卒、千人以上大企業の正規労働者の年功賃金の状況があまり変わらないことを示している）。第1章で説明したように、マクロ経済的には企業貯蓄を吸収するため、巨額の財政支出が必要となり、財政悪化は消費増税により家計につけ回しされることになったのである。

生産要素としての労働の未来：定年延長とＦＩＲＥ

先の3ルートをこのまま放置して状況が好転するかと言えば、そうはならないだろう。今後の「将来」要因として、ＩＴ、ＡＩ、ＤＸなどさまざまに言われるが、**情報技術の発展や作業の自動化**により今後、労働の生産への寄与度が減少する可能性が強い（第1章、第2章）。現在でも多くのＩＴ企業に見られるように、その場合は企業利潤がこれまで以上に上昇する。高齢化を背景に定年を延長し、年金支給時期を遅らせようと政府は躍起だが、企業経営者は中高年リストラが望ましいと考えている。

米国におけるＦＩＲＥブーム（Financial Independence, Retire Early, 経済的自立と早期リタイア）は好調な株式市場を背景としたものであり、当地においても一般的とまで言えないだろうし、それが果たして社会的に望ましい現象なのかという疑問もあるが、定年延長問題に明け暮れる我が国の状況と対照的と言わざるを得ない。

6.3 逆回転する経済政策

以上の3つの構造のずれ

［1］銀行借入をやめ自己資金で経営を行い巨額の利潤をあげる企業
［2］株式保有をせず銀行預金にこだわる家計
［3］ボーナスなど利潤分配を労働者に行わなくなった企業

をまとめると、以前の日本的慣行の下では利潤分配のルートがそれなりに存在した。雇用者報酬に個人企業所得・利子収入を加えて、家計への還元率を考えるとそれは最大74％にもなる（図6-2（c））が、バブル崩壊後の「グローバル・スタンダード」への転換の混乱で、代替ルートを考慮する余裕が欠落したと考えられるだろう。そこで政府は是正策を考えるべきだったがそうはならなかった。主要な官庁が掲げている以下の3つの政策目標（財政再建目標・企業ガバナンス強化・インフレ目標）は、日本の代替ルート欠落の下ではトリクルダウンどころか以下の悪循環をもたらした。

［A：**財政再建目標**］財務省は財政再建を訴えており、その手段は**法人減税消費増税**である
⇓ 企業利潤が上昇し家計所得が停滞している現状を加速し消費停滞を招く

もちろん財政支出は企業貯蓄過剰の下で「必要」だし、増税もマクロ経済にとっては好ましくないが財政悪化を防ぐ「必要悪」である。しかし法人減税消費増税のパッケージは株価上昇消費停滞の傾向を加速することは第1章で述べた通りである。

政府は「安定財源」を求めるという、一見堅実な理由で消費増税を追求しており、社会保障重視論者を味方につけた。しかし「安定」「財源」ともに問題のある考え方である。まず「安定」はケインズ経済学の基本的考え方、つまり政府がリスクをとって不況期には税収を減らし**財政の自動安定化装置機能**（ビルト・イン・スタビライザー）を働かすというものに反している。「財源」についても、個別の税を特定の目的にあてる「**目的税**」は課税理論の原則上、本来は好ましくない。社会や技術が変容していく中で、柔軟な対応や規制緩和が必要だ。

また最適課税理論において消費増税・法人（正確には資本課税）減税が理論的帰結となることは事

実だが、それは海外流出を考えない一国モデル上で、法人擬制説に基づき家計に残余利益がすべて還元される先述の家計内労使共存状態が前提となっている。本書の随所で指摘しているように、現状の日本でこれらの仮定は成立していない。

筆者は今後、財政が万全だ、と思っているわけではない。財政悪化は最終的には**マクロ経済スライド**という名称で年金支給にしわ寄せが行く計画になっており、団塊世代を中心に多くの人の老後に問題が出る。高齢者が年金切り下げに反対すれば、民主主義の下、政権は継続できない。この財政悪化問題はもともと少子化に由来しているが、財政悪化で子育て支援が不可能となって少子化を加速させれば日本は消滅だ。

ただ現状の消費増税は家計を緊縮させて消費比率の低下をもたらしたため（第1章図1-1）、世論や政治の財政出動論を結果的にかえって誘発している。問題を解決するのは**財政を使わず景気を良くすること**だが、それは（繰り返しになるが）企業部門の富と所得を家計に移す分配政策しかない。

以上の財政危機回避という意味でも少子化対策は必要だ。子や孫のために財政赤字を削減、といって、少子化対策を怠ると、**子や孫を減らして次世代の一人当たりの負担を増やしてしまう**のである。

２０１８年には約92万人だった出生数は、２０２３年にはコロナ禍の下で、80万人割れ予想と激減したという現状もあり、筆者はさらなる少子化対策に（本書では詳細には踏み込まないが）賛成だ。バラマキだと否定的な報道もあるが、ここで列挙したような税収拡大や出生数減という統計数字を出して政府発表するなり事情が報道されたりすれば、風向きは変わったのではないか。ＳＤＧｓとは持続可能な開発目標という意味だが、はたして日本は持続可能なのだろうか。

［B：**企業ガバナンス強化**］経済産業省や金融庁は**企業ガバナンス**の強化の下、**ROE8%目標**を訴えている

⇓　株主構成が外国人・金融機関ともに3割、家計は15%前後の現状に合わない

2014年には自己資本利益率（ROE）8%を目標とするいわゆる伊藤レポートが経済産業省から出された。この目標は株式投資家からみた「利益率」に関するものだが、自己資本の総資産に占める「自己資本比率」は内部留保増大につれて増大して、欧米より高くなっている現状を考慮していない。資本回転率や財務レバレッジからみて全体の資本の「数量」は過剰なのに、それに加えて「利益率」も高くしなくてはならないのなら、全体の目標利益の分量がとめどもなく増大することになる。

このように企業ガバナンスを強化する一方で、東芝など不振企業救済を行政が行ってきたことは矛盾している。しかもその救済策は過半の外国人株主（当時の東芝の場合）のために日本人労働者をリストラすることになりやすく、国策として妥当かという問題が浮上する。結局、どういう方向に行けばよいのかわからなくなった。

もともと新古典派経済学の基本モデルで株式保有を考えると、家計は世界各国の株式をまんべんなく持つことが最適だ（実際にも米国株は日本でも大人気だ）。逆に日本企業の株式は外国人が8～9

割持つことになる。もちろん基本はあくまで基本であり、どこの国でもホームバイアスといって自国民は自国の株式を好む。しかしグローバル化と市場原理を新古典派でつきつめていくと、株式保有においては**世界的なポートフォリオ分散**が最適になる。

混乱の理由の1つは、新古典派経済学の前提である完全競争と現実の競争が異なるからである。新古典派経済学は家計の効用を最大化するためにどうすればよいか、という問いから出発する。このためには政府の指令経済ではなく市場経済、独占的企業の支配ではない完全競争の状態が、結局は家計のためになると説くのである。それゆえ構造改革や規制緩和を通して完全競争に近づけていく主張が正しいとされる。

しかし多くの産業はもはや完全競争下になく、それに近づいているわけでもない。実際の競争はデジタル寡占企業の国際的陣取り競争であり、それに勝つことが目的となっている。米国にはＧＡＦＡと呼ばれた巨大独占ＩＴ企業群が出現した。一方で社会主義国である中国は自国の巨大ＩＴ企業を育成したが、国家統制を強めている。１つの産業や企業の盛衰が（一般均衡的に）一国経済に無視し得ない影響を及ぼす状態を考察する必要がある。お手本通り、言われた通りのルールでやっているだけ、マナー講師の言うことを聞いているだけでは、「馬鹿を見る」ということになりかねない。

実はウォーレン・バフェット氏の経営する会社やグーグルの親会社アルファベット、旧フェイスブックのメタなど多くのテック企業では、創業グループの株主が議決権を数倍持つ株式（種類株式という）を使って、議決権の過半数を占めている。このことを海外Ｍ＆Ａの専門家である太田［２０２

3」は紹介し、

買収防衛策への否定論が強いわが国の状況は、いささか理想主義的であるようにも思われる。と述べている。竹槍でB29に立ち向かうという言葉があるが、完全競争下の生産性競争に負けたのではなく、デジタル寡占の椅子取りゲームの権謀術数に負けたという観点で見ることも必要ではないだろうか。

〔C：**インフレ目標**〕日本銀行の**金融緩和**　⇓　安全利子率を金融政策で下げて、企業利潤ならびに株価が上昇する構造

内部留保という名で企業が貯蓄を積み増している異例の現状で、銀行貸出を促進する金融緩和策は有効にはならない。国民経済計算でも非金融法人企業の受取利子は支払利子より大きくなってしまった。対外要因では円安を起爆剤として国内経済を活性化するはずが、円高に戻らなくなって「安い日本」になってしまった。**円安株高は海外投資家向けの日本企業株式のバーゲンセール**となり（第4章図4-9）、一方日本企業は円安なのに海外投資を増加させるばかりか、実はその収益率はゼロ近傍である（第3章）。あまり排外的なことは言いたくないが、「なんとなくグローバル」では利益も上がらな

い。

教科書通りでは無理

先述した3目標は実は経済学の教科書通りの政策（最適課税理論・企業ガバナンス理論・ニューケインジアンモデル）であり、経済学者やエコノミストも「財政改革派」・「構造改革派」・「リフレ派」などと呼ばれてそれぞれ応援した。株価や為替レートは毎日結果が出るので、外国人投資家主導の採点に一喜一憂したのである。目標が完全に達成されたわけではないが、方向性としては政策の意図に沿った結果が出てきたと言ってよいだろう。しかし先述のミッシングリンクのため**企業優遇策のみに終わってしまい、結果的に家計と内需にしわ寄せ**（消費増税後・輸入インフレ後の消費停滞とガバナンス強化時の賃金停滞）が生じてしまった。企業価値を高めることはそれだけをとれば望ましいが、その前提は成果が家計に分配されることだ。これらの政策が依拠した新古典派経済学の一国モデルは実は始めから家計にすべて還元される構造になっていて、小国になった日本の現状とほど遠い。海外発の教科書的知識を若い世代は鵜呑みにすることが制度的に促進され、それが家計の窮乏化をもたらしているのである。利潤分配ルートが途切れた状態で、何をなすべきか再考する必要があった。

6.4 途切れた利潤分配ルートをつなぎ直す

以上の分配に関する3つの齟齬を解消して、マクロ経済の歯車をかみ合わせるためには基本給賃上げ促進に加えて、6.2節で説明した

[1：利子ルート]企業の銀行借入促進
[2：配当ルート]家計の株式保有促進と配当優遇
[3：ボーナスルート]労働者への企業利潤分配促進

の政策が必要だ。ただし企業の銀行借入促進策は当分は難しいだろう。企業保有の金融資産が積み上がった現状で、銀行借入を無理に増やせば、資産価格高騰を招く危険性もある。しかし後者2点については、技術変容により今後の株主優位の分配構造が定着すると見込まれるため、より家計への利潤分配ルートを確保することが重要だ。

関係者一同の共存共栄を長期的に計るステークホルダー資本主義が結局のところ、ギスギスした短期的な利益至上主義より望ましいと言われることもある。そのスピリットを生かしながら、具体的な

政策は既存の資源や制度に適合したものとしたいものだ。以下では一般と少し異なった視点から、いくつか考えてみよう。

企業の利潤分配：会計と賃上げの齟齬を解消

まず賃上げの問題だが、上げない企業には法人税を課す意気込みでやってもらいたいものだ。ここでは容易にできそうな政策として、交渉タイミングと会計年度の齟齬の是正を説明したい。現状は高利潤であってもこれから円高などにより利潤減が見込まれる、などと言って、経営側が賃上げを躊躇することがこれまで多かった。ボーナスを春闘と同時期に決めている企業も多く、先の時期のボーナスを確定することはどうしても不確実性が高くなってしまう（厚生労働省の賃金引上げ等の実態に関する調査に交渉時期の統計がある）。過年度（多くの場合前年度のみ）の結果を見て3月に来年度の賃上げを決めているが、来年度は利潤や売上があるかどうかは心許ないと思うのは当然だ。

この会計年度と賃金支払パターンが不一致であることの解決は**引当金の活用や損金算入**が考えられる。現状の給与関連の引当金は賞与引当金など税制上は損金算入されないものがほとんどだ（平成14年まで退職給付引当金は損金算入が認められていた）。しかし支払われた時点では損金参入されるわけだから、財政当局にとってもさほど影響はないものだ。実は役員報酬や役員賞与など法人が役員に支給する給与は、原則損金不算入であるものの、（1）定期同額給与、（2）事前確定届出給与、（3）

利益連動給与に該当すれば損金算入できるとされており、この点を簡略化した上で従業員報酬に適用拡大することもできるだろう。既存のものの損金算入を認めるだけでなく、賃上げのための引当金を創設するなど、会計年度と賃上げ交渉タイミングの齟齬を解消することが必要だ。

家計の株式保有促進

このところの株価上昇や技術動向を考えると、労働所得だけでなく株式を中心とした資産所得を家計が確保する必要が増している。もともと日本の家計が貯蓄をしないわけではなく、それを預金から株式に変更することがやはり必要だ。**資本家なき資本主義**ではやっていけない。家計の株式保有は既にＮＩＳＡやｉＤｅＣｏなど課税軽減策が知られている。他にも２０１７年度税制改正において（高齢者世帯向けと思われる）低所得者向けの配当所得は（当時は国内企業に限って）かなり優遇されてきたし、２０２４年からは新ＮＩＳＡも始まった。既に走り出したこの方向をより確かにする必要がある。

●相場の安定化

マクロ経済の循環上、多くの家計が株を持つことが望ましいといっても、現状の株式市場には問題が多く、市場の投機的変動メカニズムも特異なものである。個別の株価には理不尽な変動をするものも多く、教科書的な自由な市場観にあまりこだわらず、大手業者の相場操縦を未然に防ぐ制度的工夫が必要だ。

●公的保有の株式の活用

既に我が国には日銀やGPIFなど公的保有の株式が併せて100兆円以上も存在する。前例がない状態だが前例のない政策として、日銀株式購入をそう異端視する必要はない。今後も機会があれば継続し、定期的に家計に安価に売却あるいは給付していくことはどうだろうか。家計の過少な株式保有を是正するため、**現金給付の代わりにETF給付やストックオプション給付**をするわけである。構造改革派の主張する企業ガバナンス強化につながり、国民の老後の生活安定から財政再建を助け、リフレ派の無謀な政策の後始末にもなる。一石三鳥の妙案となるのではないか。

●従業員の自社株保有

従業員の自社株保有の場合、インサイダー取引の危険性が問題となるため、従業員持株会や米国のESOPなど既存の制度では退職時まで持株は売却できない。ただしこの点はもう少し工夫することはできそうだ。インサイダー取引であるかどうか、監視対象を狭めることが重要で、準公的な預かり代行機関を作って、担保融資するような制度はできないだろうか。

従業員持株会（現在、シェア1％）や**ストックオプション**など株式を使った報酬を、もう少し活用し使い勝手をよくすることは可能だ。アンケート調査によれば多くの上場企業は、金融機関や株式持合などで安定株主5割以上を確保しており、それ以上の自社の株式保有構造の興味は持たない（商事法務研究会『旬刊商事法務』の各年の株主総会白書参照、この数値はシンクタンク等が発表する持ち合い株式比率を大きく上回っている）。しかし安定株主は文字通り売買しないので、日本の株式市場は外国人（保有比率3割）と家計（2割弱）のみが売買をするいびつな市場となっている。年間GDPに匹敵する500兆円もの株価時価総額上昇の果実は売買高7割を占める外国人投資家に渡ってしまった。またA社の株式を保有するB社の株主構成も同様の比率と考えて順繰りに計算していくと、究極的には外国人と家計のみが株主であり、日本企業の過半は外国人株主であると考えることすらできる。

ファイナンスの教科書的な見方ではこのようなアンケートが存在すること自体が奇異に感じられるかも知れない。しかし伝統的には安定株主工作は経営安定化のためよいことと思われてきた経緯がある（奥村［1991］124頁）。故奥村宏氏は80年代、90年代を通して、企業集団や株式持ち合いなどの日本企業の諸慣行を厳しく批判した研究者だったが、当時のバブル的雰囲気では弊害がマクロ経済に顕れることはなかった。しかしアベノミクス期に至って、健全な株式市場育成を怠ったツケが回ったと言える。日本の企業ガバナンスについては、戦前の資産家大株主中心の資本主義から敗戦後のGHQ指令による財閥解体、そして資本自由化まで長い歴史の経緯があり、本書では踏み込む余裕はない（岡崎［1994］は戦前の上場株式時価総額がGNPに迫っていたグラフを示している）。

しかし経営陣の保身が生み出した安定株主と、外国人中心の「もの言う」株主の対決ばかりでなく、家計に企業利益を還元する役割を第一に考えるべきだ。

有名人や天下り官僚を社外取締役に据えるなど形だけの企業ガバナンス改革に政府は熱心だが、これでは従業員は力が入らない。企業の利潤が自分の持ち株の価値に反映され、生活に役立つからこそ、従業員は定着し効率化にも熱意が持てるというものだ。

バブル崩壊後の混乱の中で利潤分配の機能が消え、多くの家計は賃金と公的年金しか生きる手段がなくなっている。家計の株式保有を促進する新ＮＩＳＡ拡充が始まったこの時期に、株式という報酬手段を含めることが、ガバナンスのみならず企業内の保身保守一辺倒の判断を覆す方策ともなるのではないか。

賃上げと利潤分配は組み合わせて

筆者は永年賃上げを訴えてきた。本書では主として別ルートで企業の家計への利潤分配を訴えているが、もちろん基本給賃上げに加えて、策を打ってほしいという意味である。家計への分配でも

［1］春闘で決定される基本給
［2］ボーナス
［3］財産所得

の順に貯蓄に回る比率は低く、基本給賃上げが消費喚起には望ましいことは確かだ。特に以前の家計の財産所得は貯蓄をもたらす傾向が強かったため、景気に即効性はないかもしれない（図6-2(b)）。しかし預貯金・証券投資に回っても、それはそれでやむを得ないことだ。短期の消費喚起ばかりでなく、老後のための資産形成も必要だ。全体として企業部門の資産を家計に返すことが必要だ。

● 危機時の給付金は**家計**が貯蓄してしまうので意味がない

というよくある議論は、あまりにも酷で家計を「消費をする機械」と見ているのではないか。どうしてエコノミストたちは

● 23兆円の使い残しがあるから、**政府**のコロナ対策に意味がなかったとか、納税しなくてよい
● 金融資産を購入するだけの**企業**に減税しなくてよい

と言わないのだろうか。老後の生活を保障し将来不安を鎮めるためにも、家計への利潤分配が必要だ。

6.5 所得再分配の状況

ここまで企業の機能的分配を中心に考察してきた。一方現状の分配の議論は政府の所得再分配を念頭に置いていることが多い。再分配をどこまで行うか、という問いには伝統的に厳しい意見の対立があり、しかも個人の努力をどこまで促すか、については、個々人の信念と人生観に依存するので理論的に割り切ることは難しい。

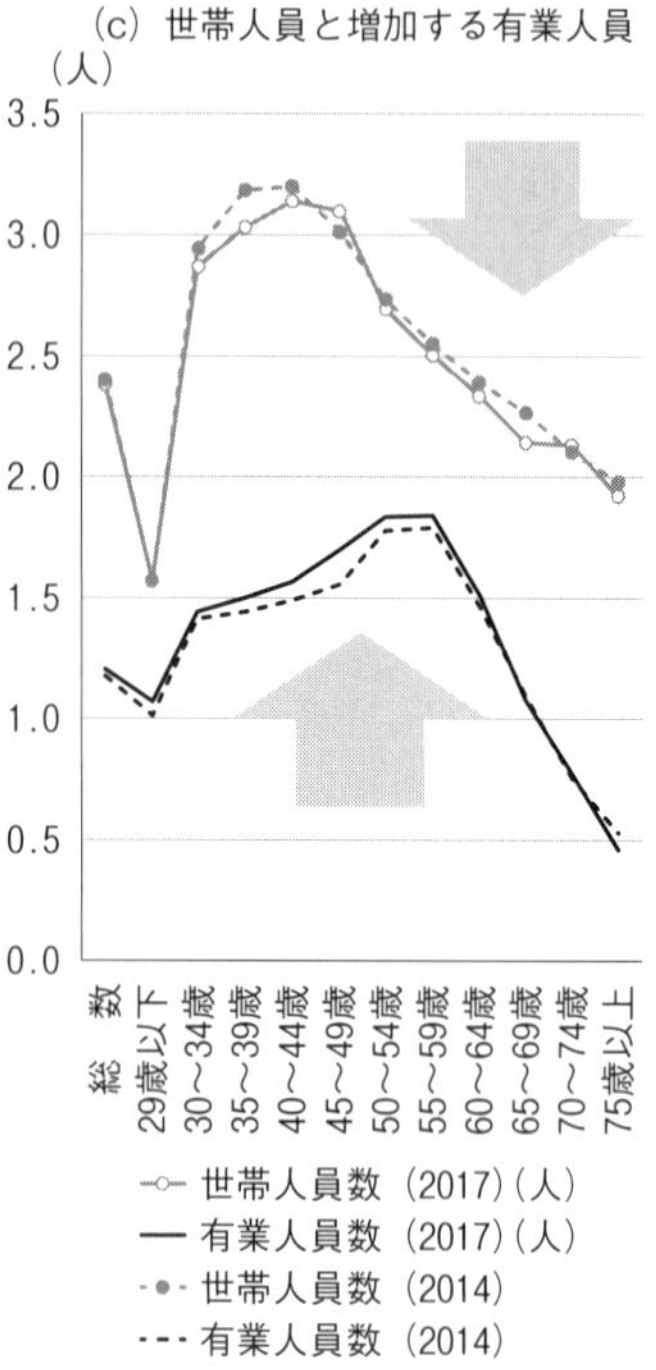

ただしコロナ禍以前の2010年代には分配状況は改善されている。厚生労働省の所得再分配調査の2017年度版を2014年度調査と比較して、アベノミクス期の状況を見てみよう。この調査は「家計」を単位として、国民生活基礎調査と連関して3年ごとに行われている。図

図6-4　2017年と2014年の世帯主の年齢階級別所得分配

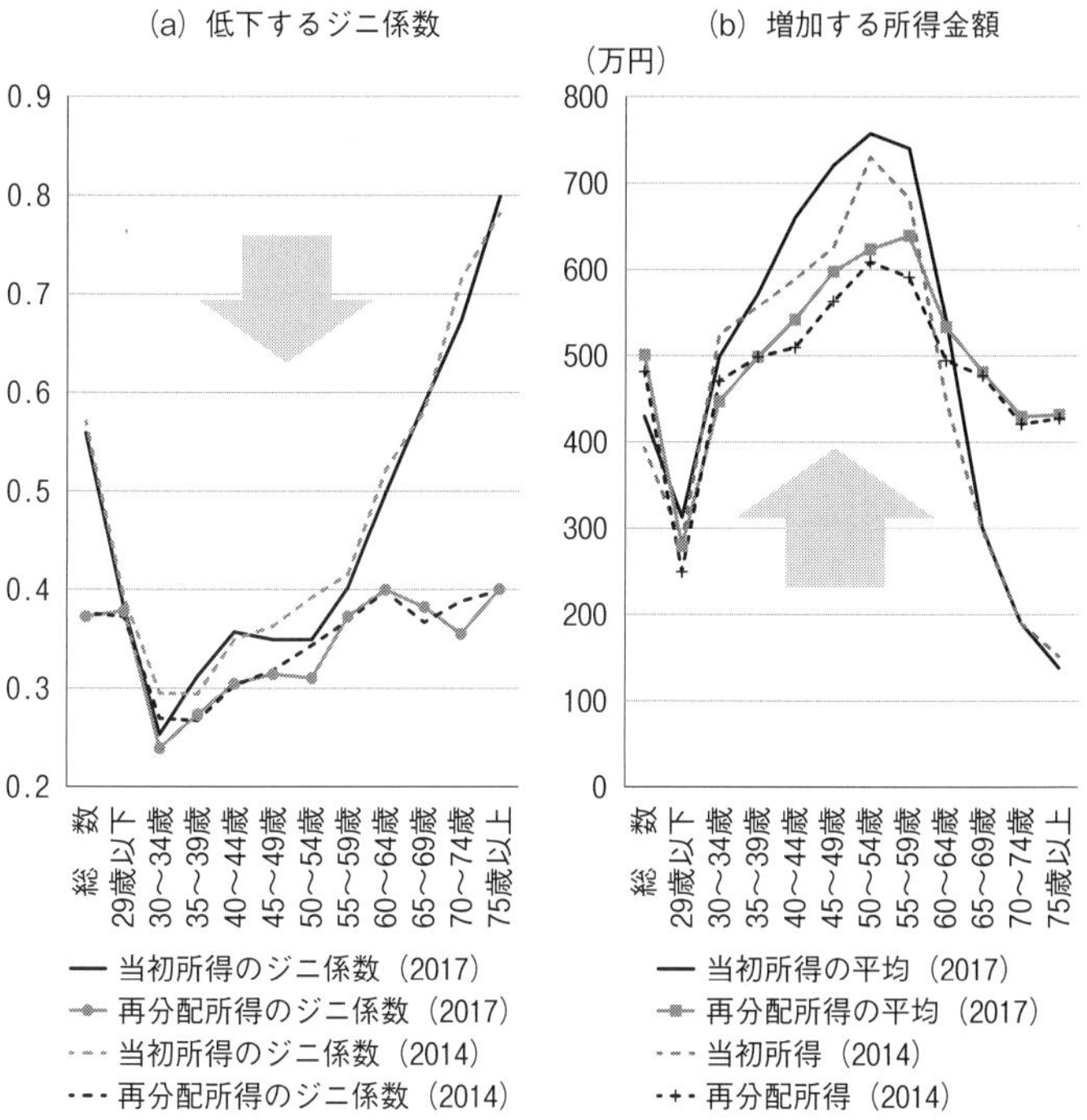

データ出所：所得再分配調査

6-4で見ると、この時期の失業率低下と整合的に家計内の有業人員が増加（図6-4(c)）し、不平等度を表すジニ係数（図6-4(a)）は先述のように2種類あるものの、以下のように両者ともに低下している。

●年金など社会保障給付を加えた**再分配所得**のジニ係数はこのところ低下していた。

●**当初所得**のジニ係数は2014年まで上昇し続けており、2017年度の低下は高齢化の進む中でかなり健闘した（図6-5）。

図6-5　格差よりも所得減少・貧困

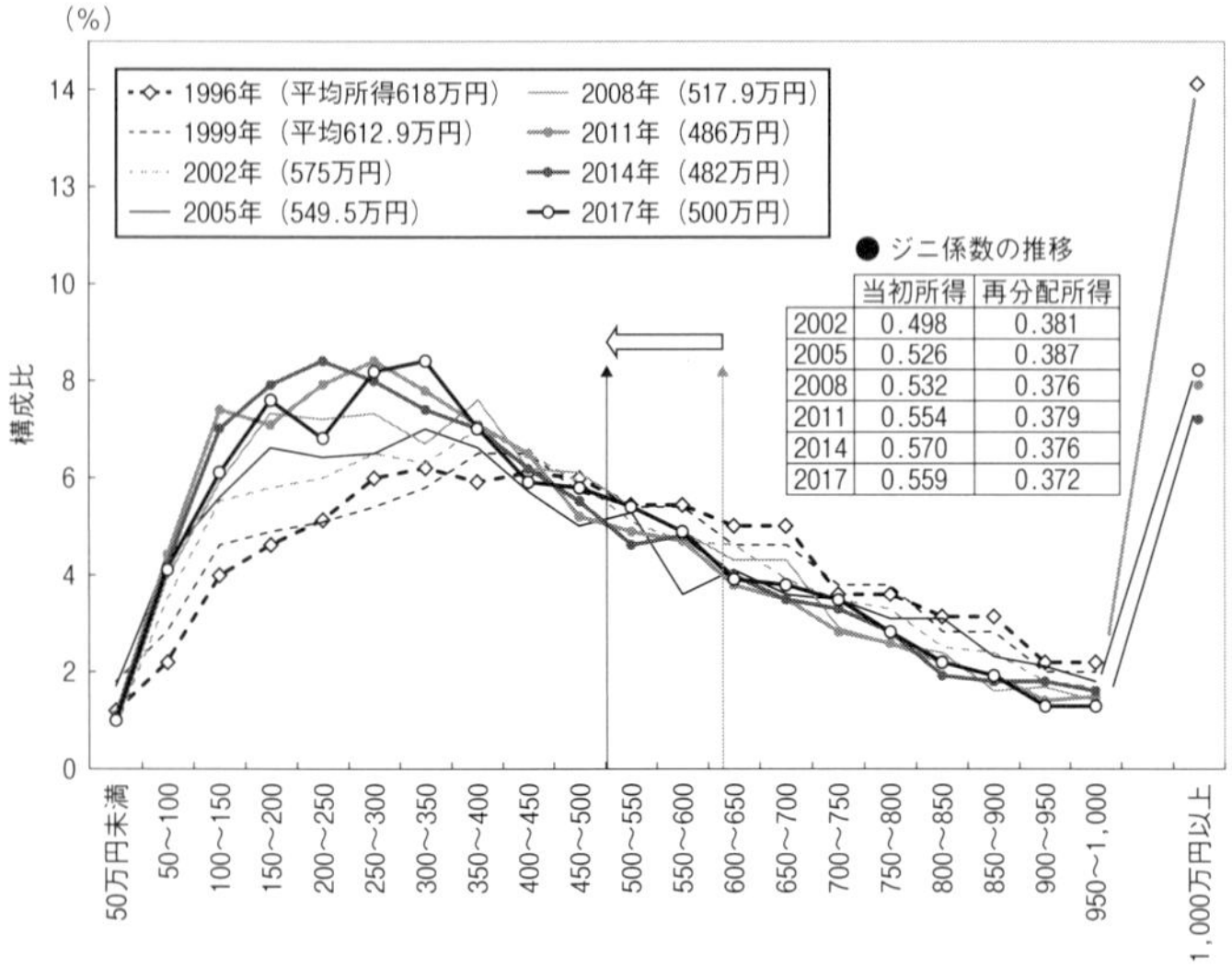

注：格差社会の実相は「格差」拡大、つまり上位層と下位層の差が開いたことではなく、全体として所得が減少したことである。ジニ係数とは分布のバラツキを表し、それが年代別に一定とは分布のバラツキが一定であることを意味する。
データ出所：所得再分配調査 家計 再分配所得

この調査でも家計の平均所得は低下し続けてきたが、ようやく底を打っている（図6‐4（b））。これらの動きの背景にあるのは中年女性や高年齢層の就業率上昇だ。2017年度税制改正において、配偶者特別控除の見直しが行われ、控除枠の拡大が行われた。家計調査で見ると、この結果は明らかに女性配偶者所得の上昇に表れており、家計は制度改革にポジティブに反応している。労働市場は一部の職種や若年層はともかく、全体で見れば**人手不足と言うより、皆が少しずつ働くワークシェアリングが一般的**という状況にも見える（第1章図1‐9も参照）。旧来の家庭観に捉われない抜本的な改革が望まれる。

アベノミクスと就業者

なおこの時期の就業者数の増加がアベノミクスの効果と言われるが、必ずしもそうとは言えない。労働市場はリーマンショックにより急速に悪化した後、民主党政権時より一貫して回復基調にあったからである。第2次安倍内閣が成立した2012年度末頃から1946~49年生まれの団塊の世代が65歳となって、その集団が非正規市場に流入した。このように世代の人口数が大きく異なるため、就業者「数」で見れば確かにアベノミクスの効果は顕著に見えるが、就業「率」はトレンド上にあり、ほとんど変化していないことに注意されたい（脇田［2019］）。この点は失業率や求人・求職者数の推移によっても確かめられる（第5章図5-8）。

バラマキかピンポイントか

コロナ禍で国民全員への現金給付をバラマキだ、ポピュリズムだと批判する人が多かった。所得再分配政策の有効性や効率性、つまりバラマキかピンポイントかという問題は、必要資金の規模に直結する。たとえば非正規労働者の賃金総額は正規労働者の時給・労働時間・労働人数がそれぞれ半分だから2分の1の3乗で8分の1であり、2%の上昇に必要な金額は実は全体の賃上げよりはるかに少ない。マクロ全体の好循環より、底上げや最低賃金上昇のほうが比較的容易な政策なのである。このように対象を狭めてゆけば、実は政府や企業の「腕力」でできることはたくさんある。やらない理由は財政というより旧来の家族観や国家観にあることが多い。

他にも給付金については議論になることが多かった。筆者は現金（あるいはポイント）を家計に直接給付することに賛成であり、その観点から留意点をいくつか挙げてみよう。

●課税システム

まず税制だが、現状は家計の総合課税に例外がある。岸田内閣発足当初に議論になったように、株式のキャピタルゲインなど金融所得は分離課税で一律2割であり、累進課税の一般の所得税とは扱いが異なる。このため金融所得が高率であれば、高所得であっても税率が低くなってしまう。

また現金給付は毎回、一律配布を計画すればバラマキ、所得などの制限付きなら不公平だという反対意見がわき、生活保護など給付された人にスティグマが付く、と問題になる。これは既に提案されているように、一律給付で**事後的に合算し累進総合課税**で調整すれば問題は解決する。本来、総合所得課税になっていないのが問題だ。特に金融所得の課税強化については、家計の株式保有比率が低い今のうちに、総合所得課税制度に変更しておくべきだ。今後海外からのショックで世界金利が高騰した場合、巨額の国債発行を行っている日本政府は多額の利払いを迫られるが、その備えとしても金融所得の課税強化は有益だ。

●徴税のためのＩＴインフラと政策の技術的可能性

徴税のためのマイナンバーなどＩＴインフラが未だ発展途上であることも問題が大きい。ただし政府や企業のＩＴ化やＤＸ化など事務的インフラ能力は**業務体系のトップの把握理解**の程度に依存することは第２章で述べた通りである。

●政治的な支持と参加意識

最後に、分配制度は政治的な支持がないと持続できないことは留意しておきたい。アベノミクス期以降、若者にはポイント還元、高所得者層にはふるさと納税などおまけのような財政サービスが増えて、ポピュリズムだ、バラマキだと批判する人が多い。確かにバラマキかもしれないが、困った人に集中的に給付するはずの制度が真の困窮層に的中するかは疑問である。あまり対象を絞ってしまうと、そのような制度は**参加意識**を高めず、民主主義の下で政治的に支持されない。

●消費者直結の補助金政策

マイナポイントやＧｏ　ｔｏ政策などはバラマキだと批判が大きいが、短期間でとにもかくにも遂行された。これまで補助金漬け行政などと言われても、政治や行政と密接に関連する一部の企業や業界団体ばかりが潤い、多くの人々には実体は不透明で、恩恵を実感することは少なかった。ＩＴ技術の発展により、より広く薄く**家計直結の補助金**がようやく可能となってきた。ポイント還元などでは消費者の選択を通して企業に補助するということでもある。所得など制限を付ければ不公平で、国民全員を対象にすればバラマキと言われる。それならコロナ禍の対策予算のように20兆円使い残しでも実体が報道もされない不透明なものが良いのだろうか。

残念ながら財政による再分配への反感は強い。しかしこれは将来展望を示せない政府への失望も理由にある。若者は技術革新により、今後自分の仕事が続くのか不安だ。中年は老後が不安だ。高齢者は病気が不安だ。全世代型社会保障と言うが、**全世代型将来不安**だ。なかなか他人のことまで気が回らないだろう。しかしポイント給付を今後の直接給付政策の小手調べと考えれば、そう非難することもなかったのではないか。

コラム●モデル早わかり●気が利く政府と予備的家計貯蓄

財政を巡る政府の対応に批判が集まることが多い。コロナ禍では**現金給付**を巡って、インフレ下では**所得減税**を巡って国民の不評を買った。これは政府や政治家が「気が利かない」からだと思う。皆が困っているときに、お金を包んで御見舞金をさっと持ってきてくれる「気が利く」人は頼もしい。コロナ禍下ではもっと給付金を早く配れたはずなのに、ぐずぐずしてしまった（それでも東日本大震災につけ込んで増税するよりはましになったとは思う）。これでは前例とルールを振りかざす政府と官僚機構に国民が感謝することはない。

また所得減税も町内会の会計で考えればわかる。このままではお金が足りません、会費の値上げが必要です、とずっと言われていたのに、会費を取りすぎたので返します、と言われれば、どうも会計担当は杜撰じゃないか、と思うのが人情だ。あるいは少額の金を包んで持って行くと「馬鹿にするな」と怖い人が怒りだす、というドラマのような心境で、国民は所得減税に怒っているのかも知れない。

筆者はふざけて書いているのではない。病気や不時の災害など不測な事態へ備える貯蓄を**予備的貯蓄**というが、実は大きな貯蓄の動機だ。「家計の金融行動に関する世論調査」（金融広報中央委員会）による貯蓄動機アンケートでは7割程度の家計が予備的貯蓄が重要と答えて、2012年までは1位の回答となっている（2013年以降は老後の生活資金（ライフサイクル要因）に次いで2位）。

予備的貯蓄は計算式が複雑で、きれいな解が得られないため、初歩の教科書には載せにくい。しかもその行動は簡単に計測できない。しかし現実にはコロナ禍下でもリーマンショック下でも不安から家計貯蓄は増加した。だから家計貯蓄を補う政府からの現金給付はバラマキであるとは一概に言えない。もともと日本の賃金制度自体は、企業が家計の直面するリスクをカバーするよう作られており、生活費保障という形で賃金が支払われているのである（暗黙の契約理論という）。

ただし企業は長生きのリスクまでカバーしてくれない。そこで不安だから、政府があてにならないから、高齢者世帯は常日頃からなかなか貯蓄を取り崩さない。つまり日本の家計の貯蓄行動の最大のポイントは終末期の予備的貯蓄なのである。家計貯蓄は預貯金に偏っており、2年間のインフレで7％も目減りしてしまった。家計預貯金1100兆円（資金循環統計）の7％は77兆円にもなるのに、前日銀総裁は家計は許容力があるから、インフレにしても大丈夫と言う脳天気ぶりだった。もはや日本の年齢中央値はほぼ50歳である。老後の不安な気持ちに応えて、そんなに心配して貯金しなくても大丈夫ですよ、という制度を組み立てることが政府の役割ではないのだろうか。

伝統的分配ルートの機能不全

本章では「成長と分配の好循環」を巡って考察を加えた。日本経済の現状は企業部門の利潤と富が積み上がっているものの、それが家計部門に移転していないことを前提に、以下の5点について検討した。


［1］分配には3つの定義があり、議論が混乱していること。

［2］家計預金、企業の銀行借入、そして企業の利潤分配という、かつては存在した伝統的機能的分配ルートが現在では機能しなくなっていること。

［3］政府のマクロ経済政策は［2］を是正するばかりか、利潤分配ルートの欠落の結果、かえって悪循環をもたらしていること。

［4］是正策にはさまざまなものが考えられるが、引当金を活用し賃上げ原資確保の不確実性を軽減すること、公的保有の株式を活用して家計に株式保有を促す試案を提案した。

［5］また再分配状況の下げ止まりについて解説した。

日本独自の慣行については何か遅れたものという考え方と解消される方向にあるという考え方がこれまで混在していた。戦前の日本資本主義論争では前者がいわゆる「講座派」であり、後者は「労農派」と呼ばれた。しかし日本的慣行は世界の各国に実はあるもの、という考え方が必要だし、それが個性と優位性をもたらすという考え方も必要である。

何より望ましくないことは、うしろめたいと隠すばかりに、かえって問題をこじらせることだ。本章で取り上げた企業ガバナンス構造の近年の変革は有名人を社外取締役に起用する形ばかりになっていないのか、そして政府資産（デッターⅡフォルスター［2017］）や円安誘導の問題は諸国にあるものではないのか、という疑問を持つことが重要だ。世界の経済学界では、いくら政府が債務を膨張させても、中央銀行が貨幣を増発させても、日本経済の例から考えて大丈夫だという誤解が広まりつつある。そのような誤解を招くことの方が筆者には問題に思える。

蛇足　ブギウギと吉本と同族会社

2023年秋のNHK連続ドラマ「ブギウギ」のモデルは笠置シズ子だ。彼女はお笑いの吉本興業の創業者の息子と同棲し、その娘を産んだことはドラマの通りだ。ただしこの点は戦後永らくタブーとされ、話題になることは何でもやりそうな吉本がそれをビジネスに使うことはなかった。その理由は当時の吉本が同族企業であり、夫の血筋の吉本家と妻の血筋の林家という2つの創業家の抗争があったからだ。戦後ほどなくして創業者吉本泰三の妻の吉本せいの弟、林正之助が吉本興業の全権を握った（笹山敬輔『興行師列伝』新潮新書、2020年）。このとき吉本の血筋を引くものが残っていてはお家騒動のもととなる。それでタブーとされたのだろう。林正之助全盛時の吉本興業関連書物には笠置シズ子に対して、極めて失礼な書き方をしているものもあり、それがかたくなと言われた彼女の生き方につながったのであろう。

日本の企業のほとんどは同族会社であり、企業数の9割、上場企業でも5割を超えている。同族会社は税法に規定があり、①その会社が発行している株式数の50％超を、②3グループ以下の株主が保有している会社をいう。その同族会社にはガバナンスの問題を前提とした**留保金課税制度**という内部留保課税があることは重要だ。

[第7章] 停滞脱出への処方箋

梯子の頂上に登る勇気は貴い、更にそこから降りて来て、再び登り返す勇気を持つ者は更に貴い

速水御舟

7.1

最終目標を思い出せ

「企業貯蓄」・「ものづくり国家の衰退」・「家計へのしわ寄せ」から見る各章の連関

最終章となる本章では、本書の内容を振り返りながら停滞脱出の方策を改めて考えてみたい。各章では企業バランスシートと**企業貯蓄**を巡る諸側面を考察しており、有機的に連関がある。

第1章では、**総論**として国民経済計算上の各経済主体別の貯蓄投資バランスを通して、失われた30年の真因は**企業の貯蓄主体化**であること、対策は（a）賃上げ（第2章、第3章で詳述）・（b）配当収入増加（第6章）・（c）円高による輸入物価引き下げ（第4、5章）を通して家計に所得を返すことであることをまず指摘した。

第2章では、企業貯蓄の「主源泉」は**生産性以下の賃金設定**にあること、長期停滞の問題は生産面よりも企業の家計への分配過少を通した需要面にあることを指摘し、ユニット・レーバー・コストを通してデフレーションにつながっていることを指摘した。

第3章では、いわゆる内部留保と会計用語、企業貯蓄と国民経済計算の関係を整理した。企業の**バラ**

ンスシート拡大で増加が大きい項目は、資産側の①預貯金、②その他投資と、負債・純資産側の③利益剰余金、④銀行借入の4点であり、国内への有形無形の固定資産積み増しは小さい。企業貯蓄は②その他投資の中で一見、高収益の海外へ流れているものの、投資収益率計算にキャピタルロスが無視されており、収益率は過大に見積もられている。現状ではストックとしての内部留保は毀損しており、このままでは**海外投資立国**の成立は難しいことを指摘した。

第4章では、バランスシートの両側の増加幅の中で①企業預貯金と④銀行借入の関係を金融政策を通して考察した。当初の黒田日銀の異次元緩和策の真の目的が**円安志向**であったこと、その円安がアベノミクス期を通して**製造業の国内回帰**など期待されたメリットをもたらさなかったことを説明した。

第5章では、預貯金増加の源泉は銀行借入にあること、そしてそれは企業の**運転資金過剰**を通して今時の危機時に海外からの資金環流をもたらさなかったことを説明した。危機時の急激な円高の克服は裏目に出て、2022年から始まる国際環境**激動期**に家計の苦境を招く**超円安**をもたらした。日銀が身動きがとれない理由は、エネルギー危機だけなら引き締め気味でもよいが、金融危機の危険も去らないからである。

第6章では、分配の定義を巡る混乱を整理し、日本の問題は企業が行う**機能的分配**にあること、そしてこの企業から家計への機能的分配ルートが98年金融危機の混乱のためいつの間にか消滅し、内部留保が増大したという歴史的な**問題の経緯**を説明した。

以上ではバランスシートと内部留保増大を中心に説明（純資産生成過程である第2章、資産側の海外流出過程である第3章、負債側の銀行借入を考える第4章、第5章）しているが、ものづくり大国の衰退や家計のしわ寄せといった観点からも各章の構成を考えることができる。

ものづくり国家の衰退という観点から見ると、1998年の金融危機以降、製造業高賃金のスピルオーバーがなくなり（第2章）、海外進出は全体としては成功せず（第3章）、アベノミクス期の円安でも生産基盤は戻らず（第4章）、コロナ禍時にはレパトリ資金も戻らなくなって超円安になった（第5章）とまとめられよう。その背景にはメインバンク制と低金利政策の齟齬がある（第6章）。

家計へのしわ寄せという観点からは、家計は生産性以下の賃金に苦しみ（第2章）、そこから生成された企業の余剰資金は海外に投資された（第3章）。金融緩和により家計は預金者として低金利に苦しみ、アベノミクス期の円安誘導で苦しみ（第4章）、コロナ禍で超円安になって輸入物価高にさらに苦しんだ（第5章）。バブル以前はボーナスも預金利子も高く、企業から家計還元される総分配の比率は少なくなかったが、家計の保有比率の低い株式配当が増え、比率は低下したとまとめられよう（第6章）。

この3点は連関がある。ものづくり国家が衰退するなかで企業貯蓄が生まれ、家計へしわ寄せされた、とまとめられよう。

長期停滞の基本的見方

日本経済の「失われた30年」と言われる苦境の、筆者の基本的見方は「金融危機を怖れるあまり**家計軽視・企業重視の政策がマクロ経済の基礎体力を弱めてしまった**」というものだ。バブル崩壊からリーマンショックまで、日本は**金融危機の後遺症と恐怖**に襲われ続けた。その結果、既存企業は**要塞化**して守りを固めて内部留保を増やし、伝統的政策はそれを助長した。**教科書的な経済政策**は日本経済の近年の特徴である①企業貯蓄、②家計持ち分が少ない株式保有構造、③生産基盤海外移転傾向を無視したり、その背景にある当事者が大っぴらにできず**触れられたくない事情**（①内部留保増大、②安定株主確保、③円安誘導）のため、逆効果になったり副作用が出ることが多い（表7-1）。

この企業行動と政府の誤診の結果、家計は一身にしわ寄せを受け、消費を拡大する体力をなくしてしまった。今では企業は国内に投資はせず海外に資本流出、労働者には生産性が上がらないと言って賃上げはしない、企業ガバナンス強化と言って外国人株主のためには配当は増やすが利上げには反対、年金を積立方式化すれば少子化対策は必要はない、どうせ20年先にしか効果が出ないと言ってろくにやらない。これでは日本は国として持続可能ではない。

表7-1　教科書的政策の副作用

	教科書的政策	副作用	実情の見落とし	治療策
企業	・コスト削減	・賃金停滞	・合成の誤謬	・賃上げ促進
財務省「終活」	・消費増税 (・法人減税) ・人口減少放置	・家計消費低下 ・家計困窮から少子化促進	・株式保有構造 ・政府保有資産	・現金給付・減税 ・少子化対策
経産省「植民地」	・企業ガバナンス強化	・賃金低下 ・配当増加 ・外国人株主比率増大	・安定株主確保	・家計の株式保有促進
	・海外進出促進	・国内生産低下	・ストック毀損	・生活文化輸出 ・(新産業育成)
日銀「日本売り」	・金融緩和	・家計受取金利低下 (・企業ガバナンス低下)	・設備に回らず運転資金過剰	・融資収益確保
	・円安誘導	・貿易赤字拡大 ・輸入インフレ	・円安誘導そのもの ・設備稼働率低下	・利上げ

まず基礎的な事実の確認を

本書で筆者はそんなに難しいことを言っているわけではない。各章の内容は基礎的な経済理論と公表データをプロットしただけのグラフからなっており、古いジョークで言えば目の子計算の**メノコメトリックス**だ。高度で複雑な理論モデルや計量経済学的手法を否定する意図で、そうしているわけではない。日本経済の問題はざっくりとした「穴」にあるからだ。そして多くの人々にデータをダウンロードしてエクセルでグラフを書いて、まず自分でこの穴を確かめてほしいと思っているからだ。筆者が賃上げと言い始めたとき、かなりの人が冷笑気味であり、散々嫌な思いをした。しかし日本経済の基礎的なデータの推移を押さえる習慣が身についてさえいれば、消去法で賃上げしかないことに気がついたはずだ。

難解なモデルを操る経済学者が必ずしも日本経済のデータの動きや制度上の特徴に詳しくないことは困ったことだ。世代的にＰＣやデータ操作に不慣れな高齢者だけでなく、実は英語の教科書で研究を始める若年層にも当てはまる。必ずしも企業貯蓄や春闘、年金の積立方式や人口減少対策など目立った特徴ではなく、中小企業の節税策や自営業者の減少、安定株主工作など日本の経済とデータを巡る雑多な知識を知る必要がある。

もともと個別の研究者が**理論や統計モデル**を作成する場合、あまり多くの変数を一度に分析するわけにはいかない。当該の変数以外は「他の事情を一定として」考えるものの「他の事情が経済学で考える理想状態にあるとして」分析しないと原因結果を特定化できないため、「国際標準のやり方」で「日本経済の特殊事情を考慮せず」進めることになりやすい。

この結果、モデルの視野は深いが狭くなるため分析の盲点も大きく、真の問題点とは違う場所を掘っている可能性が強くなる。点であって、線や面の分析ではないのである。このため国際標準を鵜呑みにした経済政策は、往々にして日本の状況に根を持たない「砂上の楼閣」となってしまい、致命的な悪影響を30年間日本経済に与えてきた。「**分業は市場の広さに制約される**」というアダム・スミスの有名な言葉があるが、世界がネットでつながる現状で、過度の分業が進み、言わば「組み立てられることのない精密部品」の生産が進んでいる。

ケインズは「危険になるのは、既得権益ではなく思想である」と言ったが、問題は思想と言うほど高邁ではなく、思考習慣という程度のことである。現在の輸入インフレ下の日本経済を分析する場合、経済学者は米国を念頭に置いた標準的な一国モデルを適用すべきではないし、エコノミストは実質GDPだけでなく実質GNIや実質GDIを修正して、交易損失や海外収益を考慮しなくてはならない（第4章）。

浸み込み型理解と高度の平凡性

日本人の物事の理解方法として、体系立った教科書を教え込むより、周辺知識からじわじわと知識を滲み込ませる方法をとるという教育学の研究がある（東［1994］）。筆者はこの研究に納得するが、現在では周辺知識が多すぎて、何か納得して理解するというところまで到達していない。

結局、日本では多くの経済データを整合的体系的に理解し、それまでの理解から外れた事象をパズルとして、皆で謎を解く、という言わば**実態と研究の循環**が成り立っていない。経済現象をはっきり理解するという感覚が身についておらず、全体の理解やマクロ経済のサイズの感覚に欠ける。このため政策面では省庁間のセクショナリズムが限界まで追求され、海外権威のご託宣をつまみ食いして、それがさらに混乱を生んでいる。太平洋戦争レイテ沖海戦を取材した米国の歴史家ジェームス・A・フィールド・Jrは日本軍は「**高度の平凡性**」に欠ける、と評したそうである（野中郁次郎他『失敗の

本質 日本軍の組織論的研究』中公文庫、1991年、220頁)。現在の経済政策もその通りだと思う。

戦時下大本営との共通性と権威主義国家への道

今でも太平洋戦争の敗因は、戦史的な研究を超えて、一種の日本人論として注目を浴びている。細部にこだわり全体を見失う日本人の組織と集団行動の暴走に疑問と不安が消えないからだろう。実際、家計にしわ寄せして出世競争に狂奔する現今のエリートと、兵士を踏み台にして功名争いを行う戦時下の大本営は共通性があり、以下のようにまとめられよう。

[a] 補給軽視と消費軽視

太平洋戦争時には補給が足りず多くの戦死は餓死であったという。華やかな勝利ばかりを考える大本営は兵士の命を軽視し精神論で乗り切ろうとした。補給や兵站を軽視した経緯は、失われた30年の中で家計消費と人口減少を軽視し、国力を弱めた経験に一致する。

[b] 陸海軍の不一致と財務省・経産省・日銀など省庁間の縦割り

陸軍海軍は互いにいがみ合い、意思の疎通は充分ではなかった。海軍が敗戦を秘匿したので、連携作戦をとった陸軍も完敗したという。この連携のなさという点はマクロ経済政策にも共通する。出身母体の利害を超えるエコノミストはほとんどおらず、オールジャパンという発想はない。自分の庭先だけをきれいにして責任を押しつけ合う下で、政策の失敗は結局、家計へのしわ寄せに終わる。

［c］全体最適と部分最適

全体状況をつかんでいないので、適切な判断ができない。全体と部分のサイズ観がなく、「空気」に左右されて奇策に頼る。

以上の3点（しわ寄せ・縦割り・空気）は相互に連関している。全体状況をつかんでいないから、縦割りのセクショナリズムが起こり、セクショナリズムの失敗が弱者へのしわ寄せを生む、という連関である。そしてセクショナリズムが極まって一発逆転を狙う奇策が出動されたのである。戦争に勝つことが目的なのか、戦争を通して出世を競うことが目的なのか、わからなくなってしまったのだろう。

海外では民主主義の下で**ポピュリズム**的な経済政策が失政を招き、経済混乱から失敗隠蔽を通して独裁的な傾向を強めた**権威主義国家**が幾多も出現している。その失敗と転換のプロセスが筆者は今ひとつ納得できなかったが、リフレ派と日本銀行の経緯を見て、こういうことか、と理解することができた。構造改革を迫る上から目線のエリートに対し、日銀がお札を刷ればすべてが救われるという政策は自民党の選挙公約にまでなり、もともとはポピュリスト政策の側面が強く、案の定失敗した。超金融緩和は**微害微益**という言い方があったが、インフレ促進の考え方は黒田日銀総裁任期最終年に輸入インフレで家計に**大きく有害**となったのである。今後、司法をねじ曲げて、マスコミや学界の総礼賛体制の下で、政策失敗の指摘を許さない独裁者が出てこないことを祈るばかりである。

初心忘るべからず

もう少しミクロ的に考えると、日本の失敗要因は中間管理職が激しく競争するあまり、大きな状況や本来の目標を忘れていつのまにか**本末転倒**になってしまったことである。日本は資本主義ではない、日本経済は資本家なき資本主義と言われる。また、社会主義経済の失敗は究極的には労働者の**評価基準**が現実と遊離したことにあるという研究（大津［1988］）があるが、適切な誘導がないという意味でそれに近い。

それでは経済運営と経済学における本来の目標とは何か。

●まず企業の生産の効率化は**家計消費を最大化**するための手段だという経済学の大前提を思い出さなくてはならない。

ミクロ経済学では**厚生経済学の第1定理、第2定理**というものを初期段階で習うはずだ。この大前

提の下で組織や政策そして**生産は本来、家計の消費のための手段**であると考えなくてはならない。そして

- **金融**は資金を融通して、**家計の消費を安定化**させるための仕組みであり
- **財政**はビルト・イン・スタビライザー機能を持ち、**景気を安定化**させる補助手段である

ことも思い出さなくてはならない。もちろん補助手段を守ることも時には必要だが、こういった本来の目的を忘れて、分析者たちの出世の可能性が最大化される所属巨大組織を守ることが第一の目的となっている場合が多すぎる。

なお本書のグラフは平均や集計値のデータに基づいているものがほとんどだ。平均が良くても分布の端には困窮している人がいる可能性はあるが、平均的な状況が悪くなければ補正的な政策も可能だ。たとえば利上げで住宅ローン借入世帯が困ることは事実だが、それを補正する政策の大小も平均値や集計値からわかる。これはまさに厚生経済学の第2定理が主張していることでもある。

7.2 データ「見える化」でインフォームド・コンセント

ここまで本書で日本経済の問題点を指摘してきたが、最大の失敗は**企業貯蓄**の存在を**タブー視**してきたことである。この分析は財界や官庁、そして学術的な世界でも歓迎されないため、多くの経済学者やエコノミストに**見て見ぬ振り**をされてきた。しかし本書で分析した通り、企業貯蓄は日本がかかった新しい病気であって、有効に活用できれば利点ともなる。治療法を間違えれば元気が出ないのは当たり前である。医療の分野で「**インフォームド・コンセント**」と言われるが、データを共有した上で「病名」を告知して皆で向き合わないと正しい治療もできないし、衰退は止まらない。これまで「理由がわからないが日本は衰退している」という不安を多くの人に与えてきたものの、本書の役割として、失われた30年の病名がわかれば不安が落ちつくという側面もあるのではないだろうか。

マクロ経済の診断体制整備を

本書の各章の執筆を通して、官庁発表統計やレポートを注意深く読むと、現場の直接の担当者は問題の所在を理解して、それなりのシグナルを発していることに気付いた。ところがその現場の理解が集約されていない。もちろんデータを新たに作成することも大事だが、既存のデータを少し手直しすることで、さまざまなことがわかる可能性は強い。各種公的統計の多くは紙の報告書をそのまま電子化する段階に留まっており、データベース化して、独自のクロス集計が可能になるような形で発表したり、新集計の指標を発表すれば、解決する問題は多い。

格差問題における非正規労働者数の問題は好例である。非正規労働者の過半は高齢者と主婦であり、短時間就労状況に不満を持っていない人も多い。労働力調査にはアンケートがあり自発的か非自発的かを示すことで、全体では2000万人の非正規労働者をひとまとめにして問題視しなくてよくなった。

政策の限界線を見極める

第3章では海外直接投資、第4章、第5章では金融政策や円安のメリット・デメリットを考察した。実は現状の公表統計だけではわからないところがいくつかある。統計には一長一短があるからである。

［1］円安と海外面の影響：企業が国内で稼いだのか海外で稼いだのかが個別にはわからない。

- 国民経済計算：国内と海外を峻別する一方、産業別など企業側の特性は詳しくない。
- 法人企業統計（財務省）：産業別など企業側の特性は詳しいが、連結決算を考慮していないいため、営業外収益20兆円は国内の子会社からの配当か、海外の子会社からか、はわからない。
●海外事業活動基本調査（経産省）：サンプル企業が製造業中心の保守的企業であり、そこでは利益や海外投資はさほど増加していない。
●企業活動基本調査（経産省）：質問表はうまくできているがサンプル数が少なく、適切に集計表が提示されていない。固定資産の項目では海外など関連会社投資などの「投資その他の資産」の増大と有形固定資産の減少が打ち消し合っており誤解を招く。
●本邦対外資産負債残高（財務省）：集計値のみで産業別等の情報が公表されていない。第3章で海外進出企業は大きなキャピタルロスを被っていることを示したが、伝統的な製造業なのか付和雷同した非製造業なのか、どのような企業が損失を被っているのか、がわからない。

［2］中小企業の役員報酬を含んだ利益水準：利上げすれば中小企業の倒産はどの程度増えるのかが問題である。第2章コラムで述べたように、節税のための低利益か、倒産寸前のゾンビ企業かは個別にはわからない。

［3］個別企業の預貯金と銀行借入の状況：無借金企業がさらに借入と預貯金を増やしたのか、無借金企業の比率が増加したのかがわからない。

以上3点はいずれも金融政策正常化の足枷となってきた。統計の作成母体は情報をつかんでいるかも知れないが、データを公開し皆でチェックするようにしないと議論は発展していかない。政策のメリット・デメリットもトータルで考えることができない。認識改善のためには回答データを統計作成官庁が独自に集計するなど少しの工夫をするだけでよい場合も多い。

たとえば中村［２０１７］は法人企業統計の個票を組み替えることにより、無借金企業の比率を推定しており、２０１７年で約7割となっている。鯉渕・後藤［２０１９］は上場企業の個別開示を集計し、巨額海外企業買収37件のうち、減損処理を迫られた事例は10例もあることを示している。大野・鈴木［２０１９］は公表されていない産業別データを使って海外直接投資を研究している。このような作業を継続的に行って、統計作成母体がデータを発表していれば、金融政策の効果やゾンビ企業を巡る無用の混乱は避けられたはずだ。

以上は例示にすぎない。現在は世界中でさまざまな研究結果があり、無数の学術分析がある。世界のどこかの国でこのような結果が出ている、と言っても議論に決着はつかない。一部の官僚の思い付きを後輩たちが墨守し、有力大学の教授がお墨付きを与える。そうしているうちに30年が経ってしまった。データを公開して、専門家以外の人も含めて多くの人がグラフを書き、簡単でも統計分析を行うことによって、経済政策に納得するかどうかが民主的に決まる、と筆者は考える（コロナ禍の場合、政府が重用する専門家が「このように分析した」という手順の発表に難があり、百家争鳴に陥った）。研究者が論文を書くための統計改革ではなく、**現実の経済の診断と治療にデータ活用が必要**だ。

２０２３年9月1日には金融庁と日銀が企業向け融資を常に把握できるようにすることが報道された。現在ではシステムを組めばいくらでもリアルタイムで情報収集が可能だし、集計や整理も自在に可能だ。できない理由は（繰り返しになるが）統計作成の手順が紙の報告冊子を作る手順を脱していないからである。IT社会を抽象的に唱える人は多いが、足元からデータの活用とその促進に役立ってもらいたいものだ。

7.3 国としての老後の生活設計を

各章で述べたように、今後、人口減少は進み、技術進歩により労働の役割は低下していく。人口対策は今以上に強力に推し進める必要があるが、既に日本の年齢中央値は50歳に近く、**ものづくり国の老後**という状況は避けることはできない。今後は国全体の老後の生活と資産活用という2点を考えていかなくてはならないだろう。

ビジネス目線より生活文化を大事に

東南アジアで日本風の盆踊りが盛んだと聞く。アジアからの留学生が大学の応援団に入った、と報道された。韓国大統領が来日して、もてなしは老舗洋食店のオムライスだった（2023年3月16日）。これらはいずれも日本の生活文化がマンガやアニメを通して他国の人々の心を捉えたことを意味している。

日本が世界の人々を引きつけるためには、日本流の**生活文化の快適さ**を世界に広めることが有効だ。我々は英語を習得し、英国由来のサッカーやテニスなどのスポーツを行い、シェイクスピアを鑑賞し、そのため英語教師を輸入する。これこそが大英帝国の遺産である（川北［1995］）。しかしフランスが世界を制覇していたら、フランス語を学びモリエールを読んでいたことであろう。

1980年代の日本は世界の人々が欲しがる高価な家電や自動車などを生産したからこそ絶頂期にあった。現在でもインバウンド観光需要で世界の人々が日本にやってくる。安全な環境で独自の文化があるからだ。こう考えると日本の生産体制は欲しいものを供給してきたと言える。しかしそれだけでは充分でない。本書で説いたように、世界中の人が欲しがるものを効率的に供給し、それによって日本の家計が報われるという経済循環が必要だ。

我々は自動車を何台も持つ必要はないし、多機能の家電は使いこなせない。モノへの欲望は次々と飽和していく。またサービスを外注するにせよ、高齢者は自分で何でもやらなくては体力も低下するし、頭もボケてしまう。経済成長を市場取引部分の拡大プロセスと考えると、欲しいものを作ってもらい代金を支払う、自分でやる代わりにサービスしてもらう、という部分が今後そう増えていくとは思えない。また物欲が減退したからと言って、名誉欲、権力欲を求めたり、ビジネスマナー過剰の閉鎖社会はかえって生きづらい。「脱成長」路線だけでは現状の経済システムを前提とする限り、多くの人々の収入や政府の再分配原資がなくなってしまい、その達成は容易ではない。ビジネスを通して自己実現を図るより、身近な暮らしを高めるという観点が必要ではないか。

資産の有効活用を

各章で述べたように、ＩＴ化や自動化の結果、生産における労働の寄与は確実に減少する。そして自動化の利益はどこに行くかといえば

［1］製品価格低下や無料化（⇓利益や仕事は減少）
［2］資本に体化され、株価に反映（⇓株式保有の少ない日本の家計を素通り）
［3］知的所有権を保持する米国へ利益は流出

などである。いずれにせよ黙々と働き、株式購入は嫌いな日本の家計は割を食う可能性が強い。そこで第6章では家計の株式保有促進は不可避であることを説明した。企業においても不動産収入の比重が高まってきている。全体として国は老いている。資産活用で、老後を過ごすためにも、まずは統計の整備と発想の切り替えである。

政府の資産活用と上下分離を

企業が家計に所得を返すと言っても、すべての家計が賃金や配当を多額に受け取れるわけではない。やはり政府による**所得再分配**が必要だ。その原資としてもストック経済に対応した新たな政府財政のあり方を模索していく必要がある。既にGPIFや日銀は株式を購入し、高額のキャピタルゲインを得た。一般政府の純財産所得は2022年度にはついにプラスとなった。埋蔵金騒動などで政府のストック収入もタブー視されているが、各国でも議論がないわけではない（脇田［2013］、デッタ－＝フォルスター［2017］）。知らず知らずのうちに多方面で公的保有のストックの議論が必要とされてきている。ところが政策の議論は国内総生産などフロー中心の見方を脱しない。

現在、国の総債務とそこから資産を引いた純債務は大きく乖離している。国民経済計算では一般政府の純資産は実はプラスだし、このところ増加しているが、財務省発表の「国の財務書類」では純債務は500兆ほどになる（この差の理由は、財務書類では年金積立金を今後年金として支払う必要のある債務と扱う点と、地方政府の扱いによると思われる）。

短期証券を発行し銀行借入を行って為替介入のために米国債購入を行えば、借入は負債に米国債は資産になるが、総債務では借入だけをカウントして米国債の価値は無視することになる。多くの学術論文は既に純債務で政府の持続可能性を考察しており、総債務1300兆円を考察しているわけではない。IMF FISCAL MONITORを引用して、小池［2011］が示すように、日本は、例外的に政府内で保有する公債をすべて資産計上（大部分の国はネット表示）しており、粗債務が大きくなり、粗債務と純債務の日本の差異はＧＤＰの90％にも及んでおり、先進国平均20％程度を大きく上回る。

既に日本の統合政府のバランスシートまで考察した海外の研究（Chen *et al.* [2023]）も現れている。国内では多くの研究者が政府に忖度し、総債務一点張りの終末論的レポートを多数執筆しており、正直言って困ったことだ。国立大学締め付け対抗の用心棒として天下り官僚を戦時中の配属将校よろしく受け入れるなど、これが民主主義国家の研究体制としてふさわしいのかが問われている。

問題は処分可能な資産をどのように見積もってよいのかわからない、つまりデューディリジェンスにあり、つまり実質債務は８００兆なのか６００兆なのか、わからない、という粗雑な状況なのである。そこで処分可能な資産をはっきりさせるためにも、毎年の予算を扱う財務省とは別建てで、債務における国債整理基金などに習い、国の持株会社・資産管理会社とも言うべき、財産管理のための会計を統一的に作るのはどうだろうか。現在、財源捻出のために、国有財産が財務省管理下に置かれることがある。それを一般化、組織化し、利用可能な資産は新たな機構に移管して純資産の計算をすべきで、その詳細は国民に開示すべきだ。

さらにこれを拡張し、建物等の固定資産は日本政府に持株会社的なセクションを作って保有し、各省庁は使用するにあたってリース代を支払うことにすれば、事実上の**リースバック**となり各省庁は機会費用を認識し、節約のインセンティブが生まれる。また新規事業の予算統制だけでなく、資産管理は既存事業の見直しにもつながる。

都心に主要な建物を置き、書類に名前が出る本部の住所は地方に置くなど、資産隠しを行う特殊法人もある。国民経済計算によれば政府保有の不動産の価値はここ5年で20兆円増加している。

財政危機と主張し続ける政府は、不振企業と同じく財務リストラを行うべきだし、多くの老舗企業が不動産収入に頼るいま、公的資産や組織を必ずしも売却や民営化する必要はない。公的資産を活用し、税外収入の増加を図るべきだ。

予期せざるインフレによる財政急ブレーキと岸田内閣の失速

岸田内閣の支持率低下が続いている。当初の路線が悪かったわけではないと筆者は思うが、経済面からの失敗要因は、日銀の金融緩和継続で**予期せざるインフレ**を招き、円安で物価高、家計の消費不振のみならず、インフレが（報道されざる）財政引き締めにつながったことだ。日本政府はデフレ脱却と財政再建を目標としてきたが、曲がりなりにも2％インフレ目標は達成されたと言えなくはないし、実は政府のプライマリーバランス黒字化は2025年にはほぼ達成が見込まれることになった。それなのに、支持率が急低下するのは、最初からこれらの政府目標が的を外していたからだ。

インフレには高インフレ国のようにあらかじめ予期されたものと、今時の日本のように突然生じる予期されないインフレの区分がある。今回は、以下の2つの教科書的デメリットが明確に生じた。

[1] 名目値上昇による累進課税下の**ブラケット効果**：インフレにより見かけ上、裕福になるため、累進税率の下、税率が上がってしまう。

[2] 物価上昇により実質的に債務が減少し、債権者に意図せざる損失、債務者に意図せざる利益が生じる**債権者・債務者効果**：日本の場合、債権者は家計であり、保有する預貯金1100兆円（資金循環統計）は、2年で7～8%にも上りインフレで実質的に70兆円以上も目減りした。債務者は国債1000兆円を発行する政府であり、ほぼ同額目減りした。ストックの所得移転が生じたことになる。

[3] 上記2点に加えて、**相対価格変動**が攪乱される点があるが、これは第2章図2-5、第5章で論じたように大きくない。

図7-1は資金循環統計から財政関連の変数をプロットしたもので、面グラフで表されるフローの資金不足が高まると、債券発行額が増大することを示している。グラフの形状は第1章図1-3と同様にノコギリ型であるが、外的ショックによる急アクセルの後、債務証券発行額削減速度は

岸田 ＞ 小泉 ＞ 安倍

であることが明瞭に見てとれる。構造改革を旗印に掲げた小泉内閣より、岸田内閣は財政に（意図せざる）急ブレーキをかけたと言えよう（純金融負債は微減）。岸田内閣の場合、ロシアのウクライナ侵攻が生じて、中国の台湾侵攻に備える体制になった不運や基金導入による変動もあるものの、本来

図7-1　資金循環より見た財政再建速度

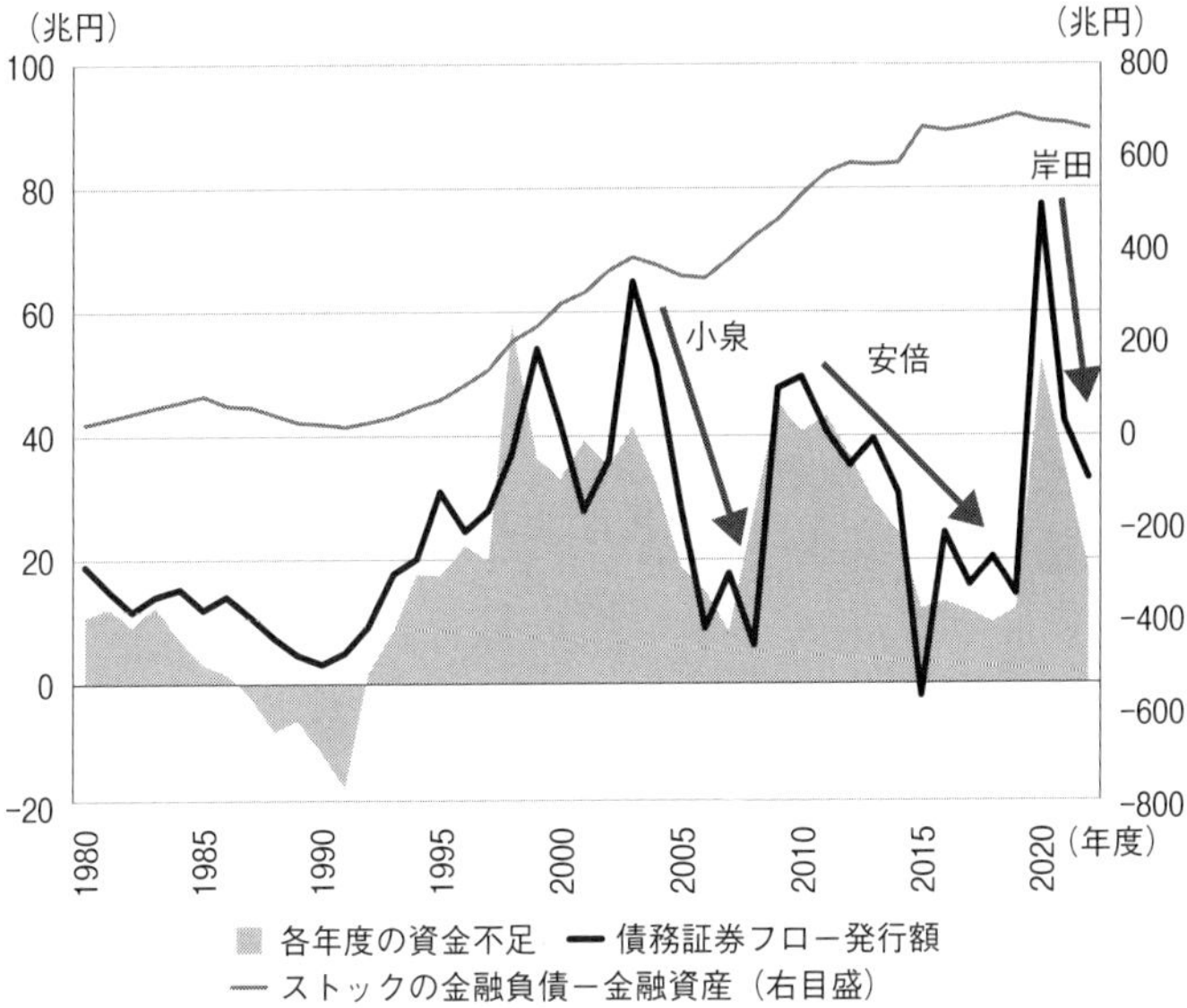

注：1998年金融危機・リーマンショック・コロナとウクライナショック時には財政支出が増え、資金不足（面グラフ）を反映して公債発行（太線）が増加する。その後に小泉改革や安倍期の消費増税が行われて財政再建モードとなるが、岸田期には急速な緊縮が行われたことがわかる。
データ出所：資金循環統計

はコロナ禍脱却のリバウンド状況を生かして日本経済は高成長が可能であったし（第5章）、日本経済の長期的課題に取り組むことが可能であった。

ところが黒田日銀の最後の賭けを黙認したあまり、輸入インフレと財政緊縮のダブルパンチを家計にもたらしてしまい、支持率低下に苦しんでいる。財務省寄りと言われる総理を苦しめるオウンゴールと言えよう。一方、消費増税を2度行った第2次安倍内閣は支出も増やし、財政再建速度を落とすことで長期政権を保ったのかも知れない。筆者は安倍政権期の雑駁な経済

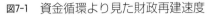

思想（第1章コラムも参照）の氾濫に辟易していたが、岸田政権のあまりに稚拙な経済運営には驚いた。

両政権の経緯を考えると、財政を出せと怒鳴り散らす政治家の感覚も理解できないわけではない。一般に官僚は面従腹背で財政規律を守るというストーリーが流布しており、大新聞は同情的だが、財政状況をまともに説明しない財務省とそのシンパの態度も問題が大きい。今の開示状況では、国民に信頼を求めることは無理であり、投票行動しか不満を示す手段はない。

政治家の失脚や政権交代は財政がらみの事件が大きく関連している。これまでの非自民党政権時には旧大蔵省出身の藤井裕久氏が蔵相（細川・羽田内閣）・財務相（鳩山内閣）を務めており、消費増税の是非（国民福祉税構想・社会保障と税の一体改革）が当時の与党分裂の遠因となった。故安倍総理の回顧録（『安倍晋三　回顧録』中央公論新社、2023年）で、財務省不信があからさまに綴られていることに多くの人は驚いたが、いくつかの奇怪な事件やスキャンダルが起きていることは事実であり、冷静な議論を妨げている。今後、政治の枠組みがどうなるかわからないが、財政の透明化がなく空中戦の議論ばかりでは無用の混乱が生じるであろう。

財政防衛ラインの見える化を

財政を巡る既存の議論は、今にも破綻の瀬戸際にあるのか、自国通貨があるから破綻しないのか、対立点はあまりに雑駁な空中戦であるのに対し、図7-1を見ると、攻防は案外、細かいところで行われていることがわかる。ショックによる財政赤字拡大期には景気を下支えするため急アクセルを精一杯踏む一方、その後の緊縮期には赤字支出削減に努力を集中して急ブレーキを踏む。ショック時には30兆円にも上るプライマリーバランス赤字は確かに続けていけないが、急速な緊縮は経済を疲弊させ政局の混乱を生む。この繰り返しでは、いつまで経っても長期的な課題に取り組むことができない。とにもかくにもプライマリーバランス目標達成の目処が立った現状では、本来は将来の納税者確保とも言うべき人口減少対策を強力に行うべきだが、家計はインフレで疲弊してそれを受け止める余裕がない。

財政の問題は、状況に応じて具体的にどこで「防衛ライン」を引くか、という問題である。それは醜いスキャンダル暴露合戦と権力闘争でよいわけがない。ストックのバランスシートの状況を背景に、本来はフローの資金繰りが可能かどうかの問題だ。日銀の国債購入が大規模な現状では、政府と日銀が財政危機とインフレで共倒れにならないようにしなくてはならない。

本書の随所で述べていることだが、官民が共通に使えるデータの「ものさし」と「積算根拠」が財政にも必要だ。財務省はデータを使いやすく開示し、たとえば（現状は景気把握中心の）「月例経済報告」等を拡充して報告すべきだし、研究者は中立的な立場で分析を進めるべきだ。

7.4 これでよかったのか、このままでいいのか

本章では、蓄積されたストックを使って生活文化を高めていけば、日本の将来はそんなに悪くないはずだ、と述べた。このためにはまず自身の経済を適切に把握することである。データ環境面では海外面とストック面を中心に再整備することが必要だ。巨額化するストック収益は適切に扱われておらず、国内と海外の状況が混在している企業統計は望ましくない。その上で消費のための生産という経済学の基本と最終目標を思い出すことが必要だ。どのような産業を育成するか、などと言った提言をする能力はマクロ経済学者の筆者にはないが、極端に奇妙な政策を止めて言わば失点を防いで守りを固めるだけでもかなりのことができる。

本書を通して筆者は企業貯蓄増大の解決策として、家計に所得を確保するための3つの政策を推奨した。**賃上げ・家計の株式保有・円高**である。なかでも賃上げ推進を中心に推奨してきたものの、現状で賃上げ一本足打法が可能とは考えていない。家計が株主となって配当所得を得るなり、4％成長を2％に下げてしまった円安（図5-1）を是正して輸入物価を下げるなり、複合的な方策でもってこの10年で4倍になった株価が示す企業部門の富を家計に還元することが必要だ。

この四半世紀、内部留保という言葉をエスタブリッシュメントが嫌うばかりに、多くの分析者が正

面から故障箇所に向き合わなかった。ようやく賃上げが一般化したと思ったら、政府は賃上げを促進するのなら消費増税の余地がある、輸入インフレも我慢してもらおうという家計しわ寄せ政策に陥ってしまい、それが日本経済の衰退を招いてきたのだと筆者は考える。

日本経済の実情に応じた当たり前の政策を行わないから、たとえば

- 地方のインフラはもはや維持できないし
- 団塊世代の老後も満足なものにはならないだろう。

若手経済学者の日本の将来のためには高齢者は集団自決せよ、という発言は話題になった。現状を踏まえたうえでの真剣な発言とはもちろん考えられないが、冗談ではなく高齢者の現状は深刻さを増していく。団塊世代（１９４６年から49年生まれ）は２０２４年には、すべてが75歳以上の後期高齢者になり、ここからが社会保障財政は苦しい。入院患者の食事予算はインフレ下でも据え置かれた。こんな食事をしていて身体が良くなるわけがない、と亡くなる直前までネットでつぶやいていた知人を筆者は忘れることができない。本来、集団自決をしなくて済むような方策を考えることが経済学の役割であり、もう少し国内に暮らす人々の普通の暮らしを良くする方向を考えてほしいものだ。

筆者はこれまで20年以上、基本的に本書と同様の主張を続けており、何とかならなかったのか、という気持ちは強い。特に日本銀行の金融緩和について言えば、先頃亡くなった小宮隆太郎教授は既に

小宮・日本経済研究センター編［２００２］において

長期国債の買い切り額の増額も、「量的緩和」政策による超過準備の積み上げも、金融政策の実務経験の深い日銀の当事者はそれらが「微害微益」あるいは「微害無益」であることを十分承知の上で実施に踏み切ったのではないか、と私は推測する。

と述べている。軽部［２０２３］では２０１８年３月の中曽日銀副総裁の退任時に故安倍首相は

「物価はもういいですよ」「無理しなくていいですよ」

と言ったことを記述している。著者の軽部氏はこの挿話をネット上で何度も記述しており、誰も修正を求めないことから、真実なのであろう。

２つの事例を読んで、この20年間の金融政策の議論は、そして日本経済の混迷は一体何であったか、と考えざるを得ない。単に総理周辺のメンツを守るために効果の無いことをズルズルと続け、最終的に輸入インフレで大失敗したのが真相ではないのか。効果が無いことは20年前から小宮が推測していた通りだし、せめて輸入数量が伸びないことがわかった黒田日銀初期に検証すべきだったのではないか。岸田内閣は金融政策を大きく転換せず、うやむやのままこっそり方向転換しようとするから国民

の怒りを買ったと言わざるを得ない。

第1章末尾でひとつひとつの政策はそれだけを取ってみれば、悪くはないものだ、と述べた。つまり今の状況の日本経済という条件付きで、一見良さそうなさまざまな政策が好ましくない、と本書は主張しているのだ。日本の問題はカブキプレーだと言われる隠し事だと第1章末尾で述べた。日本経済の再建には、隠し事とタブーのリセットを行い、当たり前のことを当たり前にやるということを強調したい。

プロ野球の評論家が、敗因はもともとの戦力が1枚足らないとか、監督の采配ミスだ、とか解説することが多い。これになぞらえて言えば、日本経済の長期停滞の主因は采配ミスである。そしてそのミスの主因は、監督が過去の勝利の方程式に呪縛され、官と学のもたれ合い構造の下、周辺が失敗を糊塗し続けていることだ。このままでは、日本経済は転落していくことであろう。

参考文献

東洋［1994］『日本人のしつけと教育――発達の日米比較にもとづいて』東京大学出版会。

奥村宏［1991］『法人資本主義――［会社本位の体系］』朝日文庫。

太田洋［2023］『敵対的買収とアクティビスト』岩波新書。

大津定美［1988］『現代ソ連の労働市場』日本評論社。

大野早苗・鈴木唯［2019］「対外直接投資収益率の決定要因――日米の比較」『フィナンシャル・レビュー』136号。

岡崎哲二［1994］「日本におけるコーポレート・ガバナンスの発展――歴史的パースペクティブ」『金融研究』13巻3号、59-95頁。

川北稔［1995］『イギリス 繁栄のあとさき』ダイヤモンド社（講談社学術文庫より2014年刊行）。

軽部謙介［2022］『アフター・アベノミクス――異形の経済政策はいかに変質したのか』岩波新書。

小池拓自［2011］「財政再建のアプローチを巡って――歳出削減・歳入拡大・経済成長」『レファレンス』平成23年3月号、31-51頁。

鯉渕賢・後藤瑞貴［2019］「日本企業の海外企業買収と事業パフォーマンス」『経済分析』200号、101-134頁。

小宮隆太郎・日本経済研究センター編［2002］『金融政策論議の争点――日銀批判とその反論』日本経済新聞社。

佐藤和夫［1975］『生産関数の理論――ミクロとマクロの接合』創文社。

高田創編著［２０１７］『シナリオ分析 異次元緩和脱出――出口戦略のシミュレーション』日本経済新聞社。

デッター、ダグ＝ステファン・フォルスター［２０１７］『政府の隠れ資産』東洋経済新報社。

中曽宏［２０２２］『最後の防衛線 危機と日本銀行』日本経済新聞出版。

中村純一［２０１７］「日本企業の資金余剰とキャッシュフロー使途――法人企業統計調査票データに基づく規模別分析」『フィナンシャル・レビュー』１３２号、27－55頁。

服部孝洋・浅尾耕平・冨田絢子［２０２１］「ＩＭＦによる経常収支の為替レートに対する弾力性の推定方法について」財務総研リサーチペーパー、９号、21－RP－03。

ブランシャール、オリヴィエ［２０２３］『21世紀の財政政策――低金利・高債務下の正しい経済戦略』日本経済新聞出版。

星野卓也［２０２３］「転職者／非転職者の賃金格差は縮小したのか？――「構造的賃上げ」の現状と課題①」第一生命経済研究所『Economic Trends』２０２３年４月24日。

山澤成康［２０２１］「営業余剰の簡易推計」『跡見学園女子大学マネジメント学部紀要』第32号。

脇田成［２００３］『日本の労働経済システム――成功から閉塞へ』東洋経済新報社。

脇田成［２０１０］『ナビゲート！日本経済』ちくま新書。

脇田成［２０１３］「日本政府の上下分離を――公的部門の本社機能を実現し財務リストラの促進が必要」『経済セミナー』２０１３年10・11月号、59－64頁。

脇田成［２０１４］『賃上げはなぜ必要か――日本経済の誤謬』筑摩選書。

脇田成［２０１６］「日本の二部料金的賃金設定ルール――名目賃金上昇の条件」『経済分析』１９１号、10－34頁。https://www.esri.cao.go.jp/jp/esri/archive/bun/bun191/bun191b.pdf

脇田成［２０１９］『日本経済論15講』新世社。
脇田成［２０２３］「輸入物価高と春闘の経済分析」『労働調査』２０２３年２月号、４－７頁。https://www.rochokyo.gr.jp/articles/2302.pdf
脇田成［２０２４］『マクロ経済学のナビゲーター 第４版』日本評論社近刊。

Abadi, Joseph, Markus Brunnermeier, and Yann Koby [2023] "The Reversal Interest Rate," *American Economic Review*, 113-8, 2084-2120.
Autor, David, David Dorn, Lawrence F. Katz, Christina Patterson, and John Van Reenen [2020] "The Fall of the Labor Share and the Rise of Superstar Firms," *The Quarterly Journal of Economics*, 135-2, 645-709.
Ball, Laurence and N. Gregory Mankiw [2023] "Market Power in Neoclassical Growth Models," *The Review of Economic Studies*, 90-2, 572-596.
Belan, Pascal, Martine Carre, and Stéphane Gregoir [2010] "Subsidizing Low-Skilled Jobs in a Dual Labor Market," *Labour Economics*, 17-5, 776-788.
Chen, Peter, Loukas Karabarbounis, and Brent Neiman [2017] "The Global Rise of Corporate Saving," *Journal of Monetary Economics*, 89, 1-19.
Chien, Yi-Li, Harold L. Cole, and Hanno Lustig [2023] "What about Japan?" NBER Working Paper, 31850.
Del Negro, Marco, Domenico Giannone, Marc P. Giannoni, and Andrea Tambalotti [2019] "Global Trends in Interest Rates," *Journal of International Economics*, 118, 248-262.
Grossman, Gene M. and Ezra Oberfield [2022] "The Elusive Explanation for the Declining Labor Share," *Annual Review of Economics*, 14, 93-124.

Karabarbounis, Loukas and Brent Neiman [2014] "The Global Decline of the Labor Share," *Quarterly Journal of Economics*, 129–1, 61–103.

Karabarbounis, Loukas and Brent Neiman [2019] "Accounting for Factorless Income," *NBER Macroeconomics Annual 2018*, Volume 33, 167–228.

Kusaka, Shoki, Okazaki, Tetsuji, Onishi, Ken, and Wakamori, Naoki [2023] "The Decline of Labor Share and New Technology Diffusion: Implications for Markups and Monopsony Power," RIETI Discussion Paper Series, 23-E-047.

Moen, Espen R. and Åsa Rosén [2004] "Does Poaching Distort Training?" *Review of Economic Studies*, 71–4, 1143–1162.

Obstfeld, Maurice [2020] "Global Dimensions of U.S. Monetary Policy," *International Journal of Central Banking*, 16–1, 73–132.

Wakita, Shigeru [1997] "Chronic Labor Hoarding: Direct Evidence from Japan," *Japanese Economic Review*, 48–3, 307–323.

Wakita, Shigeru [1998] "A Model for Patterns of Industrial Relations," in Isao Ohashi and Toshiaki Tachibanaki (eds.) *Internal Labour Markets, Incentives and Employment*, Macmillan, 126–140.

Wakita, Shigeru [2001] "Why has the Unemployment Rate Been so Low in Japan? An Explanation by Two-Part Wage Bargaining," *Japanese Economic Review*, 52–1, 116–133.

Weitzman, Martin L. [1976] "On the Welfare Significance of National Product in a Dynamic Economy," *Quarterly Journal of Economics*, 90–1, 156–162.

ら　行

わ　行

人　名

な　行

は　行

ま　行

や　行

さ　行

た　行

索　引

欧　字

あ　行

か　行

著者紹介

脇田 成（わきた　しげる）

1961年京都府生まれ。東京大学経済学部卒。東京大学助手、東京都立大学経済学部助教授等を経て、現在、東京都立大学経済経営学部教授。博士（経済学）。

主要著書・論文：『マクロ経済学のナビゲーター［第4版］』（日本評論社、2024年近刊）、『日本経済論15講』（新世社、2019年）、『賃上げはなぜ必要か』（筑摩選書、2014年）、『ナビゲート！ 日本経済』（ちくま新書、2010年）、『日本経済のパースペクティブ』（有斐閣、2008年）、『エコナビ経済学入門』（日本評論社、2006年）、『日本の労働経済システム』（東洋経済新報社、2003年）、『マクロ経済学のパースペクティブ』（日本経済新聞社、1998年）、"Efficiency of the Dojima Rice Futures Market in Tokugawa Period Japan," *Journal of Banking and Finance*（2001）25-3, 535-554、"Variety Controlling Public Policy under Addiction and Saturation," *Japanese Economic Review*（2014, 共著）67-1, 125-140ほか。

日本経済《にほんけいざい》の故障《こしょう》箇所《かしょ》

2024年7月5日　第1版第1刷発行

著　者――脇田成

発行所――株式会社日本評論社

〒170-8474　東京都豊島区南大塚3-12-4

電話　03-3987-8621（販売）　03-3987-8595（編集）

https://www.nippyo.co.jp/　　振替　00100-3-16

印刷所――精文堂印刷株式会社

製本所――井上製本所

装　幀――図工ファイブ

検印省略

Printed in Japan　　ISBN978-4-535-54085-9